장애유아 통합교육

조영숙 저

Inclusion in Early Childhood Education

학지사

머리말

우리나라는 2008년 12월 'UN 장애인권리협약'과 1991년 'UN 아동권리협약'에 비준하며 장애인과 아동의 권리 증진에 국가적인 이행노력을 기울이고자 했습니다. 이러한 움직임은 교육계에도 이어져 21세기에 들어서면서부터는 장애아동이 특수교육기관보다 일반교육기관에 더 많이 통합하는 것으로 보고되고 있습니다. 양적으로는 통합교육의 비율이 비약적으로 증가하고 있지만, 아직까지도 일선에 있는 통합교육 교사와 관리자들은 많은 어려움을 느끼고 있는 것이 사실입니다.

통합교육과 관련된 강의를 하고 장애통합을 담당하는 교사들과의 만남을 통해 느끼게 된 것은 일반교사들이 쉽게 이해할 수 있는 적절한 교재가 부족하다는 것이었습니다. 특수교육과 학생을 위한 전공교재는 유아교육이나 보육시설에 종사하는 교사에게는 불필요하다고 느껴질 정도로 세분화된 내용이어서 수업 진행이 쉽지 않은 경우가 많았습니다. 따라서 장애유아의 통합교육을 담당하는 일반교사와 장애아동을 담당하는 관련 분야의 전문가들이 이해하기 쉬우면서도 장애아동의 전반적인 중재에 대한 지식을 채울 수 있는 교재가 필요하다고 생각하게 되었습니다. 이 책은 저자가 20여 년간 임상현장에서 장애아동을 만나면서 경험한 내용을 바탕으로 쓰인 것입니다.

이 책은 크게 세 분야로 나뉘어 기술되었습니다. 우선은 통합교육에 대한 이해, 그리고 장애 및 장애아동에 대한 이해, 나머지는 통합교육에서 각 발달영역에 따른 지도방법으로 구성되었습니다. 각 장을 기술하는 데 있어서 이론적인 면을 강조하기보다는 실제적인 내용을 다루는 데 좀 더 주안점을 두었습니다. 기술과정에서 장애유아, 장애아동 등의 용어가 문맥에 따라 혼용되었음을 밝힙니다.

이 책이 장애유아 통합교육을 담당하는 교사들에게 유용하게 사용되기를 바랍니다. 또한 장애인복지 담당자, 장애인 부모 및 가족, 지역사회전문가들에게도 장애유아를 이해하는 데 많은 도움이 될 수 있으리라 믿습니다.

미흡한 부분이 많지만 이 책의 출판을 허락해 주신 학지사 김진환 사장님과 저자가 헤아리지 못한 부분까지 철저한 편집을 해 주신 이영민 선생님께 감사드립니다. 집필과정에서 아내와 엄마의 빈자리를 묵묵히 견뎌 준 사랑하는 가족에게도 감사의 마음을 전합니다. 마지막으로, 한계를 느낄 때마다 언제나 지혜의 길을 밝혀 주시는 선하신 하느님께 깊은 감사를 드립니다.

2018년 9월

조영숙

차례

제1장

통합교육의 이해

1. 통합교육의 정의
2. 통합교육 용어의 변화
3. 우리나라 장애아동 통합교육의 현황
4. 장애유아 통합교육의 효과
5. 장애유아 통합교육의 실행요소
6. 장애유아 통합교육을 위한 개선방안

| 학습목표 |

- 통합교육의 특성에 대해 알 수 있다.
- 통합교육의 시대적 변화에 대해 알 수 있다.
- 통합교육의 필수요소와 향후 과제에 대해 파악할 수 있다.

인간은 누구나 다른 사람과 더불어 행복하게 살아갈 수 있는 권리를 가지고 태어난다. 이러한 권리는 장애가 있다고 제외해서는 안 되는 것이며, 장애유아는 자신이 원하는 곳에서 교육을 받을 수 있는 권리를 가지고 있다. 통합교육은 이와 같은 교육목표를 성취하게 하는 하나의 방법론적인 수단일 뿐만 아니라, 그 자체로도 이미 목표를 성취해 가는 과정이라 할 수 있다. 이 장에서는 통합교육의 정의에 대해 알아보고, 시대적 변화에 따른 통합에 대한 용어의 변화를 살펴보도록 한다.

1. 통합교육의 정의

통합교육은 많은 전문가에 의해서 여러 가지 다른 내용으로 정의되어 왔으며, 대부분의 정의는 모두 일반교육 과정에 장애아동을 포함시키는 것을 공통적인 핵심 내용을 하고 있다. 특수한 욕구를 가진 장애아동에게 통합(Inclusion)은 정상적 발달을 촉진하기 위해 제한되지 않은 환경과 정상적인 경험을 제공해 주는 것이며, 이것은 전생애적으로 이루어지는 완전한 참여와 기회의 평등이라 할 수 있다.

통합교육은 장애아가 비록 정상에서 이탈된 발달을 보인다고 하더라도 그 아동들에게 정상적인 발달과 상호작용의 기회를 주고, 비장애아동들에게 제공되는 다양한 경험을 제공해 줄 수 있다면 장애아도 정상적인 발달을 이룰 수 있다는 믿음에 기초한다. 통합교육은 인간의 다양성을 수용하고 가치를 부여하는 것이며 특정한 교육방법이기보다는 하나의 교육철학이라 할 수 있다.

Kauffmann 등(1975)에 따르면, 통합교육이란 장애아동을 일반학급에 물리적(시간적)으로 통합하는 것 이외에 물리적(시간적) 통합, 사회적 통합, 교수활동적 통합이 모두 이루어지는 것을 의미한다. 여기에서 물리적(시간적) 통합이란 장애아와 비장애아를 일정시간 동안 동일한 교육환경에 배치함으로써 공식적 혹은 비공식적으로 공동생활에 필요한 다양한 능력과 심리적 준비를 습득할 수 있도록 기회를 주는 것이며, 사회적 통합이란 학급이나 학교 내의 생활에서 장애아와 비장애아가 공동체 의식을 갖고 공동의 목표를 향해 자신의 능력이나 교육적 요구를 달성하기 위해 협동하고 상호작용할 수 있도록 하는 것을 말하며, 교수활동적 통합이란 일반학급의 학업활동에 의미 있게 참여하도록 하기 위하여 공통의 기본적인 교육과정을 재구성하고 새로운 지식을 창출해 내는 학습활동으로 이어지는 것을 말한다.

2008년 5월 26일에 시행된 「장애인 등에 대한 특수교육법」(이하 특수교육법)에서는 법명이 바뀌며 새로운 법안들이 공포되었는데 제3조에서는 만 3세 이상의 장애유아 의무교육과 만 3세 미만의 장애영유아의 무상교육을 규정하고 있다. 그리고 통합교육을 "특수교육대상자가 일반학교에서 장애유형 · 장애 정도에 따라 차별을 받지 아니하고 또래와 함께 개개인의 교육적 요구에 적합한 교육을 받는 것"이라고 정의하였다.

2. 통합교육 용어의 변화

통합이라는 의미를 갖는 용어는 시대에 따라 다양한 용어로 정의되어 왔다. 정상화(Normalization), 주류화(Mainstreaming), 최소제한환경(Least Restrictive Environment) 등으로 다양하다. 이들 개념은 따로 떼어 생각할 수 없으며, 의미상 상당부분 중복되어 있고, 범위와 방법에 있어 학자들 간의 일치된 견해가 존재하는 것도 아니다. 이것은 나라에 따라 다소 차이는 있지만 과거 장애아동의 분리교육에서 벗어나 비장애아동과 함께 교육하는 것이 타당하다는 것을 윤리적인 당위성에서 그치지 않고 법적 · 행정적인 뒷받침이 이루어지면서 보다 필연적인 흐름으로 변화하였다. 1960년대에 스칸디나비아에서 처음으로 주창된 정상화의 움직임은 1990년대 들어서면서부터 완전통합(Full Inclusion)으로까지 변화하였다. 이것은 장애아동이 장애의 경중에 관계없이 비장애아와 동일한 질적 환경에서 생활할 권리가 있다는 것을 의미하는 것이며, 현재 통합교육에서는 철학적으로 완전통합의 의미가 전제되어 있다고 할 수 있다.

1) 정상화

정상화(Normalization) 원리란 문화적으로 정상적인 개인의 행동 및 특성을 형성하고 유지하기 위해서는 가능한 한 문화적으로 정상적인 수단을 사용해야 한다는 철학적인 믿음으로, 1960년대 중반에 스칸디나비아에서 처음으로 주창되었다.

이 용어는 교육에만 해당하는 것이 아니라 장애아동의 학습환경과 사회환경을 가능하면 정상적인 환경으로 만들어 주자는 것을 의미한다. 인간 개개인의 행동과 특성을 그가 속한 사회 문화에 적절한 것으로 형성시키고 유지시키기 위해서는 그 아동을 그 사회에서 분리시켜 교육하는 것이 아니라, 그 사회 안에서 그 사회가 사용하는 방법으로 사회인이 될 수 있는 기술들을 가르쳐야 한다는 것이다. 최소한의 제한적이고 최대한의 정상적인 전략을 이용한다면 장애아동의 정상화를 효과적으로 이루게 할 수 있다.

2) 최소제한환경

최소제한환경(Least Restrictive Environment: LRE)은 장애유아를 교육하는 데 있어서 가능한 최소한의 일반유아, 가정, 지역사회와 격리시키고 분리되어야 한다는 것을 말하는 것으로 미국공법(Public Law 94-142)에서 사용된 법적 용어다. 즉, 일반 환경에 최대한으로 통합되어 장애유아의 삶이 가능한 한 '정상적'이어야 한다는 의미로 장애아동을 위한 교육은 아동의 개별적인 필요에 의해서 이루어져야 하지만 절대적인 필요 이상으로 개인의 자유를 침해해서는 안 된다는 개념으로 해석될 수 있다. 이 공법에서는 각 아동에게 적절한 교육과 서비스를 제공해야 한다는 것을 동시에 명시하여, 장애아동에게 필요한 교육이 제공되면서 최대한으로 일반아동 교육환경에 참여하는 것을 최소제한환경이라고 하였다. 예를 들어서, 시간제 특수학급에서 충분한 특수교육적 도움을 받을 수 있는 학생을 전일제 특수학급에 배치해서는 안 되며, 일반학교 특수학급에서의 교육이 가능한 학생을 분리된 특수학교나 수용시설에 배치해서는 안 된다는 것이다.

제한적 환경의 극소화는 장애유아교육법의 기본원칙 중의 하나로서 모든 장애유아가 최대한 일반유아와 함께 교육되어야 한다는 것이다. 교육에서의 원칙은 일반학급에서 자연스럽게 학습을 할 수 있도록 하는 것이 이상적이며 그럴 수 없는 상황이라면 가능한 한 열린 환경으로 유아를 배치하여야 한다는 것이다. 모든 교육배치에서 지배원리는 특정 유아의 교육계획을 수행함에 있어 그 유아가 교육적 이익을 가장 많이 얻을 수 있는 곳이 어딘가에 의해 결정되어야 한다는 것이다.

3) 주류화

주류화(Mainstreaming)는 강물이 큰 줄기를 이루고 흐르는 것에 교육을 비유할 때, 그 물줄기에 장애아동도 포함시키는 것을 의미한다. 이 용어는 초기에는 경한 장애아동을 일반 교실에 다시 받아들이는 것을 의미했으며, 시간이 흐르면서 그 의미가 아주 포괄적이 되고 일반적인 용어로서 장애아동을 일반아동을 위한 프로그램에 배치하는 것을 총칭하고 있다. 그러나 단순히 물리적으로 배치하는 것 외에 사회적 접촉이나 학습활동을 같이 하는 것 등이 포함된다.

4) 일반교육주도

과거 특수교육구조에 관한 논의는 대부분이 정규교육 프로그램과 특수교육 프로그램의 효과적인 상호작용의 필요성에 초점을 두었다. 그러나 최근에 와서는 특수교육구조의 철저한 재편과 심지어 상당 부분 철폐를 요구하는 주장까지 제기되고 있는데 이는 미국 교육부의 특수교육 재활과장 Madeline Will에 의해 주도되었다.

Will은 일반교육주도(Regular Education Initiative: REI)를 요구했다. 이것은 많은 경도 장애아동은 프로그램의 조직이 적절히 마련되고 훌륭한 교직원만 배치된다면 정규교육 프로그램의 틀 속에서도 교육받을 수 있다고 주장했다. 이상적으로 말해 훌륭한 교육모형은 특수교육자가 다른 교육자와 협력하여 모든 학생을 위한 광범위한 적응교육 프로그램을 개발해 가는 것이다. 최종적인 결과는 두 체계가 양립하는 것보다는 하나의 체계가 통일되는 것이다.

일반교육주도는 통합교육의 움직임을 가속화하는 데 영향을 미쳤으며 장애유아의 교육이 일반교육 속에 포함되어야 하며 장애유아교육에 대한 일반교사의 책임을 강조하는 것이며, 주류화보다 더 적극적인 의미를 가지고 있는 것이다. 일반교육주도는 일반교육과 특수교육을 하나의 교육체계로 통일함으로서 교육적인 개혁을 시도하겠다는 주장으로 특수교육에서나 일반교육에서 논란의 대상이 되고 있다.

5) 완전통합

1990년대 초반에 들어와서 많이 사용하기 시작하였던 통합(Inclusion)은 장애유아를 일반유아와 같은 환경에서 교육하는 일반적인 의미를 나타내는 것 이외에 장애가 있는 유아도 일반교육의 책임과 기회 속에 포함되어야 한다는 의미로 사용되었다. 최근까지도 논란의 여지가 있는 실정이지만 완전통합(Full Inclusion)은 장애유아를 완전한 통합교육에 포함시키기 위해서는 일반교육과 특수교육을 병합하려는 움직임으로 간주되고 있다.

완전통합을 주창하는 사람들은 경도 장애유아뿐만 아니라 중도 장애유아를 포함하는 모든 장애유아를 위해서 일반학급이 가장 적절한 교육 환경임을 강조하고 있다. 이들은 분리교육을 포함하고 있는 현행 특수교육 제도가 유아의 개별적인 필요를 충족시키는 데 실패했다고 생각한다. 그리고 현행 특수교육 제도는 결국 교육 서비스 자체를 분할시키는 결과만을 도출함으로써 장애유아에게 불필요한 낙인만 찍고, 유아의 학업적/사회적 발달을 위해서 필요한 풍부하고도 다양한 일반교육 환경에서 장애유아를 제외시키고 있다고 주장하고 있다.

표 1-1 통합교육 용어의 변화

연도	용어	의미
1900~1960년대	정상화	장애인도 비장애인과 마찬가지로 동일한 자유, 삶의 선택, 환경, 기회를 가질 권리가 있다는 신념에 근거한 철학
1950~1960년대	탈시설화 (Deinstitutionalization)	장애인을 대규모 시설에서 가족적 또는 소규모 지역사회 시설로의 이동을 촉진하려는 원리
1970년대	최소제한환경	모든 아동이 그들의 자유를 '최소한 제한'되고 비장애 또래와 상호작용하는 장면에서 교육을 받고 교육에 대한 보편적 접근을 제공하기를 요구하는 초기 특수교육 법률과 국제인권기구에서 구체화한 원리
1980년대 초반	주류화	비장애또래가 있는 학급에서 가능한 한 정도로 장애학생에게 주어지도록 하는 학교 프로그램을 재구조하는 노력을 기술하는 LRE원리에 근거한 용어이며, 특수교육체제와 일반교육체제는 그대로 유지됨.
1980년대 중반	일반교육주도	통일된 서비스 전달체제로 일반교육과 특수교육을 재구조화하는 것이다. 장애아동들은 주로 일반학급에서 교육을 받음.
1990년대 초반	통합교육	주류화와 비슷한 용어이기는 하지만, 광범위한 범위의 장애학생이 비장애또래이 있는 일반 교과 수업에 통합되는 것을 말하는 것
1990년대 중반	완전통합교육	장애유형이나 정도에 관계없이 비장애또래이 있는 일반학급에 배치하려는 원리와 실제

출처: 조용태(2004)의 내용을 수정하였음.

3. 우리나라 장애아동 통합교육의 현황

통합교육의 필요성이 증가하면서 법적, 행정적, 제도적으로 통합에 대한 정의와 관련규정이 구체적으로 명시되었다. 우리나라의 「특수교육진흥법」(제2조 6항, 2007)에서는 '통합교육'을 특수교육대상자의 정상적인 사회적응능력의 발달을 위하여 일반학교(특수교육기관이 아닌 학교를 말한다.)에서 특수교육대상자를 교육하거나, 특수교육기관의 재학생을 일반학교의 교육과정에 일시적으로 참여시켜 교육하는 것을 말한다고 규정하고 있으며, 취학 전 장애아동의 무상의무교육을 명시하고 있다(제5조 제1항, 2005년 개정). 또한 「영유아보육법」(제26조 제1항)에서는 장애아동을 '취약아동'의 범주로 명시하여 영아, 다문화 가정의 아동과 더불어 우선보육실시 대상으로 규정하고 있다.

2008년 5월 26일에 시행된 「장애인 등에 대한 특수교육법」에서는 법명의 변화와 함께 만 3세 이상은 의무교육을 받도록 하였으며, 만 3세 미만인 경우 무상교육을 받도록 규정하였다. 만 3세이상 장애유아의 의무교육과 만 3세 미만 장애유아의 무상교육 규정은 장애유아의 조기개입이 매우 중요함에도 불구하고 방치되어 결정적 시기를 놓치는 경우를 예방할 수 있다는 측면에서 큰 의미가 있는 규정이라 할 수 있다. 또한 이 장의 1절에서 언급한 바와 같이 통합교육을 '특수교육대상자가 일반학교에서 장애유형 · 장애정도에 따라 차별을 받지 아니하고 또래와 함께 개개인의 교육적 요구에 적합한 교육을 받는 것'이라고 정의하였다.

우리나라의 경우, 장애유아를 위한 교육은 특수학교 유치부나 유아특수학교를 중심으로 이루어져 왔다. 그러나 2000년대 들어오면서 일반 유치원이 특수학급이 증설되고 유치원 일반학급에 입학하는 장애유아의 수가 급증하면서 교육현장에서의 통합교육으로의 방향전환이 이루어져 왔다. 이렇듯 우리나라의 장애유아 통합교육은 시간을 거듭하면서 변화해 오고 있는데, 통계청의 2016년도 현황 보고에 따르면(〈표 1-2〉 참조), 2016년 기준 우리나라의 전체 어린이집 10,689개소 중 장애아전문 어린이집에 다니고 있는 아동은 177개소에서 6,158명(9.3%)이었으며, 장애아

통합 어린이집에 다니는 아동은 911개소 4,079명(6.1%)인 것으로 나타났다.

표 1-2 2016년 우리나라 특수보육의 현황

특수보육	2016	
	어린이집 수(개소)	아동현원(명)
계	10,689	66,450
영아전담	453	15,759
장애아전문	177	6,158
장애아통합	911	4,079
방과 후	294	3,075
시간 연장	8,296	36,367
휴일	300	311
24시간	258	701

출처: 국가통계포털(http://kosis.kr)

표 1-3 연도별 특수교육대상자 배치현황(배치기관별)

(단위: 명, %)

연도	특수학교 및 특수교육 지원센터	일반학교			전체
		특수학급	일반학급 (전일제 통합학급)	소계	
2016	25,961 (29.5)	46,645 (53.0)	15,344 (17.5)	61,989 (70.5)	87,950 (100)
2017	26,199 (29.3)	47,564 (53.2)	15,590 (17.5)	63,154 (70.7)	89,353 (100)

출처: 2017년 특수교육 연차보고서(교육부, 2017)

교육부(2017)가 발표한 특수교육 연차보고서에 따르면, 2017년에 우리나라의 특수교육대상자 89,353명 중 가장 많은 인원이 배치된 교육기관은 일반학교의 특수학급(47,564명)으로 전체 중 53.2%를 차지하고 있으며, 일반학급 학생은 15,590명

(17.5%)으로 이 두 가지 형태를 합하면 일반학교에서 교육을 받는 특수학생은 전체 학생 중 70.7%(63,154명)를 차지하고 있다. 한편, 특수학교의 학생은 26,199명으로 전체의 29.3%를 차지하고 있다. 이를 통해 우리나라의 특수교육이 주로 통합교육의 형태로 이루어짐을 알 수 있다. 통합교육에 관한 「장애인 등에 대한 특수교육법」(제27조 제1항)의 규정을 살펴보면 특수학교의 학급 및 각급 학교의 특수학급 설치기준은 다음과 같다.

- 유치원 과정: 특수교육대상자가 1인 이상 4인 이하인 경우 1학급을 설치하고, 4인을 초과하는 경우 2개 이상의 학급을 설치한다.
- 초등학교 · 중학교 과정: 특수교육대상자가 1인 이상 6인 이하인 경우 1학급을 설치하고, 6인을 초과하는 경우 2개 이상의 학급을 설치한다.
- 고등학교 과정: 특수교육대상자가 1인 이상 7인 이하인 경우 1학급을 설치하고, 7인을 초과하는 경우 2개 이상의 학급을 설치한다.

1971년부터 설치 · 운영을 시작한 특수학급은 2017년 4월 기준으로 10,325개 학급으로 2016년보다 260개 학급이 증가하였으며, 학교과정별 특수학급은 유치원 731학급, 초등학교 5,281학급, 중학교 2,364학급, 고등학교 1,916학급, 전공과 33학급으로 초등학교 과정의 특수학급이 전체 특수학급의 51.1%를 차지하는 것으로 나타났다. 설립별 특수학급은 국립 46학급, 공립 10,036학급, 사립 243학급으로 총 10,325학급이 설치 · 운영되고 있으며 국 · 공립 특수학급이 전체 특수학급의 97.2%를 차지하였다. 이렇게 교육현장에서 나타난 장애아동의 통합교육의 양적인 확장은 우리나라에서도 통합교육의 당위성과 혜택에 대한 인식적인 개선이 이루어지고 있을 뿐만 아니라 수요자의 궁극적인 요구가 변화하고 있음을 보여 주는 것이며 결과적으로는 교육현장에서 통합교육을 지향하는 문화가 형성되고 있는 것을 보여 준다고 할 수 있다.

표 1-4 학교과정별 및 설립별 특수학급 수 (단위: 학급)

지역	유치원				초등학교				중학교				고등학교				계			
	국립	공립	사립	계	국립	공립	사립	계	국립	공립	사립	계	국립	공립	사립	계	국립	공립	사립	계
서울	–	63	–	63	2	682	–	682	2	283	–	285	3	219	28	250	7	1,247	28	1,282
부산	–	25	–	25	1	319	–	319	–	124	–	124	1	78	11	90	2	545	11	558
대구	–	27	–	27	2	232	–	232	1	97	–	98	1	73	–	74	4	430	–	434
인천	–	62	–	62	1	309	–	309	–	120	1	121	–	100	6	106	1	593	8	602
광주	–	14	–	14	1	135	–	135	1	67	1	69	2	44	7	53	4	260	8	272
대전	–	40	–	40	–	159	–	159	–	73	2	75	–	41	8	49	–	313	10	323
울산	–	20	–	20	–	124	–	124	–	55	–	55	–	47	–	47	–	246	–	246
세종	–	19	–	19	–	38	–	38	–	17	–	17	–	11	–	11	–	85	–	85
경기	–	227	3	230	–	1,257	3	1,257	–	624	30	654	–	535	21	556	–	2,668	57	2,725
강원	1	24	–	24	1	210	–	210	–	83	–	83	1	69	4	74	3	386	4	393
충북	1	36	–	36	2	209	–	209	2	93	–	95	3	68	2	73	8	410	2	420
충남	1	52	–	52	1	324	–	324	1	134	9	144	1	108	4	113	4	618	13	635
전북	–	18	–	18	2	223	–	223	–	73	5	78	1	50	2	53	3	364	7	374
전남	–	38	–	38	1	264	–	264	–	129	3	132	–	95	3	96	1	526	6	533
경북	–	15	–	15	1	322	2	322	–	112	19	131	–	74	29	103	1	523	50	574
경남	–	41	–	41	1	392	2	392	1	156	19	176	1	126	18	145	3	715	39	757
제주	–	4	–	4	1	59	–	59	1	26	–	27	3	18	–	21	5	107	–	112
계	3	725	3	731	17	5,257		5,257	9	2,266	89	2,366	17	1,756	143	1,916	46	10,036	243	10,325

출처: 2017년 특수교육 연차보고서(교육부, 2017)

4. 장애유아 통합교육의 효과

UN장애인권리협약에서는 장애아동이 일반교육 시스템에서 통합교육을 받을 권리가 있을 뿐 아니라 아동이 필요로 하는 개인적인 지원을 받을 권리가 있음을 명시하고 있다(Convention on the Rights of Persons with Disabilities, 2006). 많은 연구에 따르면 통합교육을 받은 장애아동은 분리교육을 받는 아동보다 학업적으로나 사회적으로 더 나은 성취를 보일 뿐만 아니라(Karen, 2009), 비장애아동에게는 장애에 대한 편견을 줄이고 친숙성을 높일 수 있는 장점이 있다. 김광웅(1990)은 다른 시기보다 유아기 통합교육의 의의에 대해, 첫째, 조기 장애진단과 분리교육으로 인한 부분적인 인식의 감소, 둘째, 통합이나 교육적 중재는 유아기나 그 이전 시기부터 이루어질수록 효과적이며, 셋째, 유아기 놀이중심적 활동이 다양한 성과를 생산하고, 넷째, 장애유아와 일반유아의 적절한 상호작용과 수용은 이후의 교육에 큰 의의를 갖는다고 하였다. 이처럼 장애유아 통합교육은 장애유아뿐 아니라 함께 생활하는 비장애유아, 교사, 학부모 등 장애유아가 관계 맺는 다양한 대상에게 긍정적인 영향을 준다. 각 대상에 따른 통합교육의 효과를 기술하면 다음과 같다.

1) 장애아동에 대한 효과

장애아동이 통합으로 인하여 얻는 가장 큰 효과는 장애아동이 정상적인 발달을 보이는 또래와 함께 교육을 받음으로써 자연스럽게 나이에 맞는 행동을 관찰할 뿐 아니라 또래와 상호작용을 할 수 있다는 것이다. 장애아동은 통합환경에서 또래의 행동을 보며 자기 나이에 맞는 적절한 행동을 자연스럽게 보고 따라 할 수 있으며, 고립된 행동을 현저히 감소시켜 주고 사회적 행동을 증가시켜 줌으로써 사회적 상호작용 능력이 향상된다(마주리, 1996; Guralnick, 1990). 또한 장애유아는 특수학급에서보다 더 풍부한 자극과 다양하고 반응적인 경험을 할 수 있다. 유치원에서 장애유아의 행동이 변화를 연구한 결과(Buysee, Bailey, & Wolery, 1992)에 따르면, 장애유아는 또래를 쳐다보고 접근하는 시간이 더 길었으며, 또래와 함께하는 행동이 증가하고, 대화하는 시간이 증가하였다고 보고하였다. 또한 교사의 주의를 끌기 위한 문제행동이 현저하게 줄어드는 등의 긍정적인 행동을 더 많이 보이는 것으로 나타났다. 또한 통합교육을 통해 장애아동은 비장애아동과 우호적인 배려를 받으며 우정관계를 맺을 수 있고, 동일한 교육과정을 받을 수 있는 기회가 증가하며, 자아개념이 긍정적으로 변화하는 효과가 있는 것으로 나타났다.

2) 비장애아동에 대한 효과

비장애아동의 부모는 통합으로 인해 자신의 자녀가 장애유아의 부적절한 행동을 모방하게 될 것이라는 우려를 갖는다. 그러나 그런 우려와는 달리 비장애아동에게 미치는 긍정적인 결과에 대한 연구가 다수 보고되고 있다. 우리나라의 통합교육 성공사례를 조사한 결과에 따르면(교육부, 2015), 통합교육을 통해 교육의 수혜당사자인 장애학생뿐 아니라 비장애학생에게도 긍정적인 영향을 미치는 것으로 나타났다. 비장애학생은 장애학생과의 통합교육을 통해 개인의 다양성에 대한 이해를 바탕으로 장애학생에 대해 보다 긍정적인 태도를 갖게 되었으며, 나아가 장애학생의 대변자로 장애학생을 먼저 배려하고, 사회적 책임감이 향상되는 등 인성교육의 측면에도 긍정적인 효과가 있는 것으로 나타났다. 비장애유아는 장애유아와의 사회적 상호작용을 통해 차이를 이해할 수 있으며, 자발적인 또래지도를 통해 자신의 발달영역에서의 증진효과도 가져올 수 있다.

정설희와 안연경(2009)의 연구에 따르면, 통합교육은 중증 장애아동에게는 효과가 적다는 우려와는 달리 일반유아들은 장애유아에게 상황이나 장애정도에 따라 다양한 방법으로 상호작용을 한다고 보고하였다. 즉, 경도 장애유아하고는 또래 놀이 등을 좀 더 활발히 보이는 반면, 발달의 정도가 많이 지체되어 있는 장애유아에게는 애정표현이나 돌보아 주는 행동을 좀 더 많이 보이는 것으로 나타났다. 이것은 비장애유아가 장애유아의 상황을 고려하여 친사회적 행동의 수준을 달리하여 나타내며 상호작용할 수 있다는 것을 의미하며, 또한 발달지체 정도가 심한 장애유아라 할지라도 비장애유아와의 친사회적 행동을 통한 사회적 발달에 긍정적인 영향을 받는다는 것을 의미한다.

장애통합교육기관에서 1년 3개월간 참여관찰을 통해 비장애아동의 변화를 보고한 강희연(2007)의 연구에 따르면, 비장애아동들은 장애유아와 함께 교육을 받으며 다음과 같은 단계로 변화를 보인다고 보고하였다.

(1) 우리와 다르다: "우리 친구면 하는데요. 우리 친구가 아니에요"

비장애유아의 눈에 비친 장애유아는 '못하는 게 많은 아이들'이다. 그러나 시간이 지날수록 "못하니까 장애인이다."라고 인식했던 것을 "장애인이니까 모르고, 못한다."라고 귀결시킨다. 그리고 장애유아가 '할 수 있는 것'조차도 '못하는 것'으로 규정짓는다.

(2) 우리와 다르지만 같다: "우리하고 같이 할 수 있어요"

비장애유아는 장애유아와의 만남을 통해 다름과 같음의 경계를 넘나든다. 점차 소통할 수 있는 의미가 늘어남에 따라 상호작용의 양상은 변화하게 되는데 주로 대등한 관계에서 이루어지기 보다는 비장애유아가 우위에 선 경우가 많다. 비장애유아의 인식은 이전 단계보다는 진보된 것이지만 여전히 '능력'을 기준으로 장애와 비장애를 구별 짓는다는 점에서는 공통적이다. 비장애유아의 우리 속에 장애유아는 여전히 들어 있지 않다.

(3) 우리는 모두 다르다: "우리는 잘하는 것도 못하는 것도 있어"

이 단계에서 비장애아동은 더 이상 '우리'에 장애와 비장애를 구분하지 않는다. 능력으로 구분하는 것이 아니라 그 존재 자체로 인정하고 받아들이는 것을 의미한다.

> "너희들, 장애친구들하고 노는 거 좋니? 걔네들이 말도 못하고, 소리 지르고, 침 흘리고 그래도 좋니?" 미술영역 책상에 앉아 점심을 먹던 아이들 중 현보를 제외한 나머지 아이들이 합창을 하듯 대답한다. "네, 좋아요."그러던 중 진태가 말한다. "그런데 자꾸 밥 뱉어요. 다 흘리고 먹어요." 그러자 신지가 목소리를 높여 말한다. "우리도 애기처럼 애기였을 때 밥 흘렸거든. 우리도 못하는 거 있어. 괜찮은 거야."

윤주도 "맞아. 다 잘하는 것도 있고 못하는 것도 있어."라고 맞장구친다.

출처: 강희연(2007). p. 23에서 부분발췌

앞의 사례에서 시사하는 바는 진정한 장애통합의 질은 획일적인 능력의 기준으로 학생을 평가하는 것이 아니라 덜 유능하고 덜 알아도 그 존재 자체로 가치를 서로 인정할 때 진정한 또래 간 상호작용이 이루어질 수 있으며, 이것이 곧 통합교육의 가치라는 것을 알려 주는 것이다.

3) 교사에 미치는 효과

학생뿐만 아니라 교사도 통합교육의 긍정적인 성과를 경험할 수 있다. 특수교사의 경우, 역통합을 통해 교수능력을 증진할 수 있었으며 인식개선으로 인한 원활한 업무추진이 가능하다. 일반교사의 경우, 장애아동에 대한 이해가 증가하면서 장애학생을 더 잘 수용할 수 있으며 특수교사와의 협력수업을 통해 장애아동뿐만 아니라 저성취학생의 지도에도 도움을 받을 수 있다.

4) 부모 및 사회에 미치는 효과

통합교육에 대한 당위성과 윤리적인 타당성은 인정하고 있지만 아직까지도 우리 사회는 장애학생을 지역사회에서 받아들이고 싶지 않은 대상이라고 여기는 사례를 자주 마주하고 있다. 2017년 9월에 서울의 K구에서 특수학교의 설립에 반대하는 주민들을 설득하기 위하여 장애학생 학부모들이 무릎을 꿇고 주민대표들에게 허가를 간청하는 모습이 전국에 보도가 되었는데, 이것은 우리 사회의 슬픈 현실을 반영하는 것이라 할 수 있다.

장애학생이 곧 지역사회나 자녀의 학업에 해를 끼치는 존재라는 인식이 우리사회에 만연해 있는 한 진정한 의미의 통합교육이란 그저 윤리적인 명제로 전락할 우려가 있다. 이를 극복하기 위해서는 통합교육 후 비장애자녀가 보이는 변화와 장애인식개선을 통해 이러한 편견을 줄여 나가야 한다. 통합교육을 실시한 후 비장애아동의 부모들은 자녀가 개인차를 더 잘 수용하게 되었고, 다른 아동이 무엇이 필요한지 알게 되었다고 보고하였으며, 또한 차이에 대한 편견이 줄어 다른 아동을 더 많이 도와주려는 경향을 띠게 되었다고 보고하였다(Peck, Carlson, & Helmstetter, 1992).

비장애유아의 부모는 통합교육을 통해 다음과 같은 효과를 가질 수 있다. 첫째, 통합교육을 경험한 부모는 통합교육에 대한 긍정적인 태도를 형성한다. 둘째, 통합교육을 경험한 부모는 장애유아에 대한 수용적인 태도를 가진다. 셋째, 유아기에 통합교육을 경험한 사람이 성인이 되면 장애에 대한 보다 적절하고 수용적인 태도를 가진다. 넷째, 자녀에게 개별적인 차이와 그러한 차이를 수용하는 것에 대해서 가르칠 기회를 갖는다. 다섯째, 장애아동 가족의 요구에 대한 관심이 증가하게 된다.

5. 장애유아 통합교육의 실행요소

통합교육이 성공적으로 이루어지기 위해서는 어느 한 사람의 노력이나 의지만으로는 불가능하다. 다양한 구성 요소가 어떻게 상호 협력적으로 상호작용하는가에 따라 통합교육의 질이 결정되는 것이다.

이소현, 최윤희, 오세림(2007)이 국내 연구에 나타난 장애유아 통합교육 실행요소를 조사하여 발표한 연구에 근거해서 설정한 통합교육의 실행에 중요한 구성요소는 다음의 다섯 가지다. 즉, 교사의 자질향상, 통합교육 프로그램, 장애인식 및 태도, 전문적인 협력, 제도적 지원을 들 수 있다. 이러한 각 요소를 좀 더 자세히 살펴보면 다음과 같다.

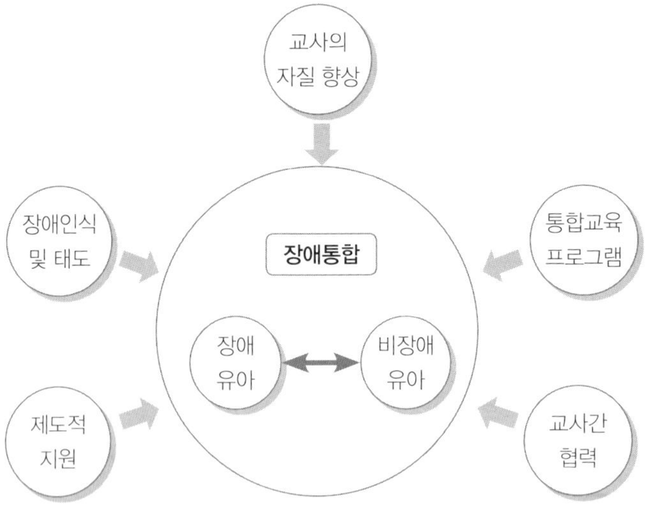

[그림 1-1] 장애통합교육의 구성요소

1) 교사의 자질향상

통합환경에서 교사는 비장애유아에게 장애유아를 대하는 모델링의 대상이 되고 비장애유아와 장애유아와의 상호작용을 촉진할 수 있는 매개자이며 비장애유아가 장애유아의 부적절한 행동 모방 시 적절하게 중재할 수 있는 중요한 존재다. 교사는 교실 내 유아들이 장애유아에 대한 인식을 정확하게 파악하고 유아가 장애에 대한 잘못된 인식을 개선시키기 위한 물리적, 심리적 지원을 제공해야 한다. 교사 자신이 장애에 대한 편견 없이 장애를 바라보고 교실 내 유아들의 관계를 더 민감하게 보고 반응할 준비가 되어야 한다(정설희, 안연경, 2009). 이를 위하여 유아교사양성과정의 교육 프로그램에 통합관련 교과목을 포함하고, 교사의 연수와 재교육 과정에 장애유아 통합과 관련하여 좀 더 실제적이고 해결중심적인 연수 프로그램이 제공될 필요가 있다.

장애유아 교사를 대상으로 한 통합관련 연수는 예전에 비해 개선되었으나(김은영, 2008), 유아교육 대상의 교원을 대상으로 통합교육 관련 홍보 및 교육, 연수가 부족하다고 느끼는 것으로 보고되었다(강영심, 황순영, 오미옥, 2008; 박승희, 이효정, 허승준, 2015). 우리나라 유아교육 현장에서 장애유아 통합에 어려움을 갖는 이유 중 유치원에서 일반교사 1인 담당 비율이 높아서 인원을 조정할 필요성이 높은 것으로 나타났다(안영주, 김수연, 2014). 장애유아 통합교육과 관련된 직무연수가 주로 장애아동의 이해에 주를 이루는데, 교사 간 협력방안이나 일반 또래 등과의 사회적 상호작용 촉진에 대한 연수 역시 필요한 것으로 보고되었다(이소현, 김수진, 2005).

2) 교사 간 협력

통합교육을 주도해 나가야 하는 교육 전문가들의 통합교육에 대한 태도와 책임의식은 통합교육이 직면하고 있는 가장 큰 문제라고 할 수 있다. 특히 대부분의 통합교육이 일반교육 현장에서 이루어지며, 일반교사에 의해 교육이 주도되기 때문에 일반교사들이 장애아동 통합교육에 대한 공동의 책임의식을 갖지 않는다면 통합은 사실상 제대로 이루어지기 힘든 것이 분명하다. 그러나 불행하게도 장애아동의 통합교육은 특수교육에서 해결해야 하는 주 임무이며, 일반교사는 그들의 역할을 도와주거나 보조해 주는 정도라 생각하는 경우가 대부분이다. 따라서 특수교사는 일반교육 현장에서 통합교육을 성공적으로 이루기 위해 학교장과 일반교사들을 상대로 유연하게 통합교육 프로그램을 진행하는 역량에 상당히 의존하였다. 특수교사의 전문성이 통합교육의 성패를 좌우하는 중요한 요소임과 동시에 한 명의 특수교사의 역량에 따라 통합교육의 질적인 격차가 생긴다는 것은 통합교육의 큰 어려움이라 할 수 있다. 현재 우리나라의 통합교육을 보면 특수학급의 특수교사의 전문성에 따라 통합교육의 성패가 달라질 뿐만 아니라 우수한 특수교사에 대한 지나친 의존 및 업무가중, 학생 편중 등의 문제가 동반되기도 한다.

통합학급의 기능적 학급 운영 실태를 보며 일반교사의 장애학생을 위한 개별화 교육 프로그램 작성 사례가 거의 없으며, 장애학생에 대한 지도는 주로 문제행동 수정 중심으로 이루어지고 있는 것으로 보고되었다. 또한 통합학급에 대해 학교당국이 지원하는 내용은 부족하며 통합교육에 대한 교육과 홍보가 일반교사들에게 거의 이루어지지 않는 것으로 보고되었다. 아직까지도 일반교사들은 장애학생의 교육은 특수학급 담당교사의 몫이라고 생각하는 경향이 높다(이신동, 김경희, 2006에서 재인용). 이러한 일반교사의 인식개선이 효과적인 통합교육을 위해 필수적이며, 일반교사가 장애학생에 대한 수용과 교수에 중요한 역할을 하는 것이 성공적인 통합교육의 필수적인 단계가 될 것이다.

3) 장애인식 및 태도

통합교육 실행요소와 관련된 중요한 변인의 하나인 장애인식 및 태도에는 기관장, 일반교사, 비장애유아 및 학부모의 인식과 태도를 포함하며, 더 나아가서는 지역사회 전반의 통합교육에 대한 인식을 포함한다. 현재 비장애아동 및 학부모를 대상으로 장애인식 교육이 시행되고 있기는 하지만 동영상 시청, 장애체험 등의 장애인식 교육 방법에 집중되어 있고 자료의 새로운 시도가 부족하고 할 수 있다. 따라서 지속적인 장애인식 교육의 진부함이나 반복성을 넘어설 수 있는 체계적이고 효과적인 장애인식 교육이 필요하다. 대상별 장애인식 및 태도 개선을 위한 방법은 〈표 1-5〉와 같다.

표 1-5 장애인식개선을 위한 대상별 접근 방법

■ 비장애학생의 장애인식개선을 우한 새로운 방안 모색
1) 일반교과 및 기타 교육 프로그램에 포함하여 장애이해교육 실시
• 관련 내용이 있는 교과에서 사용할 수 있도록 개발 및 보급
• 초중등의 학급별로 활용 가능하도록 개발하고, 개발로 끝나지 않도록 실용성을 확보한 프로그램으로 개발해야 하며, 보급과 활용을 위한 노력을 해야 함
2) 반복적 장애인식교육을 고려한 차별화된 프로그램 개발
• 유아기부터 고등학교까지 매년 반복되는 장애인식 교육이 효과적이 될 수 있도록 하기 위한 체계적인 프로그램 개발이 필요함

• 동영상 중심의 자료, 획일적인 장애체험에서 벗어난 실제적이고 효과적인 교수방법 개발이 필요함

▣ 비장애학생 학부모 교육 강화방안

1) 비장애학생의 학부모를 위한 통합교육 인식개선 교육 프로그램 개발

• 공감능력 및 인성교육 강화, 다양성의 수용, 장애의 이해 등 비장애학생의 학부모의 입장을 고려한 장애이해 및 인식개선 프로그램 개발 및 보급
• 유, 초, 중등의 학교급 별로 차별화된 교육 내용이 필요함

2) 비장애학생 학부모 교육 시행을 위한 행정적 가이드라인 또는 지침 제공이 필요

• 장애학생만이 아닌 다양한 학습자에 대한 이해로 접근할 수도 있으며, 인성교육 및 함께 사는 사회에 대한 성숙한 시민교육의 관점으로 접근할 수도 있음. 즉, 시행의 적절성을 확보할 수 있도록 해야 함

▣ 일반교사를 위한 장애인식 개선프로그램 개선

1) 일반교사의 인식개선 교육이 개별 특수교사의 노력과 역량에 과도하게 의존하지 않도록, 교사들이 참고할 수 있는 일반교사용 인식개선 프로그램 기초안 및 자료 개발

2) 초임교사 및 필수 연수과정에서의 장애학생 이해교육 강화

• 단순한 장애에 대한 이해보다는 통합교육 성공사례와 그 요인 등 통합교육의 비전과 필요성, 일반교사의 역할 등에 대한 구체적인 연수가 되도록 해야 함
• 대중에게 친근한 장애인 자녀의 부모나 장애인 당사자를 강사로 활용하는 등의 방법을 모색

출처: 교육부(2015). pp. 229-231.

4) 통합교육 프로그램

교육 프로그램에는 장애유아를 위한 교수적 지원, 비장애유아를 위한 장애이해 교수, 부모교육 및 지원, 통합 프로그램 등이 포함된다. 특히 장애유아를 위한 교수적 지원의 경우, 교육과정 수정 등 일반 교육과정 내에서의 참여 및 개별화된 교수를 포함하며, 일반 유아교육과정과 특수교육과정의 병합, 구체적인 기술 교수등을 포함한다. 또한 부모 교육 및 지원을 통해 장애유아 부모가 자녀의 장애를 바르게 이해하고 수용할 수 있도록 교육하거나 필요에 따른 지원을 제공한다.

통합교육 프로그램을 적용할 때는 장애유아를 포함한 모든 유아를 고려해야 하

며 학습의 장소, 교구 등 물리적 환경을 적절하게 배치하여 프로그램 효과를 극대화할 수 있어야 한다. 특히 장애유아 프로그램은 교육과 치료를 병행하는 것이 중요하다. 통합교육 프로그램의 운영은 활동시간 구성을 어떻게 하느냐에 따라 그 성패가 좌우된다. 적합한 통합교육 프로그램은 장애아들에게 또래 친구를 만나고 어울리며 잠재능력을 개발하고 비장애유아와의 상호작용에서 많은 것을 경험할 수 있는 기회를 준다. 그리고 비장애유아들은 사람의 개인차를 자연스럽게 배움으로써 타인을 이해하고 수용하게 되며 친구를 적절하게 도와주고 돌봐 주는 경험을 하게 된다. 이처럼 통합교육 프로그램은 장애유아와 비장애유아 상호 간의 사회적 상호작용을 증진시키며, 사회성 발달과 함께 타인을 수용하고 이해하는 태도를 갖도록 도움을 준다(송영선, 류미희, 배성현, 조경서, 2017).

5) 제도적 지원

장애유아가 통합된 교육현장에서의 특수교사 배치, 교사와 아동 비율의 조정, 필요한 시설 및 설비 제공 등을 포함하며, 통합교육 실행 관련 정책을 수립하는 등 모든 행・재정적 지원을 포함한다. 2017년의 특수교육 현황 결과에 따르면, 일반학급에 배치된 특수교육대상자의 지원을 강화하기 위하여 특수교육 교원 및 특수교육 관련 서비스 담당 인력을 배치하여 순회교육을 실시하도록 하고 있으며, 장애학생이 필요한 시설, 설비 및 교재, 교구의 지원, 공공시설 이용 등에 불편함이 없도록 법령으로 규제하고 있다. 결과적으로 장애인 편의시설 면에서 전국적으로 96% 이상 법령에서 규정한 사항을 이행하고 있는 것으로 나타났다. 그러나 여전히 통합학급에서 장애아동이 포함될 때 일반교사와 아동의 비율이 탄력적으로 조정되어 있지 못하는 상태에서 이루어지기 때문에 일반교사들은 장애아동의 지도에 많은 부담감을 느끼고 있는 것으로 나타났다.

통합교육과 관련된 규정은 〈표 1-6〉에서 제시한 바와 같이 여러 법령에서 규정되어 있다.

표 1-6 통합교육 관련 법령

법률	관련조항
헌법	제31조
교육기본법	제3조(학습권), 제4조(교육의 기회균등), 제8조(의무교육)
유아교육법	제15조(특수학교 등)
유아교육법 시행령	제25조(특수학교의 교직원)
영유아보육법	제26조(취약보육의 우선실시 등)
초·중등교육법	제2조(학교의 종류), 제12조(의무교육), 제19조(교직원의 구분), 제21조(교원의 자격), 제55조(특수학교), 제56조(특수학급), 제58조(학력의 인정), 제59조(통합교육)
초·중등교육법 시행령	제11조(평가의 대상 구분), 제14조(위탁시의 협의), 제40조(특수학교 등의 교원), 제43조(교과), 제45조(수업일수), 제57조(분교장), 제58조(국·공립 학교운영위원회의 구성), 제63조(사립학교의 운영위원회)
장애인 등에 대한 특수교육법	제20조(교육과정의 운영 등) 제21조(통합교육)
장애인복지법	제2장 제20조(교육)
장애인차별금지 및 권리구제 등에 관한 법률	제2절 교육

6. 장애유아 통합교육을 위한 개선방안

장애유아의 교육에 있어 학교현장은 통합교육을 강하게 요구하고 있지만 그 실제는 준비되지 못한 교육 서비스 환경으로 인하여 혼란을 겪고 있다. 통합교육과 분리교육은 그 용어자체에서 나타나듯이 화합하기 어려운 양극단의 입장을 견지한다. 통합교육에 대한 논쟁은 장애유아의 교육에 있어서 통합교육이 더 좋은 것인가 분리교육이 효율적인 것인가의 양자택일의 문제가 아니다. 통합교육은 우리가 실현할 목적과 가치인 동시에 수단임을 인식하고 사회전체가 공동체 사회 실현을 위해 총체적으로 노력해야 할 과제인 것이다(정대영, 2006).

- 아동이 가진 개인차와 특수교육에 대한 관점의 전환이 필요하다. 장애로 인한 '특수성'에만 얽매일 것이 아니라 모든 인간이 독특하다는 '독특성의 보편화'에 근거한 교육 방안이 마련되어야 한다.
- 장애아동의 일반학교 내 일반학급 통합은 기본적으로 교육공동체 전체(일반교육, 특수교육, 교사양성대학, 학생, 부모)의 리더십과 참여, 지원 및 책임의 공유가 전제되어야 한다.
- 일반아동과 장애아동의 통합은 필연적으로 장애아동집단 내 하위 장애 간의 통합을 수반하므로 향후 특수교육은 범유목적 접근을 지향해야 한다. 즉, 종래에는 '장애'를 중심으로 아동을 분류하고 범주화해 왔지만, 앞으로는 그러한 범주화 방식을 지양하고 아동이 가진 장애의 정도나 독특한 교육적 '요구'를 중심으로 한 새로운 분류 방식이 필요하다.
- 통합교육 상황에서 장애학생이 자신의 능력 수준에 적절한 교육을 성공적으로, 그리고 독립적으로 받을 수 있게 하려면 특수교사와 일반교사가 지속적으로 사정하고 교육 효과를 검토하는 작업이 유지되어야 한다.

제2장

장애유아의 이해

1. 장애유아의 분류
2. 장애유형별 장애아의 이해와 개입방법

| 학습목표 |

- 장애유아의 분류기준을 알 수 있다.
- 장애유형별 특징을 이해할 수 있다.
- 장애유형별 개입방법에 대해 알 수 있다.

2017년 특수교육 연차보고서에서 「장애인 등에 대한 특수교육법」에 따라 분류된 특수교육대상자 현황을 살펴보면 지적장애(53.8%), 자폐성장애(12.8%), 지체장애(12.1%), 발달지체(6.4%), 청각장애(3.8%), 정서행동장애(2.5%), 시각장애(2.3%), 학습장애(2.3%), 의사소통장애(2.3%), 건강장애(1.8%)순서로 나타났다.

이러한 통계는 우리가 유아교육 현장에서 만나게 되는 장애아동들의 비율과 장애의 범주를 가늠하게 하는 데 참고할 자료가 될 것이다. 장애의 범주 구분에 대해 많은 논란이 있기도 하지만 어떠한 장애를 가지는가에 따라 그 특성과 접근방법에 차이를 보이기 때문에 장애아동과 관련된 분야에서는 범주별 접근이 여전히 자주 사용되고 있다.

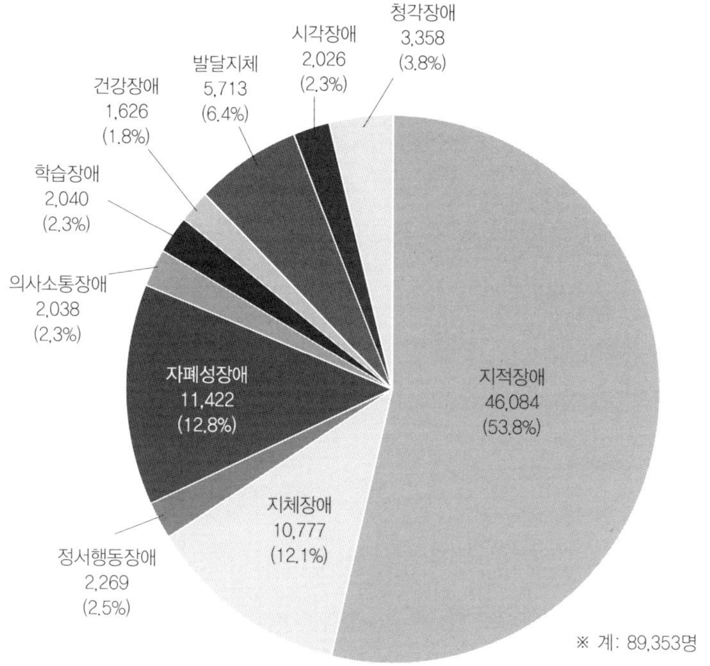

[그림 2-1] 2017년 장애영역별 특수교육대상자 현황

1. 장애유아의 분류

1) 「장애인 등에 대한 특수교육법」상의 특수교육대상자 분류기준

「장애인 등에 대한 특수교육법」(이하 특수교육법)에 따르면, 특수아동을 시각장애, 청각장애, 지적장애, 지체장애, 정서 · 행동장애, 자폐성장애, 의사소통장애, 학습장애, 건강장애, 발달지체, 그 밖에 대통령령으로 정하는 장애로 규정하고 있다.

표 2-1 특수교육법상의 특수교육대상자 분류기준

장애범주	정의
1. 시각장애	시각계의 손상이 심하여 시각기능을 전혀 이용하지 못하거나 보조공학기기의 지원을 받아야 시각적 과제를 수행할 수 있는 사람으로서 시각에 의한 학습이 곤란하여 특정의 광학기구 · 학습매체 등을 통하여 학습하거나 촉각 또는 청각을 학습의 주요 수단으로 사용하는 사람
2. 청각장애	청력 손실이 심하여 보청기를 착용해도 청각을 통한 의사소통이 불가능 또는 곤란한 상태이거나, 청력이 남아 있어도 보청기를 착용해야 청각을 통한 의사소통이 가능하여 청각에 의한 교육적 성취가 어려운 사람
3. 지적장애	지적 기능과 적응행동상의 어려움이 함께 존재하여 교육적 성취에 어려움이 있는 사람
4. 지체장애	기능 · 형태상 장애를 가지고 있거나 몸통을 지탱하거나 팔다리의 움직임 등에 어려움을 겪는 신체적 조건이나 상태로 인해 교육적 성취에 어려움이 있는 사람
5. 정서 · 행동장애	장기간에 걸쳐 다음 각 목의 어느 하나에 해당하여, 특별한 교육적 조치가 필요한 사람 가. 지적 · 감각적 · 건강상의 이유로 설명할 수 없는 학습상의 어려움을 지닌 사람 나. 또래나 교사와의 대인관계에 어려움이 있어 학습에 어려움을 겪는 사람 다. 일반적인 상황에서 부적절한 행동이나 감정을 나타내어 학습에 어려움이 있는 사람 라. 전반적인 불행감이나 우울증을 나타내어 학습에 어려움이 있는 사람 마. 학교나 개인 문제에 관련된 신체적인 통증이나 공포를 나타내어 학습에 어려움이 있는 사람

6. 자폐성 장애	사회적 상호작용과 의사소통에 결함이 있고, 제한적이고 반복적인 관심과 활동을 보임으로써 교육적 성취 및 일상생활 적응에 도움이 필요한 사람
7. 의사소통 장애	다음 각 목의 어느 하나에 해당하여 특별한 교육적 조치가 필요한 사람 가. 언어의 수용 및 표현 능력이 인지능력에 비하여 현저하게 부족한 사람 나. 조음능력이 현저히 부족하여 의사소통이 어려운 사람 다. 말 유창성이 현저히 부족하여 의사소통이 어려운 사람 라. 기능적 음성장애가 있어 의사소통이 어려운 사람
8. 학습장애	개인의 내적 요인으로 인하여 듣기, 말하기, 주의집중, 지각(知覺), 기억, 문제해결 등의 학습기능이나 읽기, 쓰기, 수학 등 학업 성취 영역에서 현저하게 어려움이 있는 사람
9. 건강장애	만성질환으로 인하여 3개월 이상의 장기입원 또는 통원치료 등 계속적인 의료적 지원이 필요하여 학교생활 및 학업 수행에 어려움이 있는 사람
10. 발달지체	신체, 인지, 의사소통, 사회·정서, 적응행동 중 하나 이상의 발달이 또래에 비하여 현저하게 지체되어 특별한 교육적 조치가 필요한 영아 및 9세 미만의 아동

2) 「장애인복지법」상의 특수교육대상자 분류기준

「장애인복지법」은 장애인의 복지에 관한 사항을 종합적으로 추진하기 위한 법률로, 장애인의 인간다운 삶과 권리의 보장을 위한 국가와 지방자치단체 등의 책임을 명백히 하며, 장애발생의 예방과 장애인의 의료, 교육, 직업재활, 생활환경 개선 등에 관한 사업을 규정하고 있다. 이 법에서는 장애인을 지체장애, 시각장애, 청각장애, 언어장애 등 장애로 인하여 장기간에 걸쳐 일상생활이나 사회생활에 상당히 제약을 받는 대상을 열다섯 가지 유형으로 정하였다.

표 2-2 장애인복지법상의 장애인 분류기준

장애범주	범위
1. 지체장애인	한 팔, 한 다리 또는 몸통의 기능에 영속적인 장애가 있는 사람 • 한 손의 엄지손가락을 지골 관절 이상의 부위에서 잃은 사람 또는 한 손의 둘째손가락을 포함한 두 개 이상의 손가락을 모두 제1지골 관절 이상의 부위에서 잃은 사람 • 한 다리를 리스프랑 관절 이상의 부위에서 잃은 사람 • 두 발의 발가락을 모두 잃은 사람 • 한 손의 엄지손가락 기능을 잃은 사람 또는 한 손의 둘째손가락을 포함한 손가락 두 개 이상의 기능을 잃은 사람
2. 뇌병변장애인	뇌성마비, 외상성뇌손상, 뇌졸중 등 뇌의 기질적 병변으로 인하여 발생한 신체적 장애로 보행이나 일상생활의 동작 등에 상당한 제약을 받는 사람
3. 시각장애인	나쁜 눈의 시력(만국식시력표에 따라 측정된 교정시력을 말함)이 0.02 이하인 사람 • 좋은 눈의 시력이 0.2 이하인 사람 • 두 눈의 시야가 각각 주시점에서 10도 이하로 남은 사람 • 두 눈의 시야 2분의 1 이상을 잃은 사람
4. 청각장애인	• 두 귀의 청력 손실이 각각 60데시벨 이상인 사람 • 한 귀의 청력 손실이 80데시벨 이상, 다른 귀의 청력 손실이 40데시벨 이상인 사람 • 두 귀에 들리는 보통 말소리의 명료도가 50퍼센트 이하인 사람 • 평형기능에 상당한 장애가 있는 사람
5. 언어장애인	음성기능이나 언어기능에 영속적으로 상당한 장애가 있는 사람
6. 지적장애인	정신 발육이 항구적으로 지체되어 지적 능력의 발달이 불충분하거나 불완전하고 자신의 일을 처리하는 것과 사회생활에 적응하는 것이 상당히 곤란한 사람
7. 자폐성장애인	소아기 자폐증, 비전형적 자폐증에 따른 언어 · 신체표현 · 자기조절 · 사회적응기능 및 능력의 장애로 인하여 일상생활이나 사회생활에 상당한 제약을 받아 다른 사람의 도움이 필요한 사람
8. 정신장애인	지속적인 조현병, 분열형 정동장애, 양극성 정동장애 및 반복성 우울장애에 따른 감정조절, 행동, 사고기능 및 능력의 장애로 인하여 일상생활이나 사회생활에 상당한 제약을 받아 다른 사람의 도움이 필요한 사람

9. 신장장애인	신장의 기능부전으로 인하여 혈액투석이나 복막투석을 지속적으로 받아야 하거나 신장 기능의 영속적인 장애로 인하여 일상생활에 상당한 제약을 받는 사람
10. 심장장애인	심장의 기능부전으로 인한 호흡곤란 등의 장애로 일상생활에 상당한 제약을 받는 사람
11. 호흡기장애인	폐나 기관지 등 호흡기관의 만성적 기능부전으로 인한 호흡기능의 장애로 일상생활에 상당한 제약을 받는 사람
12. 간장애인	간의 만성적 기능부전과 그에 따른 합병증 등으로 인한 간 기능의 장애로 일상생활에 상당한 제약을 받는 사람
13. 안면장애인	안면 부위의 변형이나 기형으로 사회생활에 상당한 제약을 받는 사람
14. 장루 · 요루 장애인	배변기능이나 배뇨기능의 장애로 인하여 장루 또는 요루를 시술하여 일상생활에 상당한 제약을 받는 사람
15. 뇌전증장애인	흔히 간질로 불리기도 하며, 뇌전증에 의한 뇌신경세포의 장애로 인하여 일상생활이나 사회생활에 상당한 제약을 받아 다른 사람의 도움이 필요한 사람

3) DSM-5의 신경발달장애 기준

2013년 5월에 미국정신의학회(American Psychiatric Association: APA)에서 개정한 정신장애 진단 및 통계 편람 5판(Diagnostic and Statistical Manual of Mental Disorders-5: 이하 DSM-5)은 정신건강 전문가들이 사용하는 표준화된 분류체계로 ICD(International Classification Disease)라는 국제 질병 분류기준과 함께 가장 많이 사용되는 진단체계라고 할 수 있으며, 임상적 유용성과 과학적 타당성을 위하여 그동안 지속적인 개정을 거듭하여 왔다. DSM-5는 정신장애를 진단하는 의사들뿐만 아니라, 심리학자, 사회복지사, 간호사, 재활 치료사, 특수교육, 상담가들에 의해 광범위하게 애용되어 왔으며 치료적 개입이 필요한가를 결정할 뿐만 아니라, 어떤 유형의 치료적 개입이 필요한지를 결정하는 데 중요한 기준점으로 작용하여 왔다.

DSM-5는 시각장애나 청각장애, 지체장애, 건강장애를 제외하고, 우리나라 특수교육법에 제시된 대부분의 발달장애학생의 진단기준을 모두 포함하고 있기 때문에 향후 특수교육 분야에서도 대상자 선정기준이나 중재 계획을 설정하는 데 있어서 많은 영향을 미치고 있다. 이 장에서는 영유아기와 가장 관련이 깊은 신경발달장애(Neurodevelopmental Disorders) 부분에 집중하여 소개하고자 한다.

신경발달장애는 발달기에 시작되는 장애로 발달에 부정적인 영향을 미친 중추신경계의 발달지연이나 뇌손상과 관련된 것으로 알려진 장애를 말하며, 지적장애, 의사소통장애, 자폐스펙트럼장애, 주의력결핍-과잉행동장애, 특정 학습장애, 운동장애 등으로 구분된다.

표 2-3 DSM-5의 신경발달장애의 하위유형과 주요 진단특징

장애범주		주요 진단특징
1. 지적장애		개념, 사회, 실용 영역에서 지적 기능 및 적응기능의 결함이 발달기에 발병하는 장애
2. 의사소통장애	언어장애	이해나 생성의 결함에 기인하여 여러 양상(구어, 문어, 수화 등)에 따른 언어 습득과 사용이 지속적으로 곤란을 겪는 장애
	말소리장애	말 명료성을 저해하거나 언어적 의사소통을 방해하는 말소리 생성이 지속적으로 곤란을 겪는 장애
	유창성장애	개인의 연령과 언어기술에 부적절한 말을 만드는 정상적인 유창성과 시간상의 방해가 시간이 경과해도 지속되는 장애
	사회적 의사소통장애	증상이 명백하여 언어적 및 비언어적 의사소통의 사회적 사용이 지속적으로 곤란을 겪는 장애
3. 자폐스펙트럼장애		비정상적인 사회적 접근, 언어적 및 비언어적 의사소통의 통합 부족, 사회적 맥락에 맞는 적응행동의 곤란을 겪는 장애
4. 주의력결핍-과잉행동장애		기능이나 발달을 방해하는 부주의, 혹은 과잉행동-충동성 양상이 지속되어 곤란을 겪는 장애
5. 특정 학습장애		학습기술을 배우고 사용하는 어려움이 있고, 그러한 어려움에 대한 중재를 제공했음에도 불구하고, 학습에 어려움을 보이는 장애

6. 운동장애	발달성협응 장애	협응운동기술의 습득 및 수행이 생활연령 및 기술 학습이나 사용의 기회 등에 따른 기대치보다 훨씬 떨어지는 장애
	상동형 운동장애	반복적이고 목적 없는 운동(예, 머리 흔들기, 몸 흔들기, 머리 돌리기, 자기 물어뜯기, 자신의 몸 때리기)을 보이는 장애
	틱장애	갑작스럽고 빠르고 재발하고 비율동적인 근육운동 혹은 음성 행동을 보여 적응에 어려움을 보이는 장애

2. 장애유형별 장애아의 이해와 개입방법

1) 자폐성장애

(1) 정의

특수교육법의 정의(자폐성장애)

사회적 상호작용과 의사소통에 결함이 있고, 제한적이고 반복적인 관심과 활동을 보임으로써 교육적 성취 및 일상생활 적응에 도움이 필요한 사람

장애인복지법의 정의(자폐성장애)

소아기 자폐증, 비전형적 자폐증에 따른 언어 · 신체표현 · 자기조절 · 사회적응기능 및 능력의 장애로 인하여 일상생활이나 사회생활에 상당한 제약을 받아 다른 사람의 도움이 필요한 사람

DSM-5 진단기준(자폐스펙트럼장애)

비정상적인 사회적 접근, 언어적 및 비언어적 의사소통의 통합 부족, 사회적 맥락에 맞는 적응 행동의 곤란을 겪는 장애

자폐성장애, 특히 유아 자폐증은 1943년 Kanner 박사에 의해 처음 특성과 함께 명명되었다. Kanner는 유아 자폐증을 애착행동(attachment)에 있어서 자폐적인 증상을 특징으로 하는 아동으로 정의하였다. Kanner의 아동기 자폐증에 대한 최초의 논문은 오늘날까지 자폐성장애의 진단과 개념에서 매우 중요한 위치를 차지하고 있으나, 자폐증 영역에서의 지속된 임상경험과 연구를 통해, 오늘날에는 지지되지 않는 부분 또한 존재한다. 예를 들어, Kanner는 자신이 관찰한 아동들이 정상 지능 범주에 속한다고 믿었으나, 오늘날 상당수의 자폐성장애아동이 인지적 결함을 보인다고 보고된다(권정아, 2015).

(2) 자폐성장애의 원인

① 생물학적 원인

4명의 자폐성장애아동 중 약 1명은 기질적 뇌장애를 가지고 있는 것으로 연구되었고, 대부분의 자폐성장애아동에게서 인지 · 언어 및 지각의 결함이 빈번하게 나타나는 것으로 보아 뇌의 구조적 명리에 기인하지 하지 않는 것이라면, 어떠한 기질적 뇌 기능장애에 기인하는 것으로 보거나 기능적 이상에 기인하는 것으로 보는 것이 당연할 수밖에 없다고 하는 과학적 이론을 근거로 원인을 설명하고 있다. 실제로 출생 전후의 뇌손상과 뇌염, 임신 중의 어머니의 감염에 의한 선천성 풍진, 선천성 매독 등 뇌의 확실한 기질적 병변이 함께 나타날 수 있고, 흔히 기능저하가 동반되는 경우가 있다. 또한 자폐성장애아동에게시 간질 발작이 나타나거나 뇌파에 이상이 나타난다는 점, 그리고 다수의 환자에게서 정상적인 대뇌 비대칭성이 없나는 점 등이 과학적 근거로 제시되고 있다.

② 생화학적 원인

자폐성장애에 있어서 생화학적 연구의 대부분은 신경 전달 물질에 관한 것이다. 신경 전달 물질은 근육 수축과 신경 활동에 영향을 주는 화학적 매개체로서 생각될 수 있다. 이러한 매개체는 우울증과 조현병과 같은 많은 정신의학적 조건에서 연구되어 있듯이 기분, 정서, 사고 과정에 영향을 준다고 알려져 있다. 매개체의 과잉 또는 부족, 혹은 여러 가지 다른 화학적 매체 간의 불균형은 혼란 행동을 유발할 수 있다. 여러 신경 전달 물질에 관해서 성인을 대상으로 한 연구가 있으나 자폐아동에게는 세라토닌에 초점을 두어 왔다.

세라토닌은 필수아미노산, 트리포판의 신진대사 생성물이다. 이것은 인간에게 필수적이나 인간의 신체 내부에서는 다른 단백질로부터 세라토닌을 합성할 수 없다. 이러한 이유로 세라토닌은 개인적으로 섭취하는 영양분의 일부로 얻어진다. 화학적으로 세라토닌은 LSD와 비슷하나 같지는 않고, 뇌의 어떤 부분에서 고도의 농축으로 발견되며 장의 점막과 혈액응고 입자같이 신체의 다른 부분에서 고도 농축으로 발견되는 자연적으로 발생되는 물질이다. 세라토닌은 정상적 뇌 기능에 필요한 것으로 드러났다. 성인을 대상으로 한 연구에서 세라토닌 수준이 감소되거나 LSD나 레서핀(reserpine) 복용으로 세라토닌 수준이 증가되는 두 경우에 행동 이상이 보였다. 어떤 자폐성장애아동에게서는 세라토닌의 높은 수준을 보고하는 연구가 있으나 아직 많은 문제와 일치되지 않는 결과가 보고된다.

③ 심리적 원인

심리적 원인으로 자폐성장애아동의 행동 특성을 설명하는 데 세 가지 이유가 있다. 첫째, 자폐성장애아동의 대부분이 어릴 때에는 다른 사람들과의 관계와 애정 표시에 현저한 어려움을 보이는 행동상의 문제를 가지고 있으며, 둘째, Kanner 교수가 처음으로 어린 아동에 대하여 언급했을 때 대부분의 정신과 의사는 여러 가지 정신병을 초래하는 아동기의 초기 경험을 중요시해야 한다고 주장했고, 자폐성장애아동이 보이는 장애는 하나의 증상이라기보다는 원인이라 보았다. 셋째, 임상적으로 관찰한 정신과 의사들은 자폐성장애아동 부모의 비정상적인 성격, 특히 어머니가 냉담하고 무정하여 자녀를 배격하거나 반대로 과잉보호하여 아동이 심리적 억압에서 벗어나지 못하는 경향이 있다고 지적하였다.

그러나 최근에 이러한 견해는 다음과 같은 이유 때문에 인정을 받지 못하고 있다.

요컨대, 대다수의 자폐성장애아동 부모는 아동이 출생 때부터 이상한 행동을 한다고 말하고 있으며, 많은 연구에서 자폐성장애아동의 대다수가 유아기부터 이상한 행동을 보이고 있다.

(3) 자폐성장애의 증상 및 특징

자폐성장애는 주변 사람이나 상황과의 공유가 어렵고 새로운 환경에 적응하는 데 있어서 반응하지 않거나 관계를 형성하는 데 어려움을 갖는다. 또한 반복적이고 상동적이며 편향적인 행동의 특성은 아동마다 손상 정도 및 보이는 정도의 편차가 매우 크기 때문에 일률적인 중재가 어렵다(Simpson & Myles, 2007). 같은 나이의 또래와 비교해 볼 때 자폐성장애아동은 추상적이거나 함축적인 표현을 이해하는 능력도 많은 제한을 보일 뿐 아니라 다양한 방법을 사용하여 본인의 의사를 표현하는 데에도 제한적이다

소아기 동안 자폐성장애아동은 의사소통이나 사회적인 기술, 그리고 인식력 등이 같은 또래의 아이들에 비해 뒤떨어진다. 또한 반복적인 행동(self-stimulatory behavior, 흔들거나 손을 찰싹 때리는 등 특정한 목적이 없이 반복적으로 하는 행동), 자해(self-injury, 손가락 물어뜯기나 머리를 부딪치는 행동 등), 수면이나 음식 문제들, 눈 맞춤이 없고 고통을 못 느끼거나 과잉-과소 행동, 주의력 부족 등의 이상행동이 나타나기 시작한다.

자폐성장애아동의 증상은 그 양상이 복잡하고 매우 다양하다. 이 가운데 무엇을 자폐성장애라고 단정 짓기란 또한 간단하지 않다. 부분적으로 관찰할 경우, 대체적으로 자폐행동이라고 여겨지는 행동들이 자폐성장애아동뿐만 아니라 다른 특수 아동에게도 나타나는 증상이기 때문이다. 이러한 점에서 자폐성장애를 정확히 진단하는 데 큰 어려움이 뒤따른다.

(4) 진단기준

표 2-4 DSM-5의 자폐스펙트럼장애의 진단기준

A. 다음과 같은 증상이 분명히, 현재 혹은 과거에 다양한 맥락에 따른 사회적 의사소통 및 사회적 상호작용에 지속적인 결함이 있다.
  1. 비정상적인 사회적 접근 및 정상적인 상호 대화의 실패에서부터 흥미, 정서, 애정의 공유 감소, 사회적 상호작용을 시작하거나 반응하기의 실패에 이르기까지 사회-정서적 상호성에서의 결함
  2. 언어적 및 비언어적 의사소통의 통합 부족에서부터 비정상적인 눈맞춤과 몸짓언어 혹은 몸짓의 이해와 사용의 결함, 얼굴표정의 부족 및 비언어적 의사소통에 이르기까지 사회적 상호작용을 위해 사용되는 비언어적 의사소통 행동의 결함
  3. 다양한 사회적 맥락에 맞는 적응행동의 곤란에서부터 상상놀이를 하거나 친구 사귀기의 곤란, 또래에 대한 관심 부재에 이르기까지 관계를 맺고, 유지하고, 이해하기 등의 결함

B. 다음과 같은 증상 중 2개 이상이 분명히, 현재 혹은 과거에, 제한되고 반복적인 행동이나 흥미 혹은 활동을 보인다.
  1. 상동적이거나 반복적인 근육운동, 물건 사용, 혹은 말(예, 단순 운동적 상동행동, 장난감 일렬로 늘어놓기나 물건 뒤집기, 반향어, 특이한 구 등)
  2. 동일성 고집, 융통성 없이 틀에 박힌 일의 집착, 혹은 언어적/비언어적 의식화된 행동(예, 사소한 변화에 극도의 고통, 전환 곤란, 엄격한 사고, 의식적인 인사, 같은 길로 가려고 하거나 매일 같은 음식을 먹으려는 욕구)
  3. 관심사의 강도나 세기가 비정상적이고 아주 제한되어 있거나 고정되어 있음(예, 유별난 물건에 대한 강한 애착이나 몰입, 과도하게 고집스런 관심)
  4. 감각자극에 대한 과잉행동 혹은 과소행동 혹은 그 환경의 감각적인 면에 유별난 관심(예, 통증/온도에 대한 무관심, 특정 소리나 옷감에 대한 혐오 반응, 과도하게 물건 냄새 맡기와 만지기, 불빛이나 움직이는 것에 대한 시각적 매료)

C. 이런 증상들이 초기 발달기에 나타난다(그러나 사회적 의사소통 요구가 제한능력보다 커야 나타날 수 있고, 혹은 나중에 학습된 전략으로 가장될 수 있다).

D. 이런 증상들이 사회, 직업 혹은 기타 중요한 현 기능에서 임상적으로 커다란 손상을 일으킨다.

E. 이런 문제들은 지적장애나 광범위성 발달지연으로 설명할 수 없다. 지적장애와 자폐스펙트럼장애는 흔히 동시에 나타나며, 지적장애와 자폐스펙트럼장애의 공존장애 진단을 위해서는 사회적 의사소통이 일반 발달수준의 기대치보다 저하되어야 한다.

(5) 자폐성장애의 치료 및 교육

① 치료의 원칙

첫째, 가능한 한 조기에 발견하여 조기치료를 시작해야 하고, 발달전반에 걸친 문제를 가지기 때문에 여러 가지 장애를 중복적으로 가졌다고 보고, 치료도 어떤 특정한 문제점만을 다루거나 특정한 방법에 의한다기보다는, 둘째, 발달전반에 걸쳐서 여러 전문영역에서 발달을 도와주는 다각적이고, 다양한 접근방법을 써야 하며, 셋째, 의학적인 치료에는 한계가 있기 때문에 무엇보다 부모를 통한 그리고 특수교육을 통한 치료교육 방법이 지속적으로 계획되고 실행되어야 한다.

② 바람직한 지도방향

- 주위 사람과의 유대관계, 애착증진

유아기와 초기 아동기에 있는 아동에게는 주로 아동의 엄마(또는 아동과 가장 가까이 지내는 보호자)와 아동이 다양한 상황에서 밀착된 애정관계를 형성하도록 집중적으로 지도하고, 더 나아가 주위 사람과 주위 사물에 관심과 흥미를 갖고 의미 있는 교류를 할 수 있도록 지도하는 것이 중요하다.

- 통합적인 사고력 지도

아동이 못하는 행동을 하나하나 학습시키는 것이 아니라, 아동 수준에 적합한 특정 상황을 조성해 준 후 아동 스스로 주어진 과제를 해결해 가도록 도와주는 방법을 말한다. 즉, 주위 상황을 종합적으로 파악한 후 필요한 과제를 수행하거나 문제를 해결하는 능력을 키우는 방법인데, 아동 자신이 자발적으로 행동하고 주위 사람과 유대관계를 형성하는 데 필요한 능력을 키우는 것이 중요하다.

■ 특정 행동/기술 학습

아동이 못하는 행동을 부분적으로 선정하여 집중적으로 학습시킨다. 과제를 쉽게 작은 단계로 나누어 반복훈련을 통해 학습시키고 집중적으로 보상을 주는 행동수정방법이 많이 사용된다. 특히 옷 입기, 식사지도, 용변훈련과 같은 신변처리 기술을 지도하는 데 효과가 크다. 그러나 별도의 통합적인 사고력 지도 없이 기계적인 반복훈련을 통해 아동을 지도하는 것은 자폐적 문제성(통합적 사고의 결여)을 더 심화시킬 수 있기 때문에 바람직하지 않다.

■ 문제행동 지도

문제행동을 지도하고자 할 때 다음의 질문을 고려해야 한다.

첫째, 그 행동이 아동의 사회적 관계를 심각하게 방해하는가?

둘째, 불합리한 요구를 하지 않고도 변화가능한 행동인가? 변화를 위한 시도가 지나친 스트레스나 외상을 일으킨다면 다른 방법으로 접근해야 하며, 그 행동이 일종의 자폐적 특성이라면 기술 발달을 위한 토대로 활용한다.

셋째, 행동 변화가 아동의 삶의 질과 정서적 건강을 의미있게 향상시키는가?

넷째, 가르칠 행동이 사회적 수행을 위해 가장 독립적인 수단이 될 수 있는가?

③ 교육적 중재 프로그램

자폐성장애아동을 위한 교육적 중재로 자폐성장애아동의 특성을 고려한 접근이 널리 활용되고 있다. 이것은 자폐성장애아동의 발달과 학습은 일반아동과는 여러 측면에서 다르다는 가정하에 자폐성장애아동의 특성에 맞게 구성된 중재접근에 의거하고 있다. 대표적인 예로 TEACCH(Treatment and Education of Autistic and related Communication handicapped CHildren) 프로그램은 자폐아동 및 그들의 가족이 자폐증상에 대처하도록 돕도록 조정된 훈련 및 서비스를 제공하는 것이다.

TEACCH 프로그램은 기능 습득을 촉진하기 위한 환경의 구조화와 기능화의 모든 수준에서 독립성 조성을 강조한다. 아동들은 1대1의 교수가 이루어지는 고도로 구조화된 교수환경에서 새롭고 발달적으로 적절한 기능을 학습한다. 일단 하나의 기능이 습득되면 아동들은 독립적 수행을 점차 증진할 수 있도록 성인의 지원이 보다 적고 구조화가 보다 덜한 환경에서 기능사용을 훈련받는다. 구조화된 교수환경에서 독립성이 길러지면 활동의 시작과 끝을 알려 주는 '출발 · 도착상자'를 사용함으로써 시각적 단서에 따라 활동을 하게 된다. TEACCH 프로그램은 초기단계에서는 고도로 구조화된 교수환경에서 기본적인 학습기능을 훈련하고, 점차 최소제한적 교수환경을 제공하기 위하여 다른 여러 학교상황에서, 그리고 다른 여러 방법으로 기능을 지도하고 활용하여 궁극적으로는 지역사회에서 독립적인 생활적응을 할 수 있도록 도와주는 데 목적을 두고 있다. 교사는 유아의 학습능력을 평가하고, 유아의 의사소통, 사회적 기능, 대안적 기능을 개선하기 위해 발달단계에 적절한 교수방법을 고안한다. 그리고 가족의 협조를 얻어 응용행동분석절차에 따라 기초생활기능을 습득시킨다. 또한 자문위원들이 정기적으로 학급을 방문하여 학급에서 아동과 가족의 요구를 충족시킬 방법을 논의하고 정보를 제공해 준다. 이 프로그램의 대상은 자폐성유아뿐만 아니라 아동기 조현병, 정서 · 행동장애유아 및 전반적 발달장애유아 등이다. 또 이 프로그램은 진단, 평가 및 개별지도뿐 아니라 전문가, 부모훈련, 각종 자폐아 관련기관에 특별한 지원 및 자문을 제공하고 있다.

TEACCH 프로그램의 초점은 구조화된 학습에 있으며 속성에는 다음과 같은 내용이 포함되어 있다.

첫째, 우선적으로 아동의 학습 효과를 최대화하는 환경을 조성한다. 언어 능력의 지체를 보충할 수 있는 그림 신호를 곳곳에 부착하여 환경에 대한 이해를 높이며, 아동의 감각적 민감성과 특성을 살펴서 환경을 조성한다.

둘째, 미리 정해진 시간표에 따라 활동과 학습을 철저하게 진행한다. 시간표의 설정도 구조화된 교육환경의 일환이다. 아침부터 일어나는 모든 일과를 순서대로 그림을 부착하여 시간표를 게시하면 아동들은 현재의 활동을 이해할 뿐 아니라 다음에 일어날 일에 대해 무지할 때 느끼는 불안감을 해소하는 효과를 나타낸다. 또한 시간표를 통한 일과 내용에 대한 지식은 다음 학과나 활동으로 이어질 때 독립적으로 이동할 수 있게 도와주며 다음 활동에 대한 마음의 준비를 갖추어 준다. 이러한 마음의 준비는 다음 활동에 대한 동기를 높여 주고 더욱 자신감과 적극성을 향상시킨다. 더욱 의미 있는 것은 현재의 활동이 지루하거나 부담스러울지라도 다음 시간이 즐겁고 유쾌한 시간이 올 것이라는 사실을 알게 되면 현재의 활동을 적극적으로 참여할 수 있는 동기를 부여한다.

셋째, 아동의 기술 수준, 흥미 있는 분야, 그리고 필요를 잘 이해하여 아동의 강점과 관심 분야를 더욱 강화하는 데 주력한다. 이러한 이유에서 아동들이 보유하고 있는 기술들과 관심 분야에 기초한 교육 프로그램을 만들어야 한다. 평가 절차를 거쳐 아동이 보이는 지체된 영역을 훈련시켜 더 나은 수준으로 끌어올리는 것도 중요하지만 이미 그들이 가지고 있는 기술을 바탕으로 더욱 효과적인 학습을 이끌어가며 학과 내용도 이미 아동이 관심을 갖고 있는 대상을 사용하여 교육하는 것이다.

넷째, 자폐성장애아동의 전반적인 삶의 영역을 염두에 두어야 한다. 교육 내용에는 단지 학과적인 것 이외에 의사소통, 여가 기술, 가내 작업, 직업 능력, 협동 놀이, 타인과 상호작용 기술, 공동사회 기술 등의 기술 영역도 포함하여야 한다.

다섯째, 아동에게 교육할 때에는 각각의 교육 장소마다 일관성을 가지고 유기적으로 실시되어야 한다. 학교에서 교육받을 때에 아동에게 TEACCH 프로그램으로 실시한다면 가정에 돌아가거나 그룹홈에 돌아가서도 같은 프로그램을 실시하여야 가장 큰 효과를 기대할 수 있다.

2) 주의력결핍–과잉행동장애

(1) 정의

특수교육법의 정의【 정서 · 행동장애 】

장기간에 걸쳐 다음 각 목의 어느 하나에 해당하여, 특별한 교육적 조치가 필요한 사람
가. 지적 · 감각적 · 건강상의 이유로 설명할 수 없는 학습상의 어려움을 지닌 사람
나. 또래나 교사와의 대인관계에 어려움이 있어 학습에 어려움을 겪는 사람
다. 일반적인 상황에서 부적절한 행동이나 감정을 나타내어 학습에 어려움이 있는 사람
라. 전반적인 불행감이나 우울증을 나타내어 학습에 어려움이 있는 사람
마. 학교나 개인 문제에 관련된 신체적인 통증이나 공포를 나타내어 학습에 어려움이 있는 사람

DSM-5 진단기준【 ADHD 】

기능이나 발달을 방해하는 부주의, 혹은 과잉행동–충동성 양상이 지속되어 곤란을 겪는 장애

주의력결핍–과잉행동장애(Attention Deficit Hyperactivity Disorder: 이하 ADHD)에 대한 의뢰는 대부분 초등학생이 되어서야 이루어지고 그 특성이 밝혀지는 경우가 많다. 유아기에 이미 ADHD 아동의 특성이 관찰되더라도 문제의 심각성을 인식하지 못하여 조기중재의 기회를 놓치는 경우가 많다. 일반적으로 유아는 성인보다 더 활동적이고 충동적이며 과제에 대한 집중시간이 떨어지는 특성을 가지고 있기 때문에 ADHD 성향의 아동이 보이는 행동을 부산하다거나 장난이 심하다는 정도로 지나치는 경우도 발생한다. 하지만 이런 유아의 행동을 일상생활에서 적응문제를 단순히 기다리면 나아진다는 생각으로 방치하는 것은 매우 위험한 판단이라 할 수 있다.

(2) ADHD의 원인

① 유전적 요인

주의력결핍 과잉행동아동의 30~40%는 부모나 형제 중에 주의력결핍 문제가 있는 것으로 보고되고 있다. 이러한 문제를 아동의 친부모가 주의력결핍 문제를 가지는 경우가 많다고 보고되고 있다. 그러나 60~70%의 경우, 이러한 문제를 가진 가족이 없다는 점은 유전적 요인만이 주의력결핍의 원인이라고 볼 수 없음을 시사한다.

② 환경적 요인

임신 시 태아의 상태가 주의력결핍과 관련이 있다는 보고도 있다. 임신 시 임산부의 영양부족, 흡연, 과도한 스트레스, 감염 등이 영향을 줄 수 있으며, 조산이나 난산으로 인한 두부손상이 이러한 문제를 유발할 수 있다. 또한 식품첨가물이나 소금에 절인 식품, 많은 양의 정제설탕의 섭취 등 식품첨가물의 알레르기성 반응이 과잉행동의 원인이 될 수 있다는 주장도 있으나 아직까지 과학적인 근거는 미약한 편이다.

③ 뇌 기능

많은 학자는 주의력결핍이 선천적이며 신경 생물학적인 원인에 의해 생긴다고 본다. 과잉행동아동의 뇌의 기분 구조는 손상되지 않는 것처럼 보이나 뇌 기능에 있어서는 미세한 기능 장애가 있는 것으로 나타난다. 뇌의 어떤 영역에서 활성화가 적게 일어났다는 것이 주의력결핍(inattention)을 초래할 수도 있다.

④ 기타

가정환경이 복잡할 때, 부모의 통제가 지나칠 때, 부모의 도덕적 훈련이 모자랄 때 아동이 산만해진다고 본다. 그러나 지금까지의 연구는 가정환경이 나쁜 아동 모두가 주의력결핍을 나타내는 것은 아니며, 산만한 아동 모두가 결손된 가정환경을 가지고 있는 것도 아니라고 보고하고 있다.

(3) ADHD의 증상 및 특징

① 주의력결핍과 주의산만(destructibility)

주의력결핍아동의 주 특징은 주의가 쉽게 흩어지고 주의의 폭이 짧은 점이다. 이들은 끈기가 거의 없어 한 가지 활동에서 금방 다른 활동으로 옮겨 가며, 무엇을 해야 할지 몰라 당황해한다.

② 충동성(impulsivity)

주의력결핍아동은 때때로 충동적이거나 충동 억제가 안 되는 것으로 보인다. 일을 계획하고 판단할 때도 조직적이거나 체계적이지 못하다. 사회적 충동성도 문제가 되는데 이로 이하여 거짓말을 하고 물건을 훔치기도 한다.

③ 과잉행동(hyperactivity)

주의력결핍아동이 모두 과잉행동을 보이는 것은 아니다. 그러나 주의력결핍아동 중 많은 아동이 과잉행동을 나타내며, 과잉행동아동의 60~70%가 보통 2세 이전에 구체적인 증상을 나타낸다.

아동기가 되면 이들의 문제는 더 심각해질 수 있다. 학교라는 구조화된 상황이 아동의 자제력을 요구하기 때문이다. 학교에서의 적응이 순조롭지 못하고 때로 또래에게 거부당하게 되며 주위에서 '나쁜 아이' '문제아'로 인식되어 낮은 자기상(self-image)을 형성하게 된다.

④ 주의를 구하는 행동

주의력결핍아동도 성장함에 따라 그들이 사랑하고 존경하는 사람에게 인정받고 관심이 주어지길 바란다. 이들은 주의를 끌기 위해 친구들을 집적거리고 괴롭히며 때로는 친구들 앞에서 잘난 척을 하기도 한다.

⑤ 학교 문제

무엇보다도 ADHD 아동이 일반 지능검사에서 지능에 문제가 있는 것으로 나타나지는 않는다. 그러나 어떤 아동은 지적 발달과 지각에 문제가 있어 학교생활과 적응에 어려움이 있을 수 있다. 많은 ADHD 아동이 아무런 지각 문제도 갖고 있지 않으나 여전히 학교에서 학습하는 데 어려움이 있을 수 있다. 만약 아동이 지각 문제를 가지고 있지 않으면 학업 부진의 원인이 주의집중의 어려움과 정서적 과잉행동 때문일 수도 있다.

⑥ 협응 문제

ADHD 아동 중 과반수가 협응, 특히 눈과 손의 협응에 문제를 가지고 있다. 협응이 잘 되지 않기 때문에 글자를 쓴 곳에 또 쓰는 일과 선 밖으로 쓰는 일이 허다하다. 또한 공을 주고받는 일과 신체적인 활동에 겁을 내거나 어려움이 있다.

⑦ 반항적인 행동

대부분의 ADHD 아동은 다음과 같은 대인 간 행동 특성을 나타낸다.

첫째, 사회적 요구에 대한 심한 저항과, 할 것과 하지 말 것, 해야 할 것과 해서는 안 되는 것에 대해 거부감을 나타낸다. 둘째, 이들은 지나치게 독립적이나 많은 경우에 의존적이다. 셋째, 다른 아동에게 횡포를 부리는 등의 반응을 보인다. 가장 큰 특징은 부모와 교사가 하지 말도록 금지하는 것과 하도록 요구하는 것을 따르는데 어려움이 있다.

다른 아동들과 놀 때는 리더가 되고자 하며 자신이 원치 않는 게임을 하면 그 게임은 포기한다. 따라서 친구들은 그를 피하고 결국 혼자 남게 되어 다른 사람 눈에는 수줍어하고 위축된 아동으로 보이게 된다. 이들은 친구를 쉽게 사귀나 친구관계를 오래 지속시키지 못하기 때문에 가끔 자기보다 나이 어린 아이들과 놀기도 한다.

⑧ 정서적 문제

ADHD 아동은 대개 특별한 정서적 문제를 나타내는데, 그중 하나는 감정이 쉽게 흔들리기 때문에 무슨 행동을 할지 예측하기가 쉽지 않다는 점이다. 또한 이들은 쉽게 흥분하고 좌절된 상황에서는 지나치게 안절부절못하며 참을성이 부족하고 공격적으로 반응한다. 일이 자기 뜻대로 되지 않으면 짜증을 부리고 심술을 낸다. 또 하나의 정서적 특징으로는 대체로 자존감이 낮은 것인데 이들은 자신을 별로 중요하지 않게 생각하거나, 자신이 나쁘다고 생각한다.

⑨ 미성숙

이들은 대체로 사회적, 학문적 능력이 부족하고, 좌절 상태를 참아 내지 못하며 끈기가 부족하다. 어떤 아동들은 변화를 수용하는 데 있어 매우 고집스러움을 보인다. 이러한 정서적 미성숙 때문에 자기 나이보다 4~5세 어리게 행동하기도 한다.

(4) ADHD의 연령별 특성

① 3~5세(유아기)

- 계속해서 움직이고 잠시도 가만히 있기 힘들다.
- 장난감을 가지고 노는 것도 잠시이고, 어떤 놀이든 진득하게 하지 못한다.
- 간단한 심부름도 하지 않는다.
- 다른 아이보다 시끄럽게 논다.
- 친구들과 놀이를 함께 하기, 순서 지키기 등의 행동을 보기 힘들다.
- 친구를 사귀기가 어렵다.
- 선생님들에게 '다루기 힘들다' '문제성 행동을 한다'는 이야기를 듣는다.

② 6~12세(학령기)

- 앉은자리에서 안절부절못하거나 계속 움직이고 종종 교실을 목적 없이 돌아다닌다.

- 쉽게 어수선해지고, 숙제나 조그만 일도 끝내지 못한다.
- 적절치 못한 때에 불쑥 말을 꺼내거나 종종 질문에 엉뚱한 대답을 한다.
- 게임이나 단체행동에서 순서 및 규칙을 지키지 못한다.
- 정리정돈을 할 줄 모르고 종종 물건을 잃어버린다.
- 학교생활이 무절제하고 학교성적의 기복이 심하다.
- 친구가 없다든지 또래에게 나쁜 평판을 듣는 등 사회성(대인관계)이 결여되어 있다.
- 선생님들에게 '하고자 하는 의욕이 없다' '게으르다' '품행에 문제가 있다'는 등의 이야기를 듣는다.

③ 그 이후

주의산만이나 과잉행동은 감소되지만 충동성은 그대로 남거나 더 많아져서 사회적 관계 형성이 곤란하고 성인기 직장생활에서도 어려움을 겪게 된다.

(5) 진단기준

표 2-5 DSM-5의 주의력결핍 과잉행동장애의 진단기준

A. 기능이나 발달을 방해하는 부주의, 혹은 과잉행동-충동성 양상이 지속되며, 1. 혹은 2.로 특성 짓는다.
  1. 부주의: 다음 증상 중 여섯 가지 이상이 발달수준에 맞지 않는 정도로 적어도 6개월 이상 지속되어, 사회 및 학업/직업 활동에 부정적인 영향을 준다.
     [주: 이런 증상은 적대적 행동, 반항, 적대감, 과제나 지시의 이해 실패로만 단독으로 나타나지 않는다. 청소년과 성인(17세 이상)의 경우, 적어도 다섯 가지 증상이 충족되어야 한다.]
     a. 세부사항에 면밀하게 주의집중하지 못하거나 학교공부, 일이나 다른 활동에서 부주의한 실수를 한다(예, 세부사항을 간과하거나 실수함, 일이 부정확함).
     b. 과제나 놀이 활동에 지속적으로 주의집중하지 못한다(예, 강의, 대화, 혹은 장문 읽기 중에 집중하지 못함).

c. 다른 사람이 직접 말을 할 때 듣지 않는 것 같다(예, 주의산만 요소가 없는데도 맘이 다른 곳에 있는 것처럼 보임).
d. 지시를 따르지 못하거나 학교공부, 잡일이나 일터에서 임무를 수행하지 못한다(과제를 시작은 하지만, 쉽게 집중하지 못하게 되고 곁길로 빠짐).
e. 과제와 활동을 조직하는 데 어려움이 있다(예, 실질적으로 과제를 수행하지 못함, 물건이나 소유물을 순서적으로 보관하지 못함, 번잡하고 분산된 일, 시간관리를 잘하지 못함, 마감시간을 지키지 못함).
f. 정신적 노력이 요구되는 과제를 피하거나 싫어하고 거부한다(예, 학교공부나 숙제, 청소년 및 성인의 경우에 레포트 작성하기, 모형 완성하기, 긴 논문 개관하기 등).
g. 과제나 활동에 필수적인 것들을 잃어버린다(예, 수업자료, 책, 도구, 지갑, 열쇠, 서류, 안경, 핸드폰).
h. 외부의 자극에 의해 쉽게 산만해진다(예,청소년 및 성인의 경우, 비관련 사고를 함).
i. 일상활동을 잘 잊어버린다(예, 허드렛일, 심부름하기, 청소년 및 성인의 경우, 전화걸기, 세금내기, 약속지키기).

2. 과잉행동 및 충동성: 다음 증상 중 6가지 이상이 발달수준에 맞지 않는 정도로 적어도 6개월 이상 지속되어, 사회 및 학업/직업 활동에 부정적인 영향을 준다.
[주: 이런 증상은 적대적 행동, 반항, 적대감, 과제나 지시의 이해 실패로만 단독으로 나타나지 않는다. 청소년과 성인(17세 이상)의 경우, 적어도 다섯 가지 증상이 충족되어야 한다.]
a. 손발을 만지작거리고 자리에서 꼼지락거린다.
b. 가만히 앉아 있어야 하는 상황에서 자리를 이탈한다(예, 가만히 앉아 있어야 할 상황인데 교실, 사무실, 작업장에서 자리이탈).
c. 부적절한 될 상황에서 지나치게 뛰어다니거나 기어오른다(청소년이나 성인의 경우, 참을 수 없는 느낌으로 제한될 수 있음).
d. 조용히 여가 활동에 참여하거나 놀지 못한다.
e. '끊임없이 활동하거나' 마치 '자동차에 쫓기는 것'처럼 행동한다(예, 음식점, 회의에서처럼 오랜 시간 조용히 있는 것을 불편해 함, 끊임없이 활동하거나 따라가기가 곤란).
f. 지나치게 말을 많이 한다.
g. 질문이 채 끝나기 전에 불쑥 대답한다(예, 다른 사람의 말이 끝나기 전에 말하기, 차례로 대화하기 위해 기다리지 못함).
h. 순서나 차례를 기다리지 못한다(예, 줄서서 기다리기).

i. 다른 사람의 활동을 방해하고 간섭한다(예, 대화나 게임, 활동에 참견하기, 허락받지 않고 다른 사람의 물건을 사용하기, 청소년과 성인의 경우, 다른 사람이 하고 있는 일을 간섭하기).

B. 부주의 혹은 과잉행동–충동성 증상이 12세 이전에 나타난다.
C. 부주의 혹은 과잉행동–충동성 증상이 2개 이상의 장면(예, 학교, 가정, 직장, 친구와 친척, 기타 활동들)에서 나타난다.
D. 그 증상이 사회, 학업, 직업 기능을 방해하는 분명한 증거가 있다.
E. 이 증상이 전반적 발달장애, 조현병, 또는 기타 정신병 경과 중에만 발생하지 않으며, 다른 정신장애(예, 기분장애, 불안장애, 해리성장애, 인격장애, 물질 중독이나 금단)로 잘 설명되지 않는다.

〈세부유형〉
ADHD(복합형): 지난 6개월 동안 진단기준 A1과 A2 모두 충족시킬 경우.
ADHD(부주의 우세형): 지난 6개월 동안 진단기준 A1은 충족시키지만 A2는 충족시키지 못할 경우.
ADHD(과잉행동–충동 우세형): 지난 6개월 동안 진단기준 A2는 충족시키지만 A1은 충족시키지 못할 경우.

(6) ADHD 아동의 행동지도

① 주의집중의 개선

대체로 ADHD 아동은 학습부진이 심하거나 학습장애를 처음부터 가지고 있는 경우가 많다. ADHD 아동의 80%가 다양한 학습문제를 보이는 것으로 나타났다(McGee & Share, 1988). ADHD가 결함이나 증상에 있어서 학습장애와 중복되는 경향이 있으나 학습장애라도 과잉행동이나 충동성의 문제를 보이지 않는 아동도 있다. 대체로 학습장애아동의 20%가 ADHD를 수반하며 약 65%가 부주의함의 문제를 보인다.

과제학습과 관련된 지시사항을 제대로 따르지 못하면 학습은 효율성은 자연히 약화되며 뒤처지게 된다. 학습에 필요한 일반적인 주의집중은 네 가지로 분류될 수 있는데, 선택적 주의집중, 주의집중 지속시간, 주의집중의 이동 및 연속적 주의집중으로 나눌 수 있다.

■ 선택적 주의집중의 개선

중요한 자극을 과제 전에 미리 말해 주거나, 자극의 수와 복합성을 줄여서 산만함을 줄인다. 또한 주의집중을 요하는 과제에 시각적인 연관성을 주어 강도를 높이고, 새롭고 진기한 것을 소개하며, 자신의 감각적 단서와 경험들을 관련시켜 봄으로써 필요한 과제에 주의를 집중할 수 있게 한다. 부모와 교사들은 아동에게 구체적인 지시를 주어 아동이 따라 할 수 있게 한다(예, 두 가지 이유를 찾아보라. 답을 쓰라). 단어를 일렬로 불러 주고 특정의 관련 단어가 나올 때마다 손뼉을 치게 하여 특정 과제에 선택적으로 주의를 기울이는 능력을 향상시킬 수 있다.

■ 주의집중 지속시간

아동의 성취해야 할 과제에 대해 정확한 설명을 해 주어 과제들을 하위과제로 세분화시켜 전체 과제를 완성하도록 한다. 또한 시계를 사용하여 자신의 활동시간을 측정하게 하거나, 과제에 소비하는 시간을 강화와 함께 점진적으로 증가시켜 아동으로 하여금 성취감을 갖고 주의집중을 지속시킬 수 있도록 한다.

■ 주의집중 이동

아동에게 한 번에 한 가지씩 요구하고 다음 과제에 대한 주의를 이끌어 냄으로써 주의를 이동할 수 있는 시간을 준다. 성공할 때마다 강화를 주어 이동시간을 점차 빠르게 한다.

■ 연속적 주의집중

간단한 과제부터 시작하여 점차 여러 가지 연속 항목을 증가시켜 주거나, 한 문제를 해결하는 데서 여러 문제를 계속 풀 수 있도록 한다. 연속 과제를 그룹으로 묶어

집단으로 주의를 기울이는 훈련을 하거나 언어적 시연 혹은 시각적 영상 등의 기억력 증진을 위한 훈련을 통하여 기억하여 시행하게 하는 훈련도 시킬 수 있다.

② 가정에서의 지도

심리치료는 과잉행동아동의 부주의나 충동성, 과잉행동을 경감시킬 수 있으며, 가족치료를 통해 악화된 부모-자녀 관계를 개선시키고 가정 내에서 행동수정을 할 수 있도록 도움을 줄 수 있다. 약물치료를 받고 있더라도 부모와의 정기적인 면담을 통해 부모-자녀 관계를 회복시키고 가족 구성원이 관심을 갖도록 하여 효과를 높일 수 있다.

가정에서 아동을 지도할 때 주의해야 할 점들은 다음과 같다.

■ 마음가짐을 바꾸기

먼저, 아동이 예의 없고 성미가 급하고 못된 아이라고 생각하던 기존의 관점을 바꾸어야 한다. 아동이 일부러 산만하거나 말을 안 듣는 것이 아니라는 사실을 우선 받아들이고 치료에 우선해야 한다.

■ 아동과 좋은 관계를 맺도록 노력하기

긍정적인 관심과 격려가 사람을 변화시키는 가장 좋은 방법이다. 이 관심과 칭찬은 아무 때나 주는 것이 아니라 아동이 바람직한 행동을 했을 때, 그리고 나쁜 행동을 하지 않았을 때 즉각 관심과 격려를 주어야 한다.

■ 아동의 자존감(자긍심, 자기가치감)을 높여 주기

ADHD 아동은 선생님이나 친구들에게 미움을 받거나 골칫거리인 경우가 많다. 특히 주의를 집중해야 하는 활동이나 수업시간에 계속 움직이고 숙제나 과제에 요구되는 지시를 잘 따르지 않기 때문에 자주 지적을 받게 되고 부정적인 피드백을 받는 것에 익숙하게 된다. 또한 자기평가가 미숙하기 때문에 어떤 일이 잘 되지 않으면 비난할 사물이나 누군가를 찾는데, 아동이 성장해 가면서 잘 되지 않는 일에 대한 책임을 주위의 탓보다는 자신의 탓으로 돌리면서 자존감이 낮아지게 된다. 우선 내가 특별한 존재라는 사실을 인식을 하고 깨달은 후에 자신을 다각도에서 알아 가는 것이 중요하다.

■ 잘하는 행동에 대해 칭찬과 보상 아끼지 말기

재미없고 지루한 일을 해야 할 때 집중이 어렵기 때문에 그 과제를 수행하고 나서 받을 보상을 미리 준비하고 약속해 놔야 한다. 약속한 행동을 잘 했을 때는 미루지 말고 즉각 보상과 칭찬을 해 준다. 보상을 다양하게 사용하여야 한다. 물질적인 보상도 중요하지만 이것에 익숙해지면 나중에는 물질이 주어지지 않으면 행동이 통제되지 않는다. 따라서 보상으로 신체적인 애정표현, 특권을 주는 것, 좋아하는 음식, 스티커나 점수, 작은 장난감, 혹은 선택할 수 있는 여러 행동들(밖에 나가 놀기나 TV보기 등)을 활용하여야 한다. 물질적인 보상과 심리사회적 보상을 적절하게 혼합하는 것이 좋고 아동마다 보상이 되는 것이 다르기 때문에 부모가 아동의 욕구를 잘 살펴서 보상을 정해야 한다.

Barkley(1987)의 부모훈련 프로그램에 근거하여 가정에서 실시가능한 3단계 가정지도의 방법을 〈표 2-6〉에 제시한다.

표 2-6 ADHD 아동을 위한 가정지도 프로그램

1단계 프로그램
"가정에서 유아 지도 시 유의할 사항 안내 및 과제 부여"

과제: 하루에 5~15분 아동과 '특별한 시간' 갖기
방법: 일시, 활동내용, 느낌 쓰기

♠ 아동주도 상호작용에서 해야 할 것
1) 설명하기: 아동이 활동을 주도할 때 부모가 아동의 행동을 말로 설명합니다.

("○○이가 ○○를 하고 있구나.)
2) 모방하기: 아동이 하는 활동을 옆에서 모방하는 것을 배웁니다.
(아이 주도로 하는 활동을 적극적으로 배우도록 한다.)
3) 반영하기: 아동의 놀이 활동을 언어적으로 반영하는 것은 아동이 하는 말을 반복하는 식이 됩니다.
4) 칭찬하기: 아동의 놀이 활동과 아동이 만들어 놓은 것을 칭찬합니다.
5) 부적절한 행동 무시하기: 이 시간에는 가능한 아동이 상호작용을 즐겁게 경험하는 데 중점을 둡니다.

♠ 아동주도 상호작용에서 하지 말아야 할 것
1) 명령금지: 부모의 명령이나 지시는 이 시간에 하지 않기
2) 질문금지: 실제로는 명령에 가까운 질문을 하지 않기
3) 비판금지: 부모의 판단에 따라 아이의 행동을 비판하지 않기

2단계 프로그램
"부모의 지시에 대한 아동을 순응을 높이는 부모의 주의 기술"

♠ 아동에게 지시할 때 부모가 주의할 사항
–가장 중요한 원칙은 '아이가 잘할 때를 감지'하는 것입니다.
("정말 잘 치웠어." "혼자서 책가방을 챙기니까 너무 좋다.")
–부모는 자신이 아이에게 지시할 때에 주의하여 그 말에 순응하기를 기대하는 장소에 머물러 있고(지시를 하고는 그 자리를 떠나는 경우가 아주 일반적임) 아이가 지시를 잘 따르면 아주 특별하게 칭찬을 해 줍니다.
1) 진짜로 부모가 바라는 행동을 확실히 설명하고 끝까지 할 수 있도록 기대한다고 알려줍니다.
–끝까지 따르게 하지 못할 지시는 내리지 않습니다.
2) 지시는 직접적인 문장으로 내리되, 의문문이나 부탁하는 형식은 사용하지 마십시오.
3) 지시는 가능한 간단하게 내립니다. 복잡하고 복합적인 지시는 아이가 처리하거나 기억하는 데 힘이 듭니다.
4) 지시를 내리는 동안 아이와 눈을 맞추고 말합니다.
5) 지시를 내리기 전에 방해하는 것들(라디오나 TV 소리 줄이기)은 치웁니다.
6) 의심되면 지시를 반복해서 이해가 되었는지 확인합니다.
7) 여러 과정이 요구되는 복잡한 과제는 시간제한(알람시계) 도구를 이용할 수 있습니다.

♠ 2단계 프로그램이 중요한 이유

–산만한 아이들의 경우, 잘할 때보다는 못할 때 관심을 갖는 것에 익숙합니다.
따라서 2단계 과정을 통해 부모는 아이의 행동을 모니터하는 빈도를 증가시키고, 특히 아동이 관찰되리라고 생각하지 않는 시간에 아이의 행동을 관찰하고 체크하기 위해 하던 일을 멈추는 것을 배울 수 있습니다.

–또한 아이의 입장에서는 못하는 일에 지적을 받으며 주의를 받기보다는 잘 하는 일에 칭찬을 받는 빈도가 증가하는 것이 보다 긍정적인 부모–자녀 상호작용을 기대할 수 있습니다.

3단계 프로그램
"집에서 토큰 경제 실시하기"

♠ 토큰경제 실시의 중요한 원칙

–아동의 적절한 행동에 혜택, 구체적인 보상, 교환가능한 토큰을 주는 것입니다.

♠ 시행방법

1) 토큰 선택하기
–차트나 공책을 이용해서 점수를 줍니다.

2) 아이에게 프로그램 설명하기
–긍정적인 말투를 사용하는 게 핵심입니다.
잘못된 행동을 고치게 하기 위해서가 아니라 좋은 행동을 보이면 보상받을 수 있어서 한다는 것을 설명해 줍니다.

3) 토큰을 모아 두는 방식 고려하기
–토큰경제의 성공은 이것이 아동에게 얼마나 의미 있는가에 달렸습니다.
아이가 잘 보고 확인할 수 있도록 합니다.

4) 보상과 혜택 선택하기
–관심을 끌 만한 충분한 보상과 특권의 목록을 만들어 놓는 것이 중요합니다. 항목에는 10개 이상의 목록을 만들어 놓는 것이 좋으며 금방 받을 수 있는 것(텔레비전 보는 시간 늘이기)과 더 많은 노력이 따라야 하는 것을 포함하도록 합니다.

5) 토큰을 얻을 수 있는 행동 정하기
–구체적인 행동의 목록을 정합니다. 부모가 원하는 행동, 부모가 원치 않는 행동을 안 하는 것 등을 정해서 그 행동이 일정시간 보이지 않으면 토큰을 주는 형식으로 만듭니다.

6) '태도'에 대해 보너스 토큰 주기
–때로는 아동의 태도가 좋으면 보상을 주는 보너스 토큰을 첨가하는 것이 유용할 수 있습니다.

7) 교환가치의 확립
–바꿀 수 있는 토큰의 가치를 서로 상의하여 기록하여 쉽게 이해할 수 있도록 합니다.

3) 지적장애

(1) 정의

특수교육법의 정의

지적 기능과 적응행동상의 어려움이 함께 존재하여 교육적 성취에 어려움이 있는 사람

장애인복지법의 정의

정신 발육이 항구적으로 지체되어 지적 능력의 발달이 불충분하거나 불완전하고 자신의 일을 처리하는 것과 사회생활에 적응하는 것이 상당히 곤란한 사람

DSM-5 진단기준

개념, 사회, 실용 영역에서 지적 기능 및 적응기능의 결함이 발달기에 발병하는 장애

미국 지적장애 및 발달장애협회 정의

지적장애는 지적 기능과 개념적, 사회적, 실제적 적응기술로 표현되는 적응행동에 있어서의 심각한 제한을 가지는 것으로 특징지어지며. 18세 이전에 나타난다. 이 정의를 적용하기 위해서는 다음과 같은 다섯 가지 가정이 전제되어야 한다.

1. 현재 기능에 있어서의 제한이 나이가 같은 또래 및 문화의 전형적인 지역사회 환경의 맥락 내에서 고려되어야 한다.
2. 타당한 진단을 통하여 문화적, 언어적 다양성과 함께 의사소통, 감각, 운동기능, 행동요소에 있어서의 차이를 고려해야 한다.
3. 개인 내적으로 제한점과 함께 강점도 공존할 수 있다.
4. 제한점을 설명하는 중요한 목적은 필요한 지원 자료를 개발하기 위해서다.
5. 적절한 개인적 지원이 지속적으로 주어짐으로써 지적장애를 지닌 개인의 삶의 기능은 전반적으로 향상될 수 있다.

지적장애의 정의로는 미국의 지적장애 및 발달장애협회(American Association on Intellectual and Developmental Disabilities: AAIDD)의 정의가 많이 사용된다. AAIDD는 미국정신지체학회(American Association on Mental Retardation: AAMR)의 명칭이 변경된 것으로, 정신지체에 관한 최초의 정의를 내린 시기는 1921년이었다. 그 당시의 정신지체의 분류체계는 지적 결함의 정도에 따른 분류체계였다. 그 후 미국정신지체학회의 정신지체에 관한 정의와 분류체계는 총 11차례나 바뀌었다. '인간 기능성'에 대한 다차원적 모델은 1992년 9번째 정의 매뉴얼에서 처음 제안되었고, 그 후 2002년 매뉴얼을 거쳐 2010년 11번째 정의 매뉴얼에서는 다차원적 모델이 한 단계 더 정교해졌다. 지적장애인은 지적 기능(intellectual functioning)과 개념적(conceptual), 사회적(social), 그리고 실제적 기술(practical skill)로 표현되는 적응행동(adaptive behavior) 모두에서 심각한 제약을 나타내는 장애를 가졌고, 아울러 이러한 장애는 18세 이전에 나타나는 것으로 정의되었다. 여기에서 지적 기능이라는 기준은 주로 IQ검사에 의해 결정된다. 1973년부터 표준화된 지능검사에서 표준편차 2이하(70이하)를 지적장애로 규정하였다. 그러나 지능검사가 완벽한 것이 아니며 또한 지능만이 지적장애를 정의하는 유일한 요소는 아니라는 사실 때문에 지능검사 점수의 기준을 70에서 75 사이로 융통성 있게 규정하였다. 즉, 지능검사 점수 1, 2점보다 적응행동에 대한 전문가와 주위의 임상적 판단이 더 중요할 수 있음을 의미하고 있다. 적응행동이란 개인이 생활환경에 적응하는 데 필요한 기술로 의사소통, 자기관리, 사회성 기술 등이 포함된다. 이 정의에서는 지적장애의 표출에 지적 능력, 적응행동, 건강, 참여, 맥락 및 개별화된 지원 사이의 역동적이고 상호적인 관여가 포함된다는 것을 인정한다.

(2) 원인

지적장애의 원인은 너무 여러 가지이고 분류하기도 대단히 어렵다. 지적장애아의 대다수가 신경학적으로 확실하게 원인이 나타나거나 장애와 관련된 신체적 흔적이나 임상적 실험증거를 가지고 있지 않다. 대부분의 지적장애아는 경도 지적

장애아들이고 그들 상태의 원인은 환경적 요소에 밀접하게 관련된다고 볼 수 있다. 지적장애에 여러 가지 원인 혹은 기여요인이 있는데, 그 중 몇 가지만 제시하면 다음과 같다.

① 다운증후군

다운증후군은 염색체의 이상, 즉 21번째 염색체가 2개가 아닌 3개가 됨으로써 발생하는 경우다. 다운증후군은 비교적 출현율이 높아서 지적장애의 약 5~6%에 달하는 것으로 추정되고 있다. 다운증후군을 지닌 학생들은 독특한 신체적 특징을 보이기 때문에 서로 유사하게 보이기도 한다. 이러한 외모적 특징의 예를 들어보면, 근육의 긴장도가 낮아서 축 늘어진 것처럼 보이며 코가 전체적으로 밋밋하고 눈이 약간 위로 올라갔으며 난시나 사시가 많다. 입이 작고 입천장이 낮아 혀가 입을 꽉 채운 것처럼 보인다. 쉰 듯한 목소리가 많고 언어발달도 느리다. 또한 손이 작고 네모진 것이 특징이며, 키는 평균보다 작고 종종 비만해지는 경우가 있다. 다운증후군 학생들은 신체건강적 문제도 함께 지니고 있는 경우가 많다. 정상인에 비해 심장기형을 가지고 태어날 확률이 높으며, 시각장애, 호흡기 질환, 백혈병 등이 발생할 확률도 높다. 이러한 요인들은 또한 이들의 평균 수명을 낮추는 요인이 된다. 체육시간을 비롯하여 학교생활 전반에 미치는 이러한 건강적인 문제에 대하여 교사가 파악하고 있어야 한다. 이 증후군에는 삼염색체증 21, 모자이키즘, 전좌(전위) 등 세 가지 유형이 있다.

- **삼염색체증**(trisomy) 21: 이 아동은 일반아동의 염색체보다 하나 더 많은 47개의 염색체를 가지고 있다. 부모에게서 염색체를 받을 때 부모 중 한쪽에게서 21번째 염색체를 받았기 때문에 결과적으로 21번째 염색체가 2개가 아니라 3개가 되는 것이다. 이는 감수분열로 난자나 정자가 형성되는 과정에서 21번째 세포가 둘로 분리되지 않는 비분리현상이 발생하기 때문에 일어난다. 산모의 나이가 너무 많거나 적을 경우에 이러한 비분리현상이 일어날 가능성이 많다.

- 모자이키즘(mosaicism): 모자이키즘은 수정된 후의 초기 세포분열에서 비분리현상이 일 어나 21번째 염색체가 많아지는 경우가 생기는 것을 말한다.
- 전좌(전위, translocation): 전좌는 21번째의 하나 더 많은 염색체의 전부 또는 일부가 다른 염색체 쌍과 자리를 바꾸는 것을 말한다.

② 감염

임신부, 유아, 또는 어린 아동에게서 나타날 수 있다. 임신부가 풍진, 매독, 단순포진 등에 감염되면 태아가 정신지체를 일으킬 수 있다. 새로운 백신의 개발로 풍진의 발생을 극적으로 감소시킬 수 있게 되기는 하였지만 임신부가 임신 초 3개월 이내에 풍진에 감염되면 태아가 정신지체를 일으킬 수 있는 위험은 대단히 커진다. 매독과 단순포진은 풍진과는 달리 태아의 발달 말기에 감염되었을 때 지적장애를 일으킬 수 있다. 그리고 유아나 어린 아동이 뇌막염이나 뇌염에 감염되면 정신적인 발달에 영향을 받을 수 있다.

③ 중독

감염과 같이 임신부, 유아 또는 어린 아동에게서 나타날 수 있다. 임신부가 헤로인 등의 마약에 중독되면 태아에게 치명적인 영향을 미치며 그보다는 가능성이 희박하지만 담배, 알코올, 카페인, 식품첨가물 등도 잠재적으로 장애아동 유발 가능성이 있다. 특히 담배나 술을 많이 하는 임산부는 조산하거나 행동 및 신체적 문제가 있는 아기를 출산할 가능성이 높은 것으로 보고되고 있다. 알코올중독인 산모에게서 출생되는 아기에게 많이 나타나는 태내 알코올 증후군은 지적장애와 함께 신체적 장애를 동반하며, 알코올중독 임산부의 약 1/3 가량이 이러한 아기를 출산하는 것으로 보고되었다.

④ **페닐케톤뇨증**(Phenylketonuria: PKU)

페닐케톤뇨증은 신체가 일상의 음식물질인 페닐알리닌을 타이로신으로 변환시키지 못하는 것이다. 신체가 이러한 변환작용을 하지 못하여 페닐알라닌이 혈액 속에 축적되면 발달하는 뇌가 심한 손상을 입게 되어 심한 정신지체를 일으키게 된다. 출생초기에는 증상이 없다가 영아기에 여러 증상, 즉 지능장애, 담갈색 모발, 피부의 색소결핍, 신경계 손상으로 앉기, 뒤집기, 걷기의 이상, 언어기능의 이상, 과활동성, 경련 등을 나타낸다. 신생아 때 선별검사를 통해 PKU 여부를 알아내고, 페닐알라닌 성분을 조절하는 식이요법을 시행해야 한다. 식이요법은 일반적으로 아동기까지 시행하지만, 계속 실시해야 한다고 보는 학자들도 있다. 또한 가능성은 희박하지만 부모가 모두 PKU 인자를 가진 경우를 파악하고 유전상담을 하는 예방적인 노력도 중요하다.

⑤ 프라더-윌리 증후군

1956년 Prader, Labhart, Willi에 의해 처음 보고된 프라더-윌리 증후군은 15번 염색체 이상 질환이다. 질환은 신생아 초기에 근긴장도 저하, 체중증가 부족, 발달지연을 보이다가 아동기 이후 비만, 저신장, 성선기능저하증, 지적장애, 근긴장저하 등을 특징으로 하며 출생아 1만 명 내지 1만 5,000명당 1명꼴의 빈도로 발생하고, 남녀 간의 유병율은 비슷하다. 아동기 이후부터 비만이 중요한 문제가 되는데, 비만의 원인은 시상하부의 기능 부전에 의해 식욕의 증가와 포만감 결여로 초래되는 것으로, 시상하부는 대뇌에서 가장 중요한 구조 중 하나로 성장호르몬, 성선자극 호르몬, 갑상선자극 호르몬, 황체 자극호르몬과 부신피질 자극 호르몬의 조절을 담당하고 있다. 프라더-윌리 증후군 아동들의 비만증은 75%에서 나타나며, 1/3에서는 이상체중의 200%이상 되는 경우도 있으며, 25%에서는 비만하지 않다. 비만을 조절하지 못하면 대체로 고혈압, 심혈관 장애, 인슐린 비의존성 당뇨병(2형 당뇨병) 등 비만의 합병증으로 사망하게 된다.

⑥ 윌리엄스 증후군

윌리엄스 증후군은 특징적인 임상소견을 가진 7번 염색체 이상과 관련된 근접 유전자증후군으로서 출생아 2만 명당 1명꼴의 발생 빈도를 가진다. 윌리엄스 증후군을 가진 아이들은 위로 솟은 작은 코끝, 긴 인중, 큰 입, 두툼한 입술, 작은 볼(협골형성부전), 부은 듯한 눈두덩이, 손톱의 형성부전, 엄지발가락의 외반증과 같은 외형적 특징을 가지고 있다. 심장과 혈관의 기형적 특징적으로는 판상부대동맥협착증(supravalvular aortic stenosis)이나 말초폐동맥협착증(peripheral pulmonary stenosis)을 들 수 있으며, 이 밖에 폐동맥의 판막협착증, 심실 또는 심방 충격 결손, 고혈압이 동반된 신동맥의 협착, 대동맥형성부전 등이 나타날 수 있다. 주로 영아기에는 고칼슘혈증이 나타나며 출생 시에는 저체중 및 성장발육부전이 나타나기도 한다. 또한 정상아에 비해 제대나 서혜부탈장이 흔하게 나타나며 소리에 매우 민감하게 반응한다. 치과적 문제로는 부분적인 무치증과 에나멜 형성부전이 나타나며 신장 이상으로는 방광게실, 신장의 구조와 기능 이상이 나타난다.

근골격계 문제로는 종종 근력이 저하되거나 관절의 이완성을 나타내며, 특징적인 성격으로는 '칵테일 파티 매너'라고도 표현되는 매우 사교적이고 친숙한 성격을 나타낸다. 지나칠 정도의 정중함과 친밀감을 표시하기도 하고 낯선 사람을 두려워하지 않고 자신의 또래보다는 어른들과 더 가까이 하려고 하는 성향이 나타난다. 성장발달지연, 학습지진과 집중력 결핍 대부분 지능저하가 있으며 IQ범위는 20~60이고 평균 IQ는 58 정도다. 발달지연이 있고 행동상 집중력이 결핍되어 있지만 성장함에 따라 상태가 좋아진다. 학습능력에 있어서는 기억력과 기술습득 능력은 매우 강한 반면, 미세한 운동이나 공간적인 사고를 필요로 하는 지적인 능력은 떨어진다.

(3) 지적장애의 특징

경도와 중등도 지적장애아를 위한 특별 프로그램의 성격은 부분적으로 또래아동과 구분되는 지적장애아의 특징에 의해 결정된다. 우리는 인지적 과정, 언어의 습득과 사용, 신체 및 운동능력, 개인적 및 사회적 특성 등의 몇 가지 차원에서 현저한 차이를 발견할 수 있다.

① 인지적 과정

정보가 얼마나 잘 조직화되어 있느냐에 따라 그 정보를 쉽게 혹은 어렵게 처리하게 되는데 지적장애아는 투입되는 정보를 분류학의 원리나 중복성에 따라 조직화하는 능력이 부족하다. 지적장애아는 중추신경계의 복잡성의 결여로 두뇌감각 수용능력이 한정되어 있어서 정상아에 비해, 특히 단기기억능력이 결여되어 있는 것으로 지적되고 있다. 이렇게 기억기간이 짧고 기억의 양이 적은 것(5개 전후)은 기억을 오래 지속시키는 시연이나 정보화, 정보량의 축소, 상상력의 사용 등을 적절하게 사용하지 못하는 데서 일어나는 문제들로 여겨진다. 그러나 장기기억에서는 정신지체아가 정상아에 비해 뒤지지 않는다고 한다.

② 개인적 및 사회적 특성

지적장애아는 경우에 따라 개인적 · 사회적 특성에 있어 특별한 문제들을 보인다. 이러한 문제들은 그들의 조건에 대한 타인의 반응과 수행능력 수준이 타인의 기대에 도달하지 못함으로 해서 겪는 실패경험과 다소 관련되어 있다. 주의집중의 제한, 욕구불만에 대한 낮은 인내심 등의 몇 가지 특성은 실패경험 때문일 수 있다. 지적장애아의 지적 능력의 한계가 그들의 사회적응을 제한하는 요인도 되는지는 아직 확실치 않지만, 언어발달의 한계는 사회적응에 부정적인 요인이 된다.

실패의 횟수를 줄이고, 새로운 성공경험을 만들고, 성공적인 행동모델을 제시할 수 있다면, 경도와 중등도 정신지체아가 자신의 능력을 충분히 발휘하는 것을 점진적으로 방해하는 태도와 행동패턴을 개선시켜 갈 수 있다.

③ 언어적 특성

지적장애아동은 비장애아동과는 달리 그 원인에 관계없이 언어적, 비언어적 영역 모두에서 지체되어 있다. 지적장애아동의 이러한 언어적 행위는 결과적으로 사회에 적응하여 또래와 상호작용하는 데 어려움을 가져오게 된다. 특히 화용론적 결함이 두드러지는 지적장애아동의 경우, 구문 · 의미론적 능력이 치료나 교육을 통해 행상되더라도 화용언어에 결함을 보이는 경우가 많기 때문에 다양한 접근으로의 접근이 필요하다. 지적장애아동은 일반아동에 비해 문장의 길이가 짧고 단순한 문장을 사용하며, 또한 이들은 더 발전된 형태의 문장을 만들 수 있음에도 불구하고 훨씬 미성숙한 형태에 의존하는 경향이 있는 것으로 보고되었다.

(4) 진단기준

표 2-7 DSM-5의 지적장애의 진단기준

지적장애(지적발달장애)는 개념, 사회, 실용 영역에서 지적 기능 및 적응기능의 결함이 발달기에 발병하는 장애다. 다음 세 가지 기준을 충족시켜야 한다. A. 추리, 문제해결, 계획, 추상적 사고, 판단, 학업, 경험 학습 등과 같은 지적 기능의 결함. 이는 임상적 평가와 개별 표준화 지능검사 모두에서 확인되어야 한다. B. 개인 독립성 및 사회적 책임에 대한 발달적 및 문화적 기준을 충족시키지 못하는 적응 기능에서의 결함. 지속적인 지원이 없다면, 적응결함은 가정, 학교, 일터, 지역사회 등의 여러 환경에서 의사소통, 사회참여, 독립생활과 같은 일상생활 활동 중 한 가지 이상 제한을 가져온다. C. 지적 및 적응 결함이 발달기에 발병 심도: 가벼운(경도), 보통의(중등도), 심한(중도), 아주 심한(최중도)

(5) 지적장애아의 지도

지적장애유아는 인지적 장애로 인해 학습동기에 문제를 갖게 되며, 누적된 실패 경험으로 인해 학습된 무기력 상태를 경험하게 된다. 따라서 각 유아의 능력에 맞는 과제를 수행하도록 하여 성공의 경험을 갖게 하며 힘들고 시간이 걸려도 스스로 할 수 있는 기회를 제공하여 학습 동기 문제를 극복할 수 있도록 지원해야 한다. 지적장애아의 학습 지도 시 유의할 사항으로 다음의 세 가지를 들 수 있다.

첫째, 한 번에 한 가지씩만 지도한다. 유아에게 한 번에 여러 가지를 지도하려 할 경우, 유아는 혼란을 일으키기 쉬우며 과제 자체에 홍미를 잃기 쉽다. 따라서 한 가지를 완전히 배운 다음에 그 다음 것을 지도한다는 학습지도 원칙을 기억해야 한다.

둘째, 일관성 있는 지도를 한다. 유아를 지도할 때 일관성 없이 다양한 방법으로 지도를 하는 것은 혼동을 일으키게 만든다. 그러므로 유아에게 목표과제를 지도할 때에는 항상 같은 방법으로 지도하여 그 방법에 익숙해지도록 지도하여야 한다.

셋째, 단계별로 나누어 가르친다. 과제분석을 통해 과제를 작은 단계로 나누어 가르치는 것이 매우 중요하며 이것은 유아가 한 번에 하나씩 배우도록 도와준다.

지적장애아의 지도를 위한 교수방법은 크게 교사주도적 방법과 학생주도적 방법, 또래주도적 방법으로 나뉜다.

① 교사주도적 방법

■ 과제분석

주어진 과제를 하기 위해 우선 갖추어야 할 선행기술은 어떤 것들인지 분석하고, 해당 과제를 구성하고 있는 각각의 하위 단계로 분석하는 것을 말한다. 과제분석은 학업기술과 일상생활 기술 모두에 적용될 수 있으며, 학생에게 각 단계를 가르치기 전에 부족한 선행기술을 먼저 가르친다. 때로는 과제의 순서대로 가르치는 것보다 마지막 단계부터 거꾸로 지도하는 것이 효율적인 경우도 있다. 예를 들어, 양말 신기를 지도할 경우 양말을 반쯤 신겨 준 후에 나머지를 올리는 것을 학습한 이후 익숙해지면 발을 양말에 집어넣는 단계로 지도한다. 이와 같이 세부적으로 나누어 가르치는 방법은 가르치기 위한 목적뿐 아니라 어떤 단계를 잘하는지 못하는지를 바로 평가할 수 있는 점검표의 역할도 할 수 있다

■ 모델링

교사가 직접 과제를 수행하는 것을 보여 주는 것을 말한다. 교사는 아동이 수행해야 할 과제의 수행 방법을 여러 번 시범을 보인 후 학생이 따라 하며, 학생이 시범을 보인 기술을 모방하고 숙달하도록 하기 위해서는 연습을 많이 하게 하고, 강화와 피드백을 많이 해 주어야 한다.

② 학생주도적 방법

■ 자기점검법

스스로 과제 지향적 행동을 계속적으로 점검함으로써 그러한 행동의 발생을 증진시키고자 하는 방법을 말한다. 주로 주의집중력이 떨어지고 산만한 아동에게 이 방법이 효과적이며 학습과제도 처음 배우는 것보다는 어느 정도 익숙한 과제를 반복연습시킬 때 사용해야 한다. 아동의 행동을 측정하는 방법을 결정한 후에는 교사가 시범을 보이며 아동에게 연습할 기회를 주고, 피드백을 주는 과정을 거친 후 지속적으로 사용하도록 격려해야 한다.

■ 자기교수법

어떤 과제의 수행순서를 스스로 말해가면서 실행하도록 하는 방법이다. 구체적인 실행 방법은 다음과 같다.

첫째, 교사가 먼저 과제의 각 단계를 말로 하면서 수행하는 시범을 보인다.

둘째, 교사가 같은 과제를 하면서 유아에게 각 단계를 말로 하도록 한다.

셋째, 유아가 각 단계를 말로 하면서 수행하도록 하는데, 이때 필요하다면 교사가 즉각적인 도움을 줄 수 있으므로 유아는 자신감을 얻게 된다.

넷째, 마지막으로 유아가 각 단계를 작은 소리로 말하거나 속으로 생각하면서 수행하도록 한다.

■ 자기강화법

유아가 정해진 목표를 달성했을 경우에 스스로 정해진 강화를 부여하는 것이다. 스스로 목표를 정하고 또 목표를 이룬 것을 알아서 스스로 강화를 할 수 있는 능력은 학교의 학습뿐 아니라 성인이 되어서도 여러 일상생활 영역에서 유용한 기술이기도 하다.

③ 또래주도적 방법

통합학급 내에서 장애학생들이 필요로 하는 추가연습과 개인적인 도움을 제공하기 위하여 또래친구를 활용하는 방법이 사용되기도 한다. 대표적인 것은 또래교사를 사용하는 것이다. 적절히 계획되고 실행된 또래교사 방법은 비장애아와 장애아 모두에게 학업적, 사회적, 행동적으로 유익한 영향을 준다. 또래교사는 새로운 것을 가르치는 것보다는 배운 것을 복습시키거나 연습하는 것을 도와주고 피드백과 강화를 주는 역할을 하도록 한다.

4) 의사소통장애

(1) 정의

특수교육법의 정의【의사소통장애】

다음 각 목의 어느 하나에 해당하여 특별한 교육적 조치가 필요한 사람
가. 언어의 수용 및 표현 능력이 인지능력에 비하여 현저하게 부족한 사람
나. 조음능력이 현저히 부족하여 의사소통이 어려운 사람
다. 말 유창성이 현저히 부족하여 의사소통이 어려운 사람
라. 기능적 음성장애가 있어 의사소통이 어려운 사람

장애인복지법의 정의【언어장애】

음성기능이나 언어기능에 영속적으로 상당한 장애가 있는 사람

DSM-5 진단기준【의사소통장애】		
의사소통장애	언어장애	이해나 생성의 결함에 기인하여 여러 양상(구어, 문어, 수화 등)에 따른 언어 습득과 사용이 지속적으로 곤란을 겪는 장애
	말소리장애	말 명료성을 저해하거나 언어적 의사소통을 방해하는 말소리 생성이 지속적으로 곤란을 겪는 장애
	유창성장애	개인의 연령과 언어기술에 부적절한 말을 만드는 정상적인 유창성과 시간상의 방해가 시간이 경과해도 지속되는 장애
	사회성 의사소통장애	증상이 명백하여 언어적 및 비언어적 의사소통의 사회적 사용이 지속적으로 곤란을 겪는 장애

'의사소통장애'라는 용어는 사람 간의 의사교환 과정 결함, 타인의 말을 이해하고 표현하려는 대뇌의 중추신경 과정 결함 그리고 언어를 말로 실행하는 생리 과정 결함 등을 모두 포함하여 통용되기도 하지만, 좁은 의미로는 타인의 말을 이해하고 표현하는 대뇌 과정 결함만을 의미한다. 그러므로 아동 의사소통장애는 구어를 이해하거나 표현하는 대뇌생리 과정에서의 결함으로 인하여 언어습득이 지체되며, 그 습득과정이 정상적인 과정과 많은 편차를 보이고, 자신의 의사를 언어적인 체계로 상징화 또는 기호화하는 데 어려움을 나타내거나, 타인의 언어를 이해하는 데에도 어려움을 나타내는 것을 의미한다.

(2) 의사소통장애의 초기 징후들

정상적인 말과 언어발달에 대한 정해진 일정표가 있는 것은 아니지만, 아동의 문제나 어려움을 나타내는 초기 징후들은 있다. 부모나 유아원 교사나 주간 탁아교사 등 아동과 접촉하는 사람은 누구든지 이것을 주의 깊게 관찰해야 한다. 만약 이러한 징후들을 보다 일찍 발견해 낸다면 아동들은 훨씬 더 빨리 도움을 받을 수 있을 것이다.

정상적인 말과 언어발달의 첫 단계가 어떤 방법으로든 다른 사람과 의사소통하는 것이므로 아동이 주변 사람들과 상호작용할 수 있도록 하여야 하며, 이렇게 함으로써 말 습득에 기초가 되는 언어 이전 단계의 기술들을 획득하게 된다.

만일 생후 6개월에서 1년이 될 때까지 아동이 어른이 하는 말에 주의를 기울이지 않고 자신의 이름을 알아듣지 못하며 '빠이빠이'와 같은 간단한 말도 이해하지 못한다면, 게다가 모방 개념마저도 없다면 주의할 필요가 있다. 생후 9개월경에 아동은 소리내기를 시작하며 또한 그것을 즐기기도 한다. 만약 두 살이 될 때 우유를 '우', 공을 '고'라고 하는 것과 같이 일관성 있게 의미하는 소리를 내지 못하거나 '그만' '이리 와' '공 집어' '앉아' 등의 말을 이해하지 못한다면 언어발달 지체의 가능성이 있다. 한 살에서 두 살 사이의 아동은 일상적인 활동에 더 많이 참여하게 된다. 이 시기에 아동은 제스처와 낱말로 의사소통을 하기 시작한다. 이때부터 아동이 활동에 참여하기보다는 수동적으로 가만히 보고만 있다면, 이것은 문제가 될 수 있다. 또한 아동이 두 살이 될 때까지 전혀 말을 하지 않는다면 이 아동에게도 도움을 주어야 한다. 3세경에 대부분의 아동은 두세 낱말 문장으로 표현할 정도로 지적으로 성숙하게 된다. 만약 아동이 그렇지 못하면 문제가 될 수 있다. 또한 아동이 단조로운 목소리로 말하거나 목소리가 너무 크거나 너무 작을 경우, 혹은 목소리의 질이 아주 나쁠 경우에는 청력에 문제가 있을 수 있다.

만약 아동이 이런 문제 중 어느 하나라도 갖고 있거나 언어발달이 늦었다고 생각된다면 부모는 담당 의사와 의논하여 언어치료 전문인에게 의뢰해야 할 것이다.

(3) 의사소통장애의 진단 및 평가

언어 진단평가는 대상자의 언어능력에 대한 진단을 내리기 위해 취하는 여러 가지 측정활동을 의미한다(Hedge & Maul, 2006). 진단평가는 대상 아동에게 임상적 문제가 있는지, 문제가 있는 경우는 문제의 특성과 정도는 어떠한지, 그리고 아동을 돕기 위해 어떠한 치료과정이 필요한지 등을 결정하기 위해 아동의 언어행위를 관찰하고 측정하는 과정을 말한다. 표준화된 도구를 사용하는 방법과 비표준화된 방법, 양육자 면담 등을 통해 가능한데 어떤 방법을 사용하든 언어의 하위영역을 세심히 관찰해야 한다. 이때, 평가 과정에서 대상자가 할 수 없는 것뿐만 아니라 할 수

있는 것 모두를 포함한 관찰이 필요하다. 언어평가를 위해 관찰하여야 할 하위영역은 다음과 같다

표 2-8 언어평가의 하위영역

구분	내용
1. 의미	말의 의미와 가장 관련이 깊은 영역으로 말의 이해 및 내용에 관한 것이다. 문장의 구성적인 요소(단어, 의미관계)를 이해하고 사용하는지가 의미 영역에 관련되어 있다.
2. 구문	말의 언어학적 구조와 가장 관련이 깊은 영역으로 형태소 및 낱말의 나열과 그들이 통합하여 구, 절, 문장 등을 이루는 방법을 의미한다.
3. 음운/음성	말소리를 바르게 산출하는 것을 음운, 목소리와 음질에 관련된 것을 음성이라 한다. 단순히 말소리를 조음기관을 움직여 산출하는 것을 조음, 말소리에 관한 지식을 음운 능력으로 구분하기도 한다.
4. 유창성	말을 산출할 때 막힘이나 반복, 연장, 긴장과 같은 어려움이 없이 편하게 말을 산출하는 것을 의미한다.
5. 화용	실제 상황적 문맥에서 말하는 사람과 듣는 사람 사이에 사용되는 말의 기능을 의미한다.

평가 후 치료를 하기로 결정하면 치료 계획이나 프로그램을 개발해야 한다. 개별화된 계획은 아동의 사회적, 인지적 그리고 언어학적 능력에 대한 전반적인 평가에 기초를 두어야 하며 아동의 일상(가족, 교사, 친구 등)에 대한 심층적인 관찰에 바탕을 두어야 한다. Fey(1986)는 치료 전 계획단계로, 첫째, 중재의 목표를 결정, 둘째, 정한 목표를 만족시키기 위한 절차 선정, 셋째, 목표를 공략하는 접근을 결정, 넷째, 이러한 절차들이 적절히 사용되기 위한 활동 개발의 네 가지 단계가 필요하다고 하였다.

(4) 의사소통장애아동의 지도방법

① 기능적 의사소통훈련

이전에는 아동이 이상행동을 보일 때, 이러한 행동을 제거해야 하는 행동으로 인식했으나 1985년에 Carr와 Durand는 이러한 행동이 의사소통적인 메시지가 포함되어 있을 수 있다는 해석을 하고 문제행동을 적절한 의사소통으로 바꾸는 훈련을 제시하였다. 이를 기능적 의사소통훈련(Functional Communication Training)이라고 한다. 기능적 의사소통은, 첫째, 문제행동을 강화하는 환경을 확인, 둘째, 문제행동 대신 적절한 의사소통으로 대체, 셋째, 다양한 환경과 대상으로 확장의 3단계로 이루어진다. 먼저 이상행동을 보이기 전 선행사건을 분석한 다음, 아동에게 이상행동을 보일 때의 상황을 설정하여 이상행동을 대체할 수 있는 의사소통 방법을 가르치는 것으로 행동을 수정한다. 예를 들어, 아동이 그림그리기 시간에 벽에 머리를 부딪친다면, 미술시간에 "너무 어려워요." "하기 싫어요."와 같은 의미를 전달하고 싶은 것은 아닌지 의심해 보아야 한다. 그리고 그 메시지와 어울리는 방법인 "그만"에 해당하는 의사소통 방법(구어, 수화 또는 대체방법)을 사용하도록 훈련하여 문제행동을 제거할 수 있다.

② 보완 · 대체 의사소통

일반 성인은 말과 표정, 몸짓을 섞어 자신의 의사를 표현하는데, 무발화 자폐아동 중 30~40%는 구어로 의사소통이 불가능하다(Siegel, 1996). 또한 심한 뇌성마비 등의 경우에도 구어로 의사소통을 원활히 하는 데 어려움이 있어 말소리 산출에 어려움이 있는 경우, 구어가 아닌 다른 방법 사용을 고려해야 할 수도 있다. 이때 가장 효율적으로 활용되는 방법 중 하나가 보완 · 대체 의사소통이다. 보완 · 대체 의사소통(Augmentative and Alternative Communication: 이하 AAC)이란 말과 언어의 표현 및 이해에 심각한 장애를 보이는 사람들에게 의사소통을 할 수 있는 기회를 주고 의사소통 능력을 향상시키고 촉진하도록 말을 보완하거나 대체적인 방법을 사용하는 것을 말한다.

■ AAC 서비스를 위해 필요한 준비 요소

- **상징 선택**: 상징은 언어의 어휘나 문장에 해당하는 것으로, 도구적 상징과 비 도구적 상징으로 구분할 수 있다. 자신의 신체 일부나 수화가 비도구적 상징에 해당되고 그를 제외한 다른 도구를 사용할 때 도구적 상징이라고 할 수 있다. 상징이나 그림과 같은 표상상징, 실제 사물이나 축소 모형과 같은 유형상징, 한글의 글자소나 점자를 포함하는 철자상징 이렇게 세 가지가 도구적 상징에 포함된다.
- **도구 선택**: 상징체계를 담기 위해 제작된 물리적인 도구를 말한다. 도구 역시 전자적인 장치의 내장 여부에 따라 비전자적인 도구와 전자적인 도구로 나눌 수 있으며 전자적인 성능에 따라 전자장치를 탑재하지 않은 AAC(No Tech AAC), 단순한 전자도구를 사용하는 AAC(Low Tech AAC), 첨단 전자도구를 사용하는 AAC(High Tech AAC)로 분류하기도 한다. No Tech AAC는 메시지를 전달하기 위한 의사소통판과 그림, 글자 상징을 제시하는 도구가 해당된다. High Tech AAC는 음성산출기기(Speech Generating Device: SGD)라고 부르기도 한다. High Tech AAC는 흔히 사용하는 스마트폰의 앱을 통해 사용 가능하다. Low Tech와 High Tech의 구분이 명확한 것은 아니며 Low Tech라고 하여 기능이 떨어진다는 의미는 아니므로 사용자의 개인 능력이나 활용 목적에 따라 적절한 도구를 선택해야 한다.

■ AAC 활용 시 고려할 사항

첫째, AAC 사용자의 생활연령이다. 정신연령보다는 생활연령에 맞는 것으로 선택하 는 것이 좋다.

둘째, 의사소통의 기초기술을 모두 습득할 때까지 기다릴 수 없을 때 아동이 가지고 있는 최소한의 의사소통 능력을 분석하여 그에 적절한 AAC 체계를 사용하게 하고 그 후에 필요한 기술들을 함께 길러 주는 것이 바람직하다.

셋째, AAC의 목적은 일상생활에서의 의사소통이므로 의사소통 의도(물건이나 행동 요구하기, 주의 끌기, 평하기, 질문하기 등)를 표현할 기회가 많은 기능적인 것이 좋다.

넷째, 실생활에서 사용하지 못한다면 아무런 의미가 없으므로 실제 환경 속에서 직접적인 중재가 이루어져야 하며, 이를 위해 대상자의 사회 활동 범위를 관찰하여 요구되는 조건을 고려하여야 한다.

(5) 의사소통장애아동을 위한 가정에서의 언어지도

아이가 성장해 갈수록 언어의 세계는 점점 복잡해진다. 언어는 더욱더 고차원적인 사고와 맞물리게 되고 이것은 인지적, 사회적 영역과 상호작용하여 학습과 인간관계에 영향을 미친다. 언어치료 현장에서 만나 온 학부모들은 대개 자녀의 취약한 언어기능으로 인하여 불거진 이 같은 문제들에 초점을 맞추어 주로 학교 숙제, 학습지, 언어치료실에서 내 준 자료 위주의 숙제 등에 의존하여 자녀가 현재 성취하지 못한 것에 매달리게 된다고 말한다. 그러나 실용적인 언어들로 가득 찬 최상의 언어환경인 가정에서 복습이나 훈련을 반복하는 식으로 언어교육이 이루어진다면, 이것은 그야말로 '살아 있는' 언어생활의 경험을 박탈하는 일이 될 것이다. 그러나 우리는 이와 같은 사실을 알고는 있으나, 언어의 목표와 세부적인 활동을 중심으로 한 가족참여 방법에 대한 정보의 부족으로 인하여 어려움을 겪고 있다.

가정에서의 언어지도에 관하여 아동과 자연적으로 의사교환을 하면서 언어적 과업 달성을 위해 바탕이 되는 활동을 수행할 수 있도록 돕는 언어지도 방법들을 유아기와 학령기로 나누어 몇 가지 소개하려 한다.

① 의사소통 시 부모의 태도

- **부모가 도와주기만 하면:** 부모는 아동을 위하여 보다 쉽고 빠르게 필요한 일들을 해 주고 싶어 한다. 그러나 부모가 너무 자주 도와주면 아동은 학습할 기회를 놓칠 수 있다.
- **부모가 너무 서두르면:** 부모는 너무나 많은 것을 얻으려고 애쓴다. 그러나 부모가 너무 서두르면 아동의 학습에 도움을 줄 수 있는 방법으로 이야기할 수 있는

시간을 가질 수 없다.

- **부모가 교사처럼 행동하면**: 부모는 너무 많은 말을 하게 된다. 그러나 아동은 할 일을 지시 받았을 때가 아니라 직접 행동을 해 봄으로써 더 잘 배울 수 있다.
- **부모가 쉬고 싶을 때**: 부모는 지치거나 좌절해서 쉬고 싶을 때가 있다. 그러나 아동이 정말로 당신과 함께하기를 원할 때, 부모가 너무 자주 쉬게 된다면 함께 놀아 주고 학습시킬 수 있는 가장 좋은 시간들을 놓칠 수 있다.
- **부모가 아동에게 잘 맞추어 줄 때**: 부모는 아동에 대해서 알 수 있는 시간을 갖게 되며 아동의 경험을 함께 나누게 된다. 이때 아동은 자신이 인정받고 있으며, 또한 자신이 특별한 사람이라는 느낌을 가진다.

② 전언어기 유아를 위한 의사소통의 지도

첫째, 유아가 언어를 사용할 필요성을 인식할 수 있는 다양한 상황을 마련한다. Wetherby와 Priaznt(1989)는 아동의 의사소통을 유혹하는 다양한 방법을 제시하였다.

표 2-9 전언어기 아동을 위한 의사소통적 유혹

의사소통적 유혹(Communicative temptation)
1. 아동이 좋아하는 음식을 아동에게는 주지 않고 아동 앞에서 먹는다. 2. 태엽감는 장난감을 작동시킨 후 작동이 멈추면 아동에게 건네준다. 3. 아동에게 블록 네 개를 주고 상자 안에 하나씩 떨어뜨리게 한 후(또는 블록을 쌓거나 마루 위에 떨어뜨리는 등의 아동이 반복할 수 있는 다른 행동을 사용함), 즉시 작은 동물 모형을 주고 상자 안에 떨어뜨리게 한다. 4. 아동과 함께 몇 권의 책을 같이 본다. 5. 아동이 잘 알거나 알지 못하는 사회적 게임들을 반복해서 시작한 후, 아동이 좋아하는 기색을 보이면 게임을 중단하고 기다린다. 6. 비눗물병을 열고 비눗방울을 분 후에 병을 꼭 닫는다. 닫힌 비눗물병을 아동에게 건네준다.

7. 풍선을 불어서 천천히 바람이 빠지게 한다. 바람이 빠진 풍선을 아동에게 주거나 성인이 자신의 입 가까이로 가져가 기다린다.
8. 아동이 싫어하는 음식물이나 장난감을 아동에게 주기 위해서 아동 가까이로 가져가 들고 있는다.
9. 아동이 열 수는 없지만 볼 수는 있는 투명한 통에 아동이 좋아하는 음식물이나 장난감을 넣는다. 통을 아동 앞에 놓고 기다린다.
10. 아동의 손을 젤로우, 푸딩, 풀과 같은 차갑고 축축하거나 끈적거리는 표면에 닿게 한다.
11. 아동에게 공을 굴린다. 아동이 세 번 공을 되돌려 굴린 후, 즉시 딸랑이나 바퀴달린 장난감을 아동에게 굴린다.
12. 놀이 영역에서 장난감을 다른 곳으로 가지고 갈 때 손을 흔들면서 "바이바이"라고 말한다. 두 번째와 세 번째 장난감에도 이와 똑같이 반복한 후, 네 번째 장난감에서는 아무 것도 하지 않는다. 이와 같은 네 번의 시도는 연속적으로 행해지기보다는 다른 유혹들과 함께 분산해서 실시되어야 한다.
13. 동물이 아동에게 인사하게 한다. 두 번째와 세 번째에도 똑같이 한 후, 네 번째 동물을 데리고 왔을 때는 아무 것도 하지 않는다. 이와 같은 네 번의 시도 또한 분산해서 실시해야 한다.
14. 불투명한 주머니 안에 소리 나는 장난감을 넣고 주머니를 흔든다. 주머니를 들고 기다린다.
15. 수행을 위해서 도구를 필요로 하는(예, 그림그리기 위한 크레용, 식사를 위한 숟가락, 비눗방울을 불기 위한 비눗방울 막대) 흥미로운 활동에 아동에 참여하게 한다. 제3자가 다가와서 도구를 가지고 아동이 볼 수 있는 교실 내 먼 곳으로 가서 도구를 들고 앉아서 기다린다.

둘째, 발성을 발달시키기 위하여 구화에 대한 아동의 관심을 증가시키고 음성모방을 촉진하기 위한 전략을 활용한다.

- 아동의 발성을 모방하고 놀이적인 주고받기 상황에서 이들을 점진적으로 수정한다
- 흥미롭고 간단한 형태로 짧은 관련 어구를 사용한다.
- 규칙적인 일과 내에서 고정적이고 습관적인 표현을 사용한다.
- 신체적인 게임이나 감각 통합 활동 중 신체 움직임과 일치하는 짧은 표현을 사

용한다.

• 단어나 발음을 예측할 수 있는 노래를 부른다.

③ 언어출현기 유아를 위한 의사소통의 지도

• 언급하기: 일어나는 일에 대해 설명하는 간단한 말을 해 준다. 아동은 부모가 자신을 이해하고자 한다는 것을 알게 되며, 아동의 말하기 학습에 도움을 주는 말을 제공해 주게 된다.
• 설명하기: 일어나는 일에 대해 이야기해 준다. 아동으로 하여금 부모가 관심을 갖고 있다는 것을 알게 하며, 새롭고 재미있는 일들을 아동에게 이야기해 줄 수 있다. 아동은 쉽고 부드러운 방법으로 대화를 시작할 수 있다.
• 질문하기: 아동이 이해하고 대답할 수 있는 것을 질문한다. 그리고 나서 대답을 기다린다.
• 순서 주고받기: 좋은 대화란 시소를 타는 것과 같다. 상대방이 차례를 잘 지킬 때 좋은 대화가 이루어진다. 아동은 비록 그것이 미소, 웃음, 움직임일지라도 자신을 표현하는 기회를 가지게 된다. 아동이 순서 주고받기의 기회를 더 많이 가질수록 학습할 수 있는 기회를 더 많이 가지게 된다.
• 새로운 경험과 말을 첨가시키기: 부모는 아동으로 하여금 아동 자신의 세계에 대해 학습할 수 있도록 도울 수 있고 아동이 표현할 말을 아동에게 제공할 수 있다.

제3장

장애유아의 조기중재

1. 조기중재의 합리적 근거를 위한 관점
2. 영유아기 경험의 중요성
3. 조기중재의 주요 전제
4. 조기중재 프로그램
5. 해외 조기중재 프로그램
6. 성공적인 조기중재를 위한 방안

| 학습목표 |

- 조기중재의 필요성을 이해할 수 있다.
- 영유아기 경험의 중요성에 대해 설명할 수 있다.
- 조기중재 프로그램의 필수요건에 대해 알 수 있다.

오늘날의 신체적, 감각적, 정서 · 행동적으로 장애가 있는 아동에 대한 전문가의 태도는 1960년대 중반 이전과는 많이 다르다. 1950년까지만 해도 미국의 특수교육은 대부분이 하나의 특수한 장애를 가진 아동에게 제공되는 프로그램이며[예, 감각장애(맹, 농) 지체장애 등], 2.5~3세 미만의 영아가 이용 가능한 프로그램은 없었다.

1950년대와 그 이전의 서비스 부족은 장애아, 특히 학령기 이전의 장애아동 교육에 대한 대중적인 태도를 반영한다. 이러한 서비스 부족은 일반적으로 가족과 전문가에 의해 두 가지 방식으로 다루어 왔다. 첫째, 장애가 심각하고 명백하다면, 많은 장애아동은 시설에 수용되거나 단순히 가정에 머무르면서 부모가 잘 보호하는 것이었다. 방법은 시간이 경과하는 대로 아동이 기본적인 발달 기술(skill)을 완수할 때까지 기다린 후 학교로 들어갈 수 있는 것이었다. 따라서 취학 전 아동이나 영아는 양육자가 제공하는 것 이외의 교육적 훈련이나 특별한 자극은 거의 받지 못하였다. 몇 사례에서는 심각한 의학적인 문제를 가진 장애아동의 의학적인 치료를 보류함으로써 자연적인 원인에 의해 죽음을 용인하기도 하였다.

보다 가볍고 미세한 장애를 가진 아동의 경우도 전형적으로 다르게 다루어진 것은 아니었다. 처음에는 정상적으로 발달하던 아동이 기대만큼 발달하지 않는 경우, '두고 보자'는 접근이 공통적으로 적용되었다. 부모가 걱정을 하며 병원을 찾을 경우, 의사들은 기다려 보고 아동에게 더 많은 시간을 주도록 충고한다. 치료는 문제의 명확한 진단이 없으면 이루어지지 않았다. 왜냐하면 발달지체는 심각한 문제로 간주되지 않았으며, 정확한 진단이 허락되지 않았기 때문에 치료가 불필요하다고 여겼다. 이러한 상태에서 장애아나 장애아동은 이용 가능한 도움을 거의 받을 수 없었다.

과거 30년 동안 장애아를 바라보는 관점과 이용 가능한 서비스 면에서 거대한 변화가 일어났다. 이제 우리는 장애아동이 유치원에 들어가기 전에 학습을 할 수 있고 중요한 학습이 일어난다는 것을 믿는다. 우리는 유아기 경험의 가치를 더 잘 이해하고 이후의 학교 교육을 위한 준비와 자극을 제공할 책임이 성인에게 있다는 것을 인식한다. 또한 아동이 장래에 능력이 있을지 없을지에 대해 너무 일찍 결론을 내리는 것은 위험하다고 인식한다. 오늘날 우리는 발달 장애유아의 삶의 질이 조기중재를 통한 교육과 훈련을 통해 훨씬 개선되며, 다른 유아가 즐기는 삶의 주류에 수용될 수 있다고 믿는다.

'조기중재'라는 용어는 현재 유아특수교육, 조기특수교육, 특수아 조기교육, 조기개입 등의 다양한 용어와 함께 사용되고 있다. 유아특수교육은 일반적으로 3~5세 취학 전 장애유아들을 위한 교육을 의미하는 용어로 사용되어 왔으며, 조기중재(early intervention)는 0~2세 장애 신생아와 영아들을 위한 포괄적인 서비스를 의미하는 용어로 사용되고 있다. 여기서 말하는 중재란 장애나 발달지체의 방향이나 결과를 교정하기 위한 목적으로 어린 아동과 그 가족의 삶을 간섭하는 과정을 의미한다. 우리나라에서는 조기중재를 조기개입이라고도 사용하고 있는데, 일반 특수교육에서는 중재라는 용어가 교수의 의미로 폭넓게 사용되고 있으며, 「영유아보육법」에서는 출생 이후부터 12세까지의 장애아동에 대한 서비스를 포괄적으로 지원하는 것을 규정하고 있는 등 장애아의 조기 교육에 대한 이론적 근거들은 다양한 이론, 경험적 연구, 전문가 의견, 우리 사회의 가치에서 도출된다.

1. 조기중재의 합리적 근거를 위한 관점

초기 발달 연령기의 중요성과 학습에 대한 이론은 조기중재를 지지하는 원천을 제공한다. 다양한 이론은 어떠한 요인이 아동의 성장과 발달을 촉진하고 손상시키는지에 대해 잘 이해할 수 있도록 돕는다. 예를 들면, Piaget의 인지발달 이론은 초기 연령이 후속 학습의 기초가 되는 중요한 시기라는 것을 강조한다.

두 번째의 자원은 인간발달과 아동의 인지발달을 촉진시키고 저해하는 것에 관한 실험연구들이다. 연구결과들은 조기중재에 관한 직접적이고 추론적인 지지를 제공한다. 예를 들면, 연구문헌들은 시설에 수용된 정신지체 불우아동, 장애아동의 조기중재 프로그램의 직접적인 효과에 대해 논의하면서, 발달장애아동의 특성에서 장애가 아동의 능력에 어떠한 영향을 미치는지에 관하여 보여 주고 있다. 또한 초기 자극박탈의 영향에 관한 연구를 보면 물리적 · 사회적 환경이 제한된 장애아동은 학습을 위하여 부가적인 자극이 필요하다는 것을 보여 준다.

사회적 · 교육적 문제와 관련된 전문가의 의견과 그들의 해결 방법은 조기중재를 지지하는 세 번째 자원이다. 전문가들에 의해 받아들여진 입장은 항상 이론적이거나 실험적인 증거에 근거한다. 때로는 사회적인 논제나 요구를 논리적인 분석을 통해 반영하고 그러한 문제를 해결하기 위한 대안적인 전략을 마련한다.

2. 영유아기 경험의 중요성

초년기에 이후의 후속 발달에 영향을 주고 발달 속도의 기틀이 되는 학습과 행동의 초기 패턴이 확립된다. 출생에서부터 아동이 학교에 들어가기까지의 시간은 인간 발달의 연속선에서, 특히 중요한 시기다. 즉, 성장이 극히 빠르고, 운동, 감각, 사회-정서, 인지, 신체발달영역에서 모든 후속 발달의 기초가 되는 기본적인 특성이 형성된다.

과거 25년 이상의 시간동안 많은 전문가는 결정적인 발달이정표의 시기로써 초년기의 중요성을 강조해 왔다. 따라서 성인이 조기교육 프로그램을 통해 유아의 발달을 촉진시키는 활동이 이익일 수 있다는 것을 입증하는 활동에 대해 논의했다. Hunt(1961)는 그의 책『지능과 경험(intelligence and experience)』에서 지능 발달과 환경적 영향에 관한 광범위한 문헌 검토를 했다. 그는 사회가 유아의 삶에서 일어나는 것에 좀 더 주의를 기울이고, 이 중요한 시기에 변화를 막지 않아야 한다고 하였다. 예일 아동발달 클리닉에서 체계적인 영아 관찰로 잘 알려진 Gesell(1923)은 취학 전 시기가 개인 발달에서 생물학적으로 가장 중요한 시기이며, 이는 궁극적으로 이후 모든 후속 발달에 영향을 준다고 하였다. Benjamin Bloom(1964)은 『인간특성의 안전성과 변화(Stability and change in human characteristics)』라는 책에서 세 가지 전제를 통해 아동의 발달초기가 중요하다는 것을 설명했다. 첫째, 초기 환경의 다양성은 그것이 가장 빠른 형성의 시기 동안에 인간의 특성을 형성하기 때문에 중요하다. 둘째, 환경과 초기 경험은 인간 발달의 연속적인 본성 때문에 중요하다. 인간 발달 특성은 초기에 형성된 것 위에 누적적으로 발달하며 그 특성은 오래되고 부적절한 행동을 지우고 그것을 새로운 행동으로 대체하는 것보다 쉽다.

구체적으로 발달초기 경험이 중요한 이유를 발달영역별로 정리하면 다음과 같다.

첫째, 영아기는 신체발달의 기초를 구축하는 시기다. 출생 직후의 영아는 신체적으로 무기력하여 자신의 욕구를 스스로 충족할 수 없는 존재이지만, 시간이 지남에 따라 환경에 적응하고 반응하는 법을 습득하고 숙달해 간다. 영아기의 적절한 보호와 교육은 정상적인 신체발달과 더불어 다른 영역의 발달을 위한 기초를 마련한다는 점에서 중요하다.

둘째, 영아기는 정서발달의 기초를 구축하는 시기다. 영아는 모두 기본정서를 갖고 태어나지만, 슬픔, 즐거움, 공포 등의 각 정서를 느끼는 빈도와 자극의 종류는 영아마다 다르게 경험하며 그에 대한 반응양식 역시 영아마다 다르게 표현된다. 정서표현은 기본적으로 뇌의 성숙이라는 생물학적 요인의 영향을 받지만 환경적인 요인의 영향도 받는다. 영아기에 적절한 양육환경을 제공받는 것은 건전한 정서발달뿐 아니라 이후 대인관계 형성에도 기초가 되므로 영아기가 중요하며, 영아와 시간을 많이 보내는 주 양육자와의 상호작용이 중요하다.

셋째, 영아기는 사회성 발달의 기초를 구축하는 시기다. 영아기 양육자와의 안정적 애착형성은 타인에 대한 신뢰감이나 새로운 환경에 대한 적응은 물론 자기 자신에 대한 자존감 형성에도 영향을 미치며, 영아기부터 다른 영아들과 함께 시간을 보내는 영아는 긍정적인 사회적 놀이와 숙련된 또래와의 상호작용을 보이며 사교적인 사회성 발달을 보인다. 부모와 교사에게서 제공되는 안정적인 관심과 훈육은 영아의 관계 형성에 기초를 이루는 매우 중요한 요소가 되고 인간의 발달과 적응에 결정적이고 중요한 시기다.

넷째, 영아기는 언어발달의 기초를 구축하는 시기다. 출생 시 영아의 울음으로부터 시작되는 언어발달은 영아기 동안 성취하게 되는 가장 중요한 발달 중 하나이다. 영아기의 언어발달은 이후의 언어발달에 있어서 기초가 되며, 영아기의 발달결손은 누적되어 이후에도 영향을 미치게 되므로 영아기가 중요하다.

다섯째, 영아기는 인지발달의 기초를 구축하는 시기다. 신생아는 출생 이전 태내기부터 감각을 통해 학습하는 능력을 가지고 있으며, 태어나면서 환경을 이해하고 타고난 지능을 사용해서 다양한 감각적 경험을 하게 된다. 신생아는 영아기와 유아기를 거치면서 지적 능력을 더욱 정교화하고 체계화하는데, 이 과정에서의 다양한 상호작용과 경험의 영향이 매우 크며, 영아기의 인지발달은 누적되면서 이후의 학습과 성공에 지속적인 영향을 미친다.

1) 조기중재의 근거로서 발달의 연속성 이론

아동발달에 관한 많은 연구는 발달이 계열성을 지니며 일정한 순서로 진행됨을 강조하고 있다. 이러한 사실은 모든 인간의 발달은 그 전 단계가 다음 단계의 기초가 된다는 것을 뜻하며, 더 앞선 단계로 이행하기 위해서는 필수적으로 전 단계를 성공적으로 수행해야 한다는 것을 의미한다.

Piaget는 발달의 진행과정은 이전의 발달에 의존한다고 하였다. 인지발달은 이전 단계에 뿌리를 두고 이후의 단계를 쫓아가려고 하는 계속적인 진화과정이기 때문에 이전 발달의 질이 이후 발달을 절대적으로 규정하게 된다고 하였다. 예를 들어, Piaget의 감각운동기의 2차 순환반응 단계는 단일한 결과를 얻기 위하여 단일행동을 지속시킬 수 있는 단계다. 이러한 2차 순환반응은 정상적인 자극적 환경에서 배우게 되는 유관성에 대한 경험과 밀접한 관계가 있다. 따라서 자극이 적고 반응이 적은 가정이나 학교의 환경이 2차 순환반응 단계로의 발달을 지체시킬 수 있다는 가설을 제기할 수 있다. 그리고 이 단계의 발달이 늦어진다는 것은 탐구적 행동이나 호기심, 놀이행동이 상대적으로 결핍된 동기유발이 약한 아동들에게 있어서는 모든 행동에 지체가 나타날 가능성이 크다는 결론을 얻을 수 있다.

2) 결정적 시기에 관한 개념

연구들은, 특히 초년기에 결정적이거나 민감기가 있다는 것을 제안하는데, 이 시기에 아동은 가장 민감하고 경험을 학습하는 데 반응적이다. 이 시기동안 환경적 자극은 특정 반응을 유발하거나 학습 유형을 양산하는 데 보다 강력한 힘을 가진다. 발달이 가장 빨리 일어나며 따라서 환경 발달이나 적절성의 효과에 특히 민감하다. 이는 발달과 학습이 기대처럼 진행되지 않는 아동에게 풍부한 환경적 자극(enrichment)과 특수교육을 실시하기 위한 중요한 시기라는 것을 의미한다.

Horowitz와 Paden(1973)은 결정적 시기란 특정한 자극이 주어져야 하거나 일정한 반응 패턴을 발생시키기 위해 특별한 경험이 존재해야 하는 시기를 말한다. 영아는 시각과 청각적 자극을 구별하고 애착과 초기 사회적 행동을 확립하고, 옹알이를 하고, 기거나 걷는 것을 학습하기 위한 결정적인 시기가 있다. 새로운 행동을 학습하기 위한 최적의 시기는 단축되거나 연장될 수 있다. 결정적 시기에 대한 적용에서 중한 성장 시기 동안에 적절한 경험과 자극이 없으면, 첫째, 학습해야 할 반응을 얻지 못하고 새로운 것을 획득할 능력을 손실하고, 둘째, 그 기술이 획득될지도 모르지만 효능성과 자발성이 떨어지며 이후까지 반응 획득이 지연된다.

각인과 결정적 시기에 관한 초기 동물연구는 인간의 문제까지 적용하도록 하였다. 따라서 전문가들은 지능, 성격, 언어, 자아개념(sense of self)에 관하여 생후 3~4년이 결정적 시기임을 강조했다. 많은 아동발달 전문가가 미래의 성공을 위한 학령전기의 중요성을 강조하면서, 인생의 초기 5~6세까지가 신체적, 지각적, 언어적, 인지적, 정의적으로 가장 성장의 잠재력이 높은 시기라고 하였다. 이러한 발달의 원리들은 영유아기가 환경변화에 대한 가변성이 가장 높고 후기의 발달의 기초를 이룩하는 시기이며, 특히 발달은 불가역적이기 때문에 이 시기의 영양, 지적 경험, 애정의 결핍은 후일에는 보상될 수 없어 초기의 결함이 계속적인 손실을 가져온다는 점을 강조하고 있다. 따라서 발달의 원리를 감안할 때 초기에 결함에 대해 대처함으로써 장애의 누적을 방지해야 할 필요성이 대두되는 것이다.

결정적 시기는 두 가지 방식으로 유아발달과 관련될 수 있다. 첫째, 출생부터 4~5세까지 초년기는 결정적 시기로 간주되며, 이 시기에 아동은 새로운 성장, 발달 · 학습을 하는 시기다. 아동의 삶에서 이 시기에 일어난 것은 모든 후속 발달과 학습에 지속적으로 영향을 준다. 둘째, 특정한 기술(skill)은 아동의 생애 초기에 결정적 시기동안 가장 잘 획득될 수 있다. 이러한 학습 기회를 잃어버리면 이후 학습이 좀 더 느리고 어려워질 것이다.

결정적 시기에 대한 개념은 초년기 동안의 교육이, 특히 강력한 영향력을 갖는다는 사실에 힘을 실어 주었다. 교사들은 아동이 가장 반응적일 때 이 시기를 이용해야 한다. 이 시기동안 아동에게 보다 반응적이고 자극적인 환경을 제공하기 위한 노력을 통해 주된 발달이정표가 성취될 가능성이 높아진다.

3. 조기중재의 주요 전제

장애아와 위험아동을 위한 이론적 근거는 여덟 가지의 주요 전제로 확립될 수 있다. 이러한 전제는 장애아동이 그들의 한계에도 불구하고 가능한 정상적으로 발달하도록 돕기 위해 조기중재 프로그램이 필요한 이유에 관한 응집력 있는 논의를 만들어낸다. 장애나 발달장애 위험이 있는 아동은 다음과 같은 이유로 인해 가능한 조기에 중재를 시작해야 한다.

첫째, 생애 초기 동안에 이후 모든 후속 발달에 영향을 주고 발달 속도를 마련하는 학습과 행동의 초기 패턴이 확립된다.

둘째, 연구에 따르면, 특히 생의 초기 동안의 결정적 시기가 존재하는데 이는 아동 이 가장 민감하고 학습 경험에 반응적인 시기를 말한다.

셋째, 지능과 다른 인간 능력은 태어나면서 고착되는 것이 아니라 환경적 영향과 학습을 통해 어느 정도 범위까지 변화된다.

넷째, 발달장애 위험아동이 되게 하는 장애 상태나 기타 요인이 발달과 학습에 방해가 될 수 있으며, 그 결과 초기 장애가 좀 더 심각해지고 이차적인 장애가 발생할 수 있다.

다섯째, 아동의 환경과 초기 경험은, 특히 이러한 것이 양육되거나 박탈되는 정도까지 발달과 학습에 주된 영향을 미친다. 이 모두는 아동이 자신의 충분한 잠재력을 발휘하는 정도에 영향을 준다.

여섯째, 조기중재 프로그램은 유아의 발달 상태에 주요한 차이를 만들며, 아동이 초등학교에 들어간 이후에 이루어지는 중재노력보다 더 빨리 영향을 미 친다.

일곱째, 부모들은 장애나 위험아동을 양육하는 데 구조적인 패턴을 만들고 적절한 보호, 자극을 제공하는 데 특별한 도움을 필요로 한다. 또한 기본적인 발달기능이 획득되는 결정적 시기동안 아동을 위한 훈련을 위해 도움이 필요하다.

여덟째, 조기중재는 사회-경제적인 이득을 가지는 것으로 함축되는데, 유아의 발달 문제의 조기치료를 통해 좀 더 심각한 문제를 감소시키고 비용 문제를 포함해서 이후에 사회에서 대처하게 될 심각한 문제를 경감시킬 것이다.

4. 조기중재 프로그램

1) 조기중재 프로그램의 질

조기중재 프로그램은 장애아의 전인적 발달을 촉진시키며 장애 정도의 최소화 및 2차 장애를 예방하기 위한 계획된 교육적 중재를 의미한다. 우리나라 조기중재 프로그램의 질적인 측면과 관련된 문제점을 제시한다면 프로그램의 내용 및 운영방식이 장애아에게 적합한지 여부, 프로그램을 담당하는 교사 또는 전문가가 장애아를 대상으로 하는 프로그램에 적절하고 충분한 자질은 갖추었는가 하는 여부다.

2) 다양한 서비스 전달체계에 의한 조기중재 프로그램

장애아를 위해 교육 프로그램을 제공하는 전달체계는 교육 대상자의 연령이나 지역의 지리적인 조건, 대상자의 특성, 지역사회 자원, 대상자와 가족의 교육목표에 따라서 달라진다. 미국의 경우, 자연적인 환경을 통한 서비스 제공을 하도록 장애인교육법(IDEA)을 통하여 규정하고 있다. 여기에서 말하는 자연적 환경이란 아동이 매일의 능력과 기술을 학습하고 발달시키는 가정, 지역사회, 영유아 관련기관으로 출생부터 만 3세 미만의 아동이 전형적으로 갖게 되는 학습기회 및 경험의 장소, 환경, 활동을 모두 포함한다. 일반적으로 나이가 어린 0~2세 영아들이 가장 많은 시간을 보내는 장소는 가정이며, 따라서 이들에게 서비스를 제공하기 위한 가장 좋은 장소는 이들이 가장 많은 시간을 가정이라고 할 수 있다. 또한 대부분의 장애아는 장애요소와 더불어 다양한 건강상의 문제들을 동반하고 있기 때문에 기관 중심의 중재를 실행하는 경우, 잦은 결석과 높은 중도 탈락률 등을 나타낼 수도 있다. 이처럼 장애아를 위한 조기중재 프로그램 서비스 전달은 장애아의 다양한 상황이나 특성을 고려하여 이루어질 수 있다.

장애아에 대한 조기중재는 영유아의 연령 및 가족의 요구에 따라 다양한 장소에서 실시할 수 있으며, 조기중재를 위한 프로그램 서비스 전달의 다섯 가지 유형이 제시되고 있다.

첫째, 심각한 장애를 가진 영아나 신생아를 위해 병원 환경에서 조기중재 서비스가 전달되는 병원 중심 프로그램이다.

둘째, 자연 장면에서 아동을 지도하는 가정 중심 프로그램으로 아동 학습 시 부모가 완전 개입하는 유형이다.

셋째, 가정 밖의 특수교육 환경에서 조기중재 서비스를 제공하는 센터 중심 프로그램이다.

넷째, 가정-센터 절충 프로그램은 영유아에게 주어지는 가정과 센터 서비스를 결합하는 프로그램이다.

다섯째, 조언 서비스 프로그램으로 부모들이 정기적으로 아이들을 센터로 데려가서 전문가 팀에게 보이면 전문가들이 가정에서 부모와 아이가 함께 활동할 수 있는 방법을 보모에게 훈련시키는 유형이다. 이처럼 장애영유아를 위한 조기중재 프로그램은 다양한 서비스 전달체계로 이루어질 수 있다.

3) 조기중재 전문가의 자질

장애영유아 조기중재 프로그램의 가장 중요한 구성 요소는 조기중재를 실행하는 교사의 전문성이다. 장애아 담당 교사가 갖추어야 하는 역할은 가족 및 관련 서비스 전문가들과 긍정적으로 의사소통하고 협력할 수 있는 능력이라고 하였으며, 그와 더불어 발달 촉진자로서 자질을 갖추어 영아의 발달을 적극적으로 촉진할 수 있어야 하며, 장애아와 그 가족에게 여러 다양한 서비스를 지원해 줄 수 있는 서비스 조정자로서의 역할을 갖추어야 한다고 하였다. 장애아 조기중재 전문가의 자질 중 교육적 중재자로서의 자질은 아주 중요하다고 할 수 있다. 교사들은 특정 장애아에게 적합한 교육적 중재 실행 방법을 알아야 하며 교수목표를 교육 프로그램 내에 포함시키고 활동을 통하여 교수목표를 달성할 수 있도록 지원해야 한다.

5. 해외 조기중재 프로그램

1) The Incredible Years Series(IYS) 프로그램

(1) 특징

부모와 교사, 그리고 아동을 대상으로 세 가지 전반적이고 다양한 측면을 고려하며 발달을 기반으로 프로그램을 실시하여 정서 및 사회적 유능감을 증진시켜 어린 아동의 행동 및 정서문제를 예방 또는 감소시키고자 한다. 최종적으로는 폭력예방을 위한 프로그램이다.

(2) 대상

위험집단으로 선정되거나 공격성, 적대감, 반항, 또는 충동적 행동을 보이는 2~8세 어린 아동

(3) 프로그램 내용

숙련된 훈련자가 비디오를 사용하여 그룹 토론을 유도하고, 문제해결을 연습하며 생각을 공유한다.

(4) 프로그램의 유형

① BASIC 프로그램

아동의 사회적 유능감을 증진시키거나 행동상 문제를 감소시키는 것이 목적이다. 인지적인 사회학습과 애착이론을 바탕으로 구성되어 있으며 12~14주 동안 250개의 비디오테이프를 가지고 토론을 통해 배워 가는 프로그램이다. 아이와 어떻게 노는지, 어떻게 아이를 학습시키는지, 어떻게 강화물을 주고 효과적으로 칭찬하는지, 제한설정을 어떻게 하며 잘못된 행동을 수정할 때 어떤 전략을 사용하는지

가 주된 내용이다. 학습내용의 반 정도가 타임아웃, 무시 등의 비폭력 훈육방법이며, 아동의 행동을 어떻게 관찰해야 하고, 그 내용을 토대로 어떻게 예측해야 하는지에 대해 나와 있다. 최소 2/3이 긍정적 효과를 냈으나 3년 이후 추수 연구결과 여전히 그 중 1/3이 상당한 어려움을 경험하고 있어, 상급 버전과 아동용 버전이 만들어졌다.

② ADVANCE 프로그램

부모의 대인 간 기술을 강조한다. 아동을 교육하는 교사와 상호작용을 바탕으로 그 효과성을 더 높인다. 주된 내용은 어떻게 상호작용하고 화를 다스리며, 어떻게 효과적으로 문제를 해결하는지에 관한 것이다.

③ SCHOOL 프로그램

부부간 불협화음과 우울관련, 낮은 대처능력, 자기통제 책략, 문제해결능력, 의사소통기술, 어떻게 지지를 해 주고 받는지에 관한 내용이 포함되어 있으며, 10~12주 동안 진행된다. 아동의 학업적 측면에도 초점을 맞추는데 아이의 읽기에 어떻게 도움을 주는지, 과제에 얼마만큼 개입을 하고 교사들과는 어떻게 협조적인 관계를 맺어 나가는지가 주된 내용이다.

④ 교사용 프로그램

주로 교실에서 어떻게 효과적으로 아동을 다루는지에 대한 내용으로 구성되어 있으며 6일 또는 42시간의 워크숍으로 진행된다. 어떻게 아동의 주의를 집중시키고 칭찬하는지, 어떻게 부적절한 행동을 다루며 아동과 긍정적인 관계를 형성하는 것에 중요성을 두고 구성하고 있다. 또한 공감, 사회적 기술, 문제해결능력을 다루는 방법을 강조하고 있다.

⑤ 아동용 프로그램

아동은 감정을 알고, 공감 또는 관점 취하기, 또래 기술, 화를 다스리는 법, 개인간 문제해결 기술, 규칙 지키기 등의 내용으로 구성되어 있다. 치료(treatment) 버전은 소규모 그룹(5~6인)으로 구성하여 아동의 행동문제를 분출하는 데 초점을 맞추었고 일주일에 1회 또는 한 시간 이루어지며, 예방(prevention) 버전은 학급전체를 대상으로 일반교사에 의해 일주일에 2~3회 실시된다.

2) More Than Words 중재 프로그램[1)]

(1) 특징

자폐스펙트럼장애(ASD)아동의 부모와의 상호작용을 돕기 위한 중재 프로그램이다.

(2) 내용

사회적 상호작용 중재 프로그램에서 부모는 아동의 의사소통 시도를 어떻게 해석하고 반응하는지에 대해 상호작용하면서 아동의 사회적 참여를 북돋울 수 있는 방법을 배운다. 부모는 자폐스펙트럼장애(ASD) 아동의 가장 취약점인 두 가지 주요 기술, 즉 공동주시 기술(joint attention skills)과 실용적 의사소통 기술(pragmatic communication skills)들의 발달을 증진시키기 위한 네 가지 주요 전략을 배운다. 첫째, 부모는 아동의 흥미나 참여에 초점을 둔 의사소통적 상호작용을 촉진하기 위한 아동중심전략을 배운다. 둘째, 기다리고 환경을 정리하는 것을 통해서 부모는 아동의 참여와, 커뮤니케이션 착수(initiate), 또는 계속되는 상호작용의 참여에 동기를 부여한다. 셋째, 부모는 공동 관심사에 계속해서 참여하도록 하기 위한 상호작용 촉진(interaction-promoting) 전략을 사용한다. 넷째, 부모는 아동이 마치 계획적으로

1) Girolametto, Sussman, & Weizman (2007).

보낸 커뮤니케이션의 모든 시도를 해석하고 그것에 반응하는 것에 대해 격려를 받는다.

(3) 중재 프로그램의 주차별 구체적 내용

표 3-1 중재 프로그램의 주차별 내용

주차	내용
1주	첫 번째 그룹 세션. 부모는 아동의 환경을 조정하는 방법을 배운다. 그러면 아동은 부모와의 참여와 상호작용을 하는 것에 자극을 받는다. 예를 들어, 부모는 비눗방울을 불고 나서 아동에게 그릇을 준다. 그리고 아동이 적절한 전략의 커뮤니케이션적인 방법을 더 사용하도록 요청하기를 기다린다.
2주	두 번째 그룹 세션. 부모는 아동이 공동관심사에 대해 사회적 상호작용의 목적으로 나타내는 관심과 행동을 하는 동안 아동이 이끄는 대로 따른다. 부모는 만지기, 가리키기, 또는 아동의 포커스에 대해 설명하기 등을 통해서 아동의 흥미를 공유하는 것을 배운다. 부모는 아동의 행동과 소리들을 흉내 내고, 아동에게 언어 모델을 보여주는 것을 통해서 비언어적 의사소통과 반향언어(eholalia)를 해석한다. 마침내, 쉽게 공동의 관심에 참여하지 않았던 아동을 위해 부모는 아동의 놀이에 참여하는 것과 그것을 통해 차례바꾸기 활동(turn-taking routine)을 구조화하는 것을 배우게 된다.
3주	세 번째 그룹 세션. 부모는 아동이 더 좋아하는 감각(sensory preference)에 기초를 둔 예측 가능한 '사람들 게임(people game)'으로 조직화를 창조하는 방법을 배운다. 부모는 아동의 커뮤니케이션 상태에 기초를 둔 적절한 목표를 설정하고 처음에 게임을 고도로 조직화해서 유지하도록 격려받는다. 부모는 그들의 행동/단어를 반복하고, 아동의 차례(tern)로 가는 기회를 만들며, 필요하다면 아동이 자신의 차례를 위해 분명한 힌트를 제공한다.
4주	첫 번째 집 방문. 진전 상황을 모니터하고 상호작용을 지도한다.
5주	네 번째 그룹 세션. 부모는 그들의 짧은 발음, 핵심 언어 강조, 자연스럽지만 천천히 말하기, 문맥적 힌트로 이야기 보충하기를 통해 그들의 언어 입력(language input)을 조절하도록 한다. 부모에게 가장 중요한 정보는 아동이 그들이 생각하는 것만큼 이해하지 못할지도 모르고, 아동이 어떠한 흥미를 보이는 그 순간에 그들이 말을 하는 타이밍의 중요성을 깨닫는 것이다.

6주	다섯 번째 그룹 세션. 부모는 시각적인 자료(사진이나 그림 등)를 보고 그 상황과 맥락을 설명하고 그 장면의 느낌과 다음에 어떤 일이 일어날지, 혹은 어떻게 이런 장면이 연출되었는지에 대한 이야기를 통해서 그들 아동들의 이해력을 향상시키는 방법을 배운다.
7주	두 번째 집 방문. 진전 상황을 모니터하고 상호작용을 지도한다.
8, 9주	여섯 번째와 일곱 번째 그룹 세션. 부모는 이전 세션에서 배운 모든 전략들을 통합하는 것을 배우고 책을 읽어 주거나 장난감과 함께 노는 것과 같은 상황에 그것들을 응용한다.
10주	세 번째 집 방문. 진전 상황을 모니터하고 상호작용을 지도한다.
11주	여덟 번째(마지막) 그룹 세션. 부모는 친구들(형제, 친척, 놀이친구 등)과 함께 그들의 아동이 상호작용할 수 있도록 준비하는 방법을 배운다. ① 아동이 다른 아동들과의 상호작용에서 사용할 수 있는 게임, 노래, 일상 놀이 연습하기(rehearsing), ② 친구들과 공유할 수 있는 행동과 장난감 놀이 연습하기, ③ 아동과 친구들 사이의 순서바꾸기를 적절하게 조절하도록 친구들과의 상호작용을 지도하고 격려하기

3) The Carolina Abecedarian Project

(1) 특징

The Carolina Abecedarian Project(CAP)는 발달지체와 학업실패의 위험이 있는 유아(young children)을 위한 포괄적인 조기 교육적 프로그램이다. 1972년과 1985년에, 노스캐롤라이나에서 시작된 프로그램은 참여자들에게 장기적인 효과를 주는 광범위한 사정(assessments)로 변화되었다.

CAP는 학령 전 아동의 중재와 학령기 아동의 중재, 두 가지 요소를 포함한다. 학령 전 아동의 프로그램은 보육(day care) 서비스를 진행하며, 주 목표는 학교 준비도를 높이고, 성장과 학습을 향상시킬 수 있는 교육적이고, 자극적이며, 구조화된 환경을 형성하는 것이다. 커리큘럼은 인지적, 언어적인 발달을 향상시키고, 아동의 흥미와 필요에 반응하는 풍성한 언어적 환경의 제공이다. 또한 아동은 소아과와 사회복지의 서비스에 따라 영양가 있는 식단, 일회용 기저귀 등을 제공받는다. 유아들은

6개월부터 3세에 이르기까지 취학 전(preschool) 프로그램에 참여하게 되며, 이어 유치원에 입학하게 된다. 하루 6~8시간, 일주일에 5일, 일 년에 50주를 보육시설에 다니게 된다. 3년 후에 아동들은 지역의 공립 유치원의 프로그램과 유사하지만 교육적 커리큘럼이 보다 구조화된 환경을 제공받는다.

학령기 아동의 중재 프로그램은 유치원에서부터 시작하여, 초등학교 3년 동안 계속된다. CAP 교사는 각 아동과 가족에게 적합한 프로그램의 기간을 할당하고, 자녀의 학교의 기본 교육과정(수학, 읽기 등)을 강화하고 보충할 수 있도록 부모를 교육하고, 아동을 직접 가르치며, 아동과 가족을 지지한다. 그와 함께 교사는 1년에 약 17번의 학교 방문과 15번의 가정방문을 기획한다. 더불어 아동에게 공립 도서관 방문, 여름방학 캠프 등 다양한 여름방학 활동을 지원해준다.

(2) 대상

CAP는 생후 6개월까지의 영아가 있으며 여러 위험요인에 노출된 가족을 대상으로 한다. 위험(at risk)가족이란 지역의 병원, 임상치료실, 사회복지 서비스 기관 등을 통해 의뢰된 경우를 의미한다. 스텝은 이러한 가정을 방문하여, 프로그램에 대해 설명을 하고, 방문한 가정이 선택준거와 부합하는지를 결정한다.

6. 성공적인 조기중재를 위한 방안

1) 장애영유아 교육 확대를 위한 국가차원의 홍보 및 교육기관 확보 지원

현재 「장애인 등에 대한 특수교육법」과 「장애인복지법」 모두에서 장애아동의 조기발견 노력이 국가의 책임임을 규정해 놓고는 있으나, 각각의 법규에서 각 부처의 역할과 책임, 타 부처에 대한 협조 사항을 규정할 조항이 없기 때문에 앞으로 중복되는 정책과 서비스를 제공할 가능성이 있는 것이 문제로 나타나고 있다. 특히 저소

득계층 영유아의 건강진단 및 보건소에서의 발달선별을 통해 문제가 나타난 아동들을 진단 및 유아특수교육에 의뢰하는 의뢰체계의 개발에 관련된 계획이 수립되어 있지 않고, 진단 과정에서 장애가 있는 것으로 판별되지는 않았지만, 향후 발달지체나 장애의 가능성이 있어 지속적으로 추적해야 하는 아동들의 등록과 관리에 대해서는 언급이 되어 있지 않아 부처 간의 연계를 통한 협력적 통합적 장애 영·유아 서비스 지원체제의 개발은 여전히 과제로 남아 있다.

장애아들이 조기에 적합한 중재를 받기 위해서는 체계적인 국가차원의 홍보가 필요하나 현실적으로 장애영유아 교육기관에 대해 정보가 부족하여 부모들은 적절한 교육기관을 찾기 힘들어하며, 교육수요에 비해 장애아들이 교육을 받을 수 있는 기관이 장애아 전문 어린이집, 통합 어린이집으로 한정되어 있어 현재 상황의 개선이 필요한 것으로 나타났다.

2) 장애영유아 교육 서비스 전달체계의 개선

장애전담 어린이집 또한 장애아동을 성장·발달시킬 만한 우수한 전문 인력확보와 질적인 서비스를 제공하지 못하며, 보육과 교육 치료 서비스의 연계가 원만하게 이뤄지지 못하고 있는 실정이다. 장애유아 발견과 조기교육 서비스와 관련된 국가의 법규정과 정책의 제한점과 서비스간의 연계부족은 장애아동과 가족이 필요로 하는 서비스를 제공받는 데 많은 어려움을 초래하고 있다. 각각의 서비스를 제공하는 기관에서 어느 정도 필요로 하는 도움을 받을 수는 있겠지만 여러 부처와 가관의 협력적인 지원체계가 없이는 아동과 가족이 갖고 있는 문제의 해결은 극히 제한적일 수밖에 없다.

서비스의 연계나 통합은 체계적인 노력을 통해 단편적으로 제공되고 있는 서비스의 문제점을 해결하는 것을 의미하며, 중재의 효과와 서비스 체제의 효율성을 증진시키는 이중 목적을 갖게 된다. 서비스 통합 모형이 적용될 때는 전문가들이 협력하여 아동을 진단하고 프로그램을 계획하여 실행하면서 평가함은 물론 공동의 목표를 달성하기 위해 교육 및 치료 목표를 일원화시켜 서비스를 통합하도록 촉진시키는 장점이 있다.

3) 조기중재 서비스 인력지원 확대

장애아의 연령이 낮을수록 개별적으로 도와주어야 하고 손길이 더욱 필요한데 현재의 교사 대 아동이 1:3의 비율로 너무 높아서 중재를 하는 데 어려움이 따르는 것으로 나타났다. 특히 장애아동이 중증인 경우, 1:1로 중재를 할 필요가 있기 때문에 인력지원이 절실하다.

4) 행정절차의 간소화

장애아의 경우, 교육과정을 수정하는 등 여러 가지 측면에서 교사가 바로 중재 변형을 하여 적용하여야 할 경우가 다수 발생을 하는데, 행정적인 절차의 번거로움이나 지연 등으로 인하여 변형된 중재적용에 어려움을 겪는 경우가 자주 발생하게 된다. 따라서 행정절차를 간소화하거나 교사의 행정지원을 보조해 주는 등의 노력이 필요하다.

5) 교사의 전문성을 강화하는 연수 프로그램 제공

장애아의 조기중재를 성공적으로 이끌기 위해서는 교사들의 전문성을 강화하는 것이 매우 필요하며, 연수 프로그램은 좀 더 실질적으로 적용 가능한 프로그램으로 구성될 필요가 있다. 이론중심이 아닌 다양한 사례중심 연수를 통해 현장에서 적용 가능한 프로그램이나 다양한 관찰 및 중재방법 등의 연수를 강화함으로써 교사들의 현장역량을 증진시키는 것이 필요하다.

제4장

장애유아의 진단 및 평가

1. 장애유아 사정의 단계
2. 장애유아의 진단도구

| 학습목표 |

- 장애유아의 사정의 필요성을 이해할 수 있다.
- 장애유아의 진단 및 평가과정에 대해 설명할 수 있다.
- 장애유아의 진단도구에 대해 알 수 있다.

사정은 아동의 독특한 요구 및 아동의 발달 향상과 관련된 가족의 강점, 관심사 및 우선순위, 아동과 가족에게 필요한 중재의 범위 및 특성을 알아내기 위하여 서비스가 제공되는 동안 지속적으로 이루어지는 절차를 의미하며 교육자들이 아동에 관한 의사결정을 할 수 있도록 정보를 수집하는 과정으로 정의하고 있다. 따라서 사정의 목적은 아동과 가족의 요구를 알아내어 요구되는 중재를 결정하는 데 있다고 할 수 있다.

1. 장애유아 사정의 단계

사정(assessment)이란 Bailey와 Wolery(1992)에 의하며, 교육자들이 아동에 관한 의사결정을 할 수 있도록 정보를 수집하는 과정으로서 선별, 진단, 배치, 계획, 평가의 단계가 포함되며, Peterson(1987)에 의하면 6단계의 독립된 과정에 의해 진행된다고 하였다. 이러한 과정에는, 첫째, 어떤 아동이 선별 의뢰가 필요한 비정상적 행동이나 발달을 나타내는지를 알아보는 사례발견(혹은 아동발견), 둘째, 정상적 발달 범주 내에 있지 않으며, 보다 심층적인 진단적 평가나 중재에 대한 문제의 가능성을 보이는 아동을 알아보는 선별, 셋째, 심층적인 평가를 통해 어떤 형태의 중재가 필요한지를 알아보는 확인(혹은 진단), 넷째, 개별화교육 프로그램을 개발하기 위한 기능수준 및 기타 다른 수행에 관한 자료를 얻는 프로그램 계획, 다섯째, 중재 프로그램에서의 활동 결과로서 아동의 새로운 기술 숙달을 점검하는 수행점검, 여섯째, 중재 프로그램의 질을 평가하고, 프로그램이 아동 혹은 부모에게 미치는 효과를 알아보는 프로그램의 평가의 단계가 포함된다. 이러한 단계가 포함되는 사정은 사정 대상에 대한 계량적, 비계량적 정보를 모두 활용하고, 가치 판단을 포함하는 경우가 일반적이므로 일반적으로 평가(evaluation)와 동의어로 사용된다. 장애유아의 조기

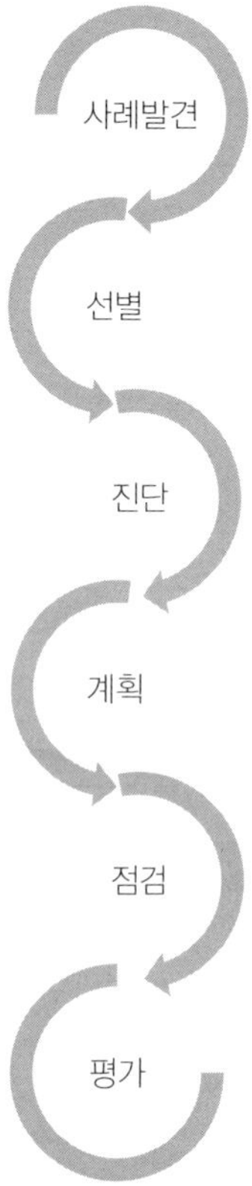

[그림 4-1] 장애유아의 선별 및 진단 · 평가 과정

발견 및 진단 · 평가의 과정은 [그림 4-1]과 같다.

1) 사례발견

특수교육 서비스의 대상이 될 가능성이 있는 학생을 발견하는 단계로 부모나 교사, 전문가뿐 아니라 일반인도 주위에 도움이 필요한 학생이 있는지 관찰하여 전문가나 전문기관에 의뢰하도록 한다(조인수 외, 2012).

장애유아를 조기에 발견하여 특수교육 서비스를 필요로 하는 유아에 대하여 조기에 중재하는 것은 매우 중요하다. Guralnick(1998)은 장애유아를 조기에 발견하여 중재를 하면 나중에 나타날 수 있는 문제를 예방할 수도 있고 문제의 교정도 가능하다고 보았으며, 이는 장애유아의 특수교육 서비스에 대한 요구를 감소시키거나 예방할 수 있기 때문에 특수교육에 소요되는 재정을 절감하는 효과를 가져올 수 있다. 따라서 장애유아뿐만 아니라 장애를 가질 가능성이 높은 장애위험 유아를 조기에 발견하여 이들에게 가능한 적절한 특수교육 서비스를 제공하기 위해서는 체계적인 조기발견 단계가 필요하다. 이를 위해 국가에서 우선적으로 정책적 지원을 해야 할 부분은 장애 혹은 장애위험 유아의 조기발견이라고 할 수 있다(국립특수교육원, 2004).

장애유아의 조기발견 대상자와 관련하여 대부분의 선진국가에서는 체계적인 전략을 이용하여 출생 시부터 조기에 문제의 가능성이 있는 유아를 발견하여 조기중재 서비스를 제공하는 데 초점을 두고 있다. 미국의 경우, 대상아동을 장애 및 발달지체의 가능성이 있는 영아까지 확대하여 서비스를 실시하고 있으며, 유아의 경우, 발달지체라는 하나의 통합된 용어를 사용하여 서비스를 제공하고 있다. 장애유아 조기중제의 정의와 기준에 있어서 이와 같은 비범주적 접근은 장애 특성과 정도를 확인하는 데 초점을 두기보다는 예방에 초점을 두고 있다(김명희, 안명희, 2004).

우리나라의 경우에도 2007년「장애인 등에 대한 특수교육법」(이하 특수교육법)에 만 3세 미만의 장애영아교육에 대한 무상교육과 3세 이상의 경우, 유치원 과정의 의무교육을 명시하였으며 장애의 조기중재에 대한 지원이 더욱 강조되었다(김진호, 차재경, 2016). 그러나 아직까지 장애유아를 중재하는 데 있어 해결되어야 할 부분이 존재한다. 유아특수교육 서비스를 받기 위해서는 특수교육법에 따른 특수교육 대상자인 '발달지체'를 보이는 아동으로 규정하고 있는데 이는「장애인복지법」의 규정에는 없는 장애 명칭이며,「장애인복지법」의 '발달장애'는 특수교육법에는 사용하지 않는 등「장애인복지법」과 특수교육법에서 서로 다른 정의와 기준을 사용함으로써 아동을 이해하는 데 혼란이 발생한다. 또한 이와 같은 범주별 접근에 따른 특정 장애로 진단받는 것은 조기에 장애 명칭을 부여함으로 부정적인 인식이나 영향을 초래할 수 있다.

장애유아의 조기발견은 특수교육대상자 이거나 혹은 그 대상자가 될 가능성이 있는 유아를 발견하는 체계적인 과정으로서, Bourland와 Harbin(1987, 국립특수교육원, 2001에서 재인용)에 따르면, 조기발견 혹은 유아의 발견 정책은 광범위하게 정의되고, 〈표 4-1〉에 제시되어 있는 열 가지 요소를 포함해야 한다.

표 4-1 조기발견 프로그램의 요소

요소	내용
발견 대상 집단의 정의	발견되어야 할 집단이 정의되고 기술되어야 함
협응	효율적인 자원의 사용을 보장하기 위해 기관 간 조기발견 활동의 협응이 이루어져야 함
재정적 지원	효율적인 재정적 지원의 사용을 위해 아동에 대한 서비스에 이용될 수 있는 제한된 재정적 지원에 대한 검토가 이루어져야 함
대중 인식	서비스 및 서비스를 이용하는 방법에 관한 정보를 대중매체 및 기타 의사소통 기제를 통해 알림
의뢰	다양한 기관 및 전문가를 위해 다른 기관에 적절하게 의뢰하는 체계가 마련되어야 함
선별 및 선별 전 (prescreening)	대중에게 배부되는 비공식적 선별 정보(예를 들면, 발달 기술 목록에 관한 소책자) 및 공식적 선별을 위한 절차가 마련되어야 함
자료관리, 등록 및 추적체계	아동 추적, 추수활동 보장 및 기록의 유지 방법이 확립되어야 함
사례관리	어떤 개인 혹은 기관이 발견된 아동과 연락을 유지하고, 그들이 필요한 서비스를 받는다는 것을 보장하는 데 책임이 있어야 함
진단적 사정	진단적 사정을 실시하고, 필요한 중재 서비스를 확인하기 위한 서비스가 이용될 수 있어야 함
훈련받은 요원	요원들은 조기발견 프로그램을 실시하기 위해 훈련을 받아야 함

출처: 국립특수교육원(2004). p. 21.

2) 선별

선별(screening)은 조기발견 프로그램의 중요한 요소로서 빠르고 비교적 간단한 과정으로 잠재적 문제성을 가지고 있는 대상을 찾는 것이다(Frankenburg, Emde, & Sullivan, 1985). 흔히 심층적 혹은 완전한 진단 · 평가를 필요로 하는 아동을 확인하기 위해서이거나 혹은 앞으로 문제를 진전시킬 수 있거나 교정 프로그램이 필요한 아동을 확인하기 위해 사용되는 간단한 방법이다. 선별 과정을 통해 검사를 받은 유아가 장애의 위험이 있는지 아닌지 구분이 가능하다. 선별검사는 각각의 기술이나 발달 정도를 철저하게 자세히 평가한 것이 아니고 몇 가지 대표적인 기술만을 포함하고 있기 때문에 유아의 자세한 발달 상태를 나타내는 것은 아니다. 즉, 선별은 진단이나 중재를 위한 과정이 수단이 아니라 오히려 더 앞으로 더 평가되어야 할 필요성이 있는 대상에게 수행하는 평가로 이들에게 특정 장애 명칭을 붙이는 과정으로 생각해서는 안 된다.

학교에 들어가기 전에 이루어지는 학령 전 선별로서 가장 먼저 이루어지는 선별은 아동의 출생 시 이루어지는 의학적 진단 · 평가라고 할 수 있다. 전형적으로 이러한 진단 · 평가는 병원 의료진에 의해 이루어지는 Apgar 척도, 체중과 키 측정, PKU 검사, 감각적 관찰을 포함한다. Apgar 척도는 신생아를 1분과 5분의 시간 간격을 두고 심장박동, 호흡작용, 반사반응, 근육 긴장도, 피부 색깔을 검사하며, 점수가 낮게 나온 아동들에 대해서는 의학적으로 지원을 하거나 진단을 의뢰하도록 하고 있다. 이후 장애영유아의 선별에서는 아동의 청력, 시각, 건강 및 발달영역을 선별하는 것이 일반적이나 최근에는 환경 영역까지 선별하는 것이 점차 강조됨으로써 교육, 건강, 행동 및 환경 등 다양한 영역의 문제점을 파악할 수 있는 여러 학문 분야의 전문가 참여가 요구된다. 장애영유아 선별 과정에서는 표준화 선별검사도구, 체크리스트, 아동의 관찰, 부모 면담 등과 같은 다양한 방법이 사용되며, 특히 표준화 선별검사도구는 간단하며 신속하게 실시할 수 있고, 정상적 발달을 보이는 아동들과 비교를 가능하게 함으로써 대상 아동을 빠르게 선별해 낼 수 있으며, 이러한 장점 때문에 자주 사용된다. 발달선별검사도구의 목록은 〈표 4-2〉와 같다.

표 4-2 발달선별검사도구의 종류

연번	도구명	총 문항 수	영역
1	한국형 영유아발달검사(K-DST, 질병관리본부, 2014)	40문항/48문항 (17개월 기준)	언어, 사회성, 자조, 인지, 대·소근육운동
2	영·유아 발달선별 검사 (K-CDR-R, 김정미, 신희선, 2011)	139문항	언어, 사회성, 자조, 대·소근육운동, 문제
3	영아선별·교육진단 검사 (DEP, 장혜성 외, 2008)	344문항	의사소통, 사회/정서, 기본생활, 인지, 대·소근육운동
4	부모작성형 유아 모니터링 체계 (K-ASQ, 허계형 외, 2007)	37문항	의사소통, 개인/사회성, 문제해결, 대·소근육운동, 종합
5	아동발달검사(K-CDI, 김정미, 신희선, 2006)	300문항 8개 영역	언어, 사회성, 자조행동, 글자/숫자, 대·소근육운동, 문제
6	한국판 유아발달선별검사 (K-DIAL-3, 전병운 외, 2004)	64문항	언어, 사회성, 자조, 인지, 운동, 심리사회적 행동
7	한국 유아발달검사 (K-DIP, 윤치연, 2004)	240문항	언어, 사회/정서, 자조, 인지, 대·소근육운동
8	한국판 Denver-II (K-DDST-II, 신희선 외, 2002)	110문항	언어, 개인/사회성, 미세운동/적응발달, 전체운동

출처: 김진호, 차재경(2016). p. 106.

Meisels(1985)에 의하면, 장애영유아의 선별검사도구를 선정하는 데 중요한 지침은 다음과 같다고 하였다. 첫째, 간단한 과제와 절차를 포함한다. 둘째, 장애위험 아동을 변별하는 행동만을 표본으로 선정한 것이어야 한다. 셋째, 학문적 준비성 과제보다는 발달 과제에 초점을 둔 것이어야 한다. 넷째, 한 영역보다는 다양한 발달영역을 조사하는 것이어야 한다. 다섯째, 신뢰도와 타당도, 특히 민감도(sensitivity)와 정확도(specificity) 지수를 보고한 것이어야 한다. 또한 이 외에 비용, 시행의 용이성 및 선별 과정의 기본 목적을 넘어서지 않는 검사가 좋은 선별검사도구로 권장된다

(Bagnato & Neisworth, 1991).

3) 장애영유아 진단 및 평가

진단 · 평가는 유아특수교육 및 조기중재 서비스의 적격성 여부를 판정하고 장애의 성격이 무엇인지를 파악한다. 앞에서 언급한 바와 같이 선별 과정에서 심층적 혹은 완전한 진단 · 평가를 필요로 하는 영유아로 확인되었거나, 앞으로 문제를 진전시킬 수 있거나 교정 프로그램이 필요한 영유아로 확인된 경우, 특수교육의 적격성 여부를 판정하기 위해 진단이 실시된다. 따라서 진단 · 평가 단계는 보통 영유아의 장애 및 발달지체의 원인을 알아내고 그 특성과 정도를 밝혀 내는 과정을 거치는 것이다. 이 과정에서 주관적이고 차별적인 진단 · 평가의 가능성을 감소시키기 위해 건강, 시각, 청각, 사회 및 정서적 상황, 일반 지능, 의사소통적 상황 및 운동 능력을 포함한 의심이 되는 장애의 모든 영역을 진단 · 평가하는 종합적인 진단평가가 이루어져야 하며, 이러한 점 때문에 진단 · 평가는 가족뿐 아니라 각 관련 학문 분야의 전문가에 의한 진단 · 평가 결과와 의견을 종합하는 다학문적 접근을 하게 된다. 종합하면 진단 · 평가의 목적은, 첫째, 장애를 가지고 있는지 없는지를 사정하는 것, 둘째, 판명된 문제의 원인을 규명하는 것, 셋째, 치료계획을 수립하는 것, 넷째, 유아에게 제공될 프로그램이 가장 적절한 서비스인가를 확인하는 것, 다섯째, 유아를 위한 일련의 프로그램을 계획함에 있어서 필요한 정보를 제공하고 재활계획을 폭넓게 발전시키는 것이라 할 수 있다.

발달장애유아의 진단 · 평가에서 가장 중요한 것은 체계적이고 종합적인 또한 협력적인 절차와 방법을 이용하여 유아에 관한 다양한 정보를 수집하는 것이다 (Bricker & Cripe, 1992; Guralnick, 1998). 유아의 발달수준을 정확히 측정하기 위하여 유아의 진전을 평가하기 위한 방법으로는 발달 체크리스트, 포트폴리오, 일화기록, 빈도나 비율, 시간표집 등을 사용한 직접적인 관찰이 사용될 수 있다. 또한 프로그램 계획을 위한 사정의 목적이 유아와 가족을 위한 중재의 목적 또는 프로그램 실시 이후 기대되는 결과를 알아내고자 하는 것이라면, 교육목표를 향한 유아의 진전 점검과 프로그램 평가는 보다 종합적인 차원에서 주요 중재 영역을 점검하고 평가할 수 있어야 한다. 영유아가 발달지체를 가지고 있는지 혹은 특수교육이나 장애위험 프로그램에 적격한지를 결정하기 위하여 진단 · 평가 단계에서는 일반적으로 영유아의 능력을 정상적인 발달 범주에 속하는 대규모 규준집단 영유아들의 능력과 의미 있게 차이가 있는지를 비교한다. 이러한 비교를 위하여 표준화 규준 참조형 검사도구가 주로 사용된다. 그러나 표준화된 규준 참조형 검사도구가 대규모 규준집단 영유아들과의 비교를 가능하게 할지라도, 이러한 검사결과만으로는 장애의 정도나 개별적인 특성을 정확하게 파악하기 어렵기 때문에 영유아의 가족 및 다른 양육자에게서 추가 정보를 수집하고, 자연적인 상황에서 영유아의 행동을 관찰을 통해 보다 많은 정보를 얻을 수 있다. 따라서 규준 참조형 검사, 비공식적 진단 · 평가, 준거 참조형 검사, 생태학적 진단 · 평가 등이 사용될 수 있다.

또한 장애유아의 대상자 선정이나 개입방법에 대한 의사결정에서 중요한 것은 다학문적 접근에 의해 이루어지는 것이다. 다학문적인 접근은 적격성 판정 외에도 중재 목적과 목표를 결정하는 데 기초가 된다. 즉, 사회 · 정서, 적응행동, 의사소통, 인지, 운동 영역의 현재 수행수준이나 감각 및 건강 상태까지 종합적으로 고려함으로써 유아의 중재 또는 교육계획안 수립에 도움을 줄 수 있다. 따라서 진단 · 평가 단계에서는 영유아의 기능적, 발달적, 교육적, 신체적, 인지적, 행동적 그리고 환경적 정보 등을 수집하기 위하여 다학문적인 협력관계를 통해 이루어지는 것이 필요하며, 이를 위해 다양한 진단 · 평가도구와 전략을 사용하는 것이 중요하다.

4) 장애유아 교육 프로그램 계획

교육 프로그램의 계획단계에서는 진단 및 평가단계에서 수집한 자료를 바탕으로 아동에게 적절한 교육 프로그램이나 전략을 수립하는 단계를 말한다. 해당 유아의 현재 수준에 근거하여 목표를 설정하게 되는데, 이 때 중요한 것은 아동의 단점을 극복하기 위한 방안에 대한 고려보다 아동의 강점과 욕구는 무엇인지 고려를 하여 목표설정을 하는 것이다. 아동을 위한 개별화교육 프로그램에 대한 자세한 내용은 제6장을 참고하기 바란다.

5) 장애유아 프로그램의 점검

교육 프로그램을 통해 얼마나 진전되었는가를 평가하기 위해서는 다음의 사항에 주의를 기울여야 한다. 첫째, 아동의 개별화교육 프로그램이나 개별화가족서비스계획에 있는 각각의 목적이나 목표를 아동이 성취했는지에 관해 정보를 수집해야 하며, 둘째, 진전 평가의 중요성을 고려할 때 어떤 정보를 누가, 어떤 상황에서, 얼마나 자주 수집할 것인지, 그리고 누가 수집된 정보를 분석할 것인지를 계획해야 하고, 셋째, 진전 평가 활동은 목적과 목표의 행동과 관련이 있고, 요구되는 사실적, 현실적 생황에서 일어나야 하며, 행동이 일어나는 것에 영향을 줄 수 있는 요인들이 고려되어야 하고, 넷째, 다양한 사람의 관점을 고려해야 하며, 다섯째, 정기적으로 그리고 자주 이루어져야 하며, 여섯째, 우선순위의 목적에 대해 더 자주 이루어져야 한다. 또한 아동의 진전 점검은 발달 체크리스트, 행동평정척도, 포트폴리오, 일화기록, 빈도나 비율, 백분율, 시간표집 등을 사용한 직접적 관찰 등 그 어느 사정 단계에서보다 다양한 방법을 사용하여 수시로 아동의 변화를 점검할 수 있도록 해야 한다. 한편 가족의 경우에는 교육 프로그램에 대한 가족의 만족도, 독립적 자원 관리 및 지원망에 관한 것 등을 평가해야 한다.

6) 장애유아 프로그램의 평가

교육 프로그램을 평가하기 위해서는 원래 계획되어 실행된 교육 프로그램의 목적 및 목표의 달성에 대한 프로그램 활동의 효용도, 프로그램의 질과 효과를 향상시키기 위해 필요한 프로그램의 수정, 프로그램이 보장하는 지원 및 가치 수준에 관한 결정 등의 목적을 달성하였는지를 평가한다.

2. 장애유아의 진단도구

장애유아의 진단은 다양한 진단도구와 평가방법을 활용하여 유아의 현 상태에 대해 판정을 하게 된다. 진단 및 평가를 위한 검사도구의 목록은 〈표 4-3〉과 같다.

표 4-3 장애유아 진단 검사도구 목록

영역	검사명	대상연령	제작자	출판사(연도)
지능	한국판 그림검사 (K-PTI)	만 4~7세	서봉연, 정보인	중앙적성출판사(1983)
	한국 웩슬러 유아지능검사 4판(K-WPPSI-IV)	만 2세 6개월~7세 7개월	박혜원, 이경옥, 안동현	인싸이트(2015)
	한국판 K-ABC (K-ABC)	만 3~18세	문수백	인싸이트(2014)
	한국 웩슬러 아동지능검사 5판(K-WISC-V)	만 6~16세 11개월	곽금주, 장승민	인싸이트(2019)
발달 영역	포데이지관찰표	0~만 6세	강순구, 조유경(역)	도서출판 특수교육(1990)
	한국형 덴버 II	0~만 5세 11개월	신희선 외	현문사(2002)
	한국판 ASQ(K-ASQ)	4~60개월	허계영 외	서울장애인종합복지관(2006)
	영유아를 위한 사정, 평가 및 프로그램체계(AEPS)	0~만 6세	이영철 외(역)	도서출판 특수교육(2008)
	장애유아를 위한 캐롤라이나 교육과정	만 3~6세	한경근 외(역)	도서출판 특수교육(2009)

언어	언어이해 · 인지력 검사	만 3~6세 미만	서울장애인 종합복지관	기쁜소식
	그림 어휘력 검사	만 2~8세 11개월	서울장애인 종합복지관	기쁜소식
	문장이해력 검사	만 4~6세 11개월	서울장애인 종합복지관	기쁜소식
	취학전 아동의 수용언어 및 표현언어 발달척도 (PRES)	만 2~6세	김영태, 성태제, 이윤경	서울장애인 종합복지관 (2003)
	언어 문제해결력 검사	만 5~12세	배소영, 임선숙, 이지희	서울장애인 종합복지관
	영유아언어발달검사 (SELSI)	6개월~만 3세	김영태 외	도서출판 특수교육(2003)
	구문의미이해력검사	만 4~9세	배소영 외	서울장애인 종합복지관 (2004)
	파라다이스 유창성검사 (P-FA)	모든 연령	심현섭, 신문자, 이은주	파라다이스복지재단(2004)
	우리말 조음 · 음운평가 (U-TAP)	취학 전 혹은 취학 연령 아동 및 성인	김영태, 신문자, 김수진	인싸이트(2004)
	아동용 한국판 보스톤 이름대기검사(K-BNT-C)	만 3~14세	김향희, 나덕렬	인싸이트(2007)
학습	학습준비도검사 FGST	초등1학년 초기아동	김정권, 여광웅	도서출판 특수교육(1987)
	기초학습기능검사(KEDI)	유치원~ 초등6학년	박경숙, 윤점룡, 박효정	도서출판 특수교육(1989)
	RDA 읽기진단검사	만 5세~고등 1학년	김윤옥	인싸이트(2017)
	기초학력검사	만 5~14세	박경숙 외	서울문화(2004)
정서 및 행동	아동행동평정척도 (K-CBCL)	만 4~17세	홍강의, 오경자, 이혜련	중앙적성출판사(1997)
	K-CARS 2 한국판 아동기 자폐 평정 척도 2	전 연령	이소현, 윤선아, 신민섭	인싸이트(2018)

	KISE 적응행동검사 (KISE-SAB)	만 1세 9개월 ~17세	정인숙 외	국립특수교육원(2003)
	심리교육프로파일 (PEP-R)	만 1~7세 5개월	김태련, 박랑규	도서출판 특수교육(2005)
	한국판 적응행동검사 (K-SIB-R)	11개월~만 17세	백은희, 이병인, 조수제	인싸이트(2007)
	사회성숙도 검사 (SMS)	0~만 30세	E. A. Doll	중앙적성연구소
지각 및 운동	한국판 시지각 발달검사 (K-DTVT-3)	만 4~12세	문수백	인싸이트(2016)
	한국판 시지각 발달검사 청소년용 (K-DTVT-A)	만 9~19세	조용태	인싸이트(2003)
	한국판 운동검사 2 (K-BOT-2)	만 6~12세	김은영, 지석연	인싸이트(미정)

1) 선별검사

선별이란 더 심층적인 평가가 필요한 아동을 구별해 내는 과정이라고 할 수 있다. 즉, 선별에서는 아동을 효율적이고 경제적으로 평가하여 더 심층적인 평가에 의뢰할지를 결정하게 된다. 따라서 선별에서 사용되는 진단·평가도구들은 제한된 수의 문항으로 아동의 수행이나 행동을 진단·평가하도록 고안되므로, 선별을 위한 진단·평가도구를 실시하는 데는 보통 15~20분 정도가 소요된다.

(1) 부모 작성형 유아 모니터링 체계(Korea-Ages & Stage Questionnaires: K-ASQ)

표 4-4 K-ASQ의 요약

대상연령	4개월에서 60개월
특성	• K-ASQ는 미국에서 개발된 Ages & Stage Questionnaires(2판)를 한국의 실정에 적절하게 전국의 영유아 및 부모 3,000쌍 이상과 함께 적용하여 연구된 부모작성용 선별도구 • 저비용으로 출생 후 첫 5년간의 결정적 시기에 발달지체 유아를 선별할 수 있음 • 질문지는 삽화로 표현되어 부모님이 사용하기 편리하며 가정이나 보건소, 병원, 어린이집, 십대 부모 프로그램, 그 밖의 유아가 있는 환경에서 사용할 수 있음

표 4-5 K-ASQ의 검사 실시 방법

ASQ 체계의 단계	세부 절차
모니터링 프로그램 계획하기	ASQ의 첫 번째 단계는 다음의 일곱 절차를 포함하는 모니터링 프로그램을 계획하는 것이다. 1. 모니터링 프로그램의 목적과 목표를 설정한다. 2. 모니터링 프로그램을 경영하기 위한 자원을 결정한다. 3. 질문지 사용방법을 결정한다. 4. 프로그램의 참여를 위한 기준을 선택한다. 5. 부모를 참여시킨다. 6. 의사들을 참여시킨다. 7. 의뢰기준의 윤곽을 잡는다.
질문지를 사용하고 점수화하기	ASQ의 두 번째 단계는 기록보관과 질문지를 점수화하기 위한 단계적인 지시, 심도있는 평가가 필요한 것으로 나타난 유아에 대한 추후검사를 결정하는 과정 등 실행 방법에 초점을 둔다. 이런한 단계는 매일 모니터링 프로그램의 실시를 위해 부적인 것을 포함하는 데, 다음의 다섯 절차에 따른다. 1. 유아 파일 모으기 2. 어떤 질문지를 사용할지 연령에 맞는 질문지 결정하기 3. 질문지 사용하기 4. 질문지 점수화하기 5. 적절한 추후검사 결정하기

12개월 · 1세 K-ASQ 정보 요약

유 아		작 성 자	
유아 이름	:	작 성 일	:
생년월일	:	작 성 자	:
조정 출생일	:	작성지 도움을 준 사람 :	
주 소	:	유아와의 관계	:
전화번호	:	핸 드 폰	:

종합 종합난의 기록을 써 넣으십시오.

1. 소리를 잘 듣습니까? 예 아니오
   소견 :
2. 양 손을 모두 잘 사용합니까? 예 아니오
   소견 :
3. 유아의 발이 바닥에 평평하게 닿습니까? 예 아니오
   소견 :
4. 가족 중 청각장애인 사람이 있습니까? 예 아니오
   소견 :
5. 시각적 문제가 있습니까? 예 아니오
   소견 :
6. 최근 의료 문제가 있었습니까? 예 아니오
   소견 :
7. 다른 염려되는 사항이 있습니까? 예 아니오
   염려되는 소견 :

점수화

1. 모든 질문에 응답이 되어 있어야 합니다. 만약 응답이 되어 있지 않은 칸이 있으면, 지침서의 비율 점수화 과정을 참조하십시오.
2. 문항의 점수란에 적절한 점수를 넣으십시오.
   예=10 가끔=5 아니오=0
3. 각 영역의 문항들의 점수를 다해 총점란에 적으십시오.
4. 유아의 각 영역의 총점을 아래 차트의 적절한 원에 체크합니다.
   예를 들어 만약 의사소통 영역의 총점이 50점이라면, 아래 차트의 첫 번째 열의 50에 해당하는 원을 체크합니다.

총 점수	0	5	10	15	20	25	30	35	40	45	50	55	60
의사소통	○	○	○	○	○	○	○	○	○	○	○	○	○
대근육운동	○	○	○	○	○	○	○	○	○	○	○	○	○
소근육운동	○	○	○	○	○	○	○	○	○	○	○	○	○
문제 해결	○	○	○	○	○	○	○	○	○	○	○	○	○
개인-사회성	○	○	○	○	○	○	○	○	○	○	○	○	○
총 점수	0	5	10	15	20	25	30	35	40	45	50	55	60

위 차트의 해당 영역의 공란을 채웁니다.

5. 만약 유아의 총점이 □ 영역에 있다면, 유아는 현재 이 영역에서 잘 수행하고 있다는 것을 나타냅니다.
6. 만약 유아의 총점이 ■ 영역에 있다면, 개별적으로 상담할 필요가 있고 유아는 이후에 평가를 해 볼 필요가 있습니다.

선택 사항 : 각 문항에 대한 특별한 질문은 아래의 요약 차트에 적을 수 있습니다. (예 : Y, 가끔 : S, 아니오 : N)

[12 개월]	점수	절선점수
의사소통		18.4
대근육운동		28.6
소근육운동		25.8
문제 해결		22.7
개인 사회성		17.8

	의사소통			대근육운동			소근육운동			문제 해결			개인-사회성		
	Y	S	N	Y	S	N	Y	S	N	Y	S	N	Y	S	N
1	○	○	○	○	○	○	○	○	○	○	○	○	○	○	○
2	○	○	○	○	○	○	○	○	○	○	○	○	○	○	○
3	○	○	○	○	○	○	○	○	○	○	○	○	○	○	○
4	○	○	○	○	○	○	○	○	○	○	○	○	○	○	○
5	○	○	○	○	○	○	○	○	○	○	○	○	○	○	○
6	○	○	○	○	○	○	○	○	○	○	○	○	○	○	○

프로그램 담당자 :

K-ASQ 12개월 · 1세 K-ASQ 허계형 외, © 2006 SEOUL COMMUNITY REHABILITATION CENTER

[그림 4-2] K-ASQ의 검사지

모니터링 프로그램 평가하기	ASQ 체계의 마지막 단계에는 두 절차가 있다. 1. 모니터링 프로그램을 수립하고 유지하는 과정을 평가하다. 2. 체계의 효과를 평가한다.

(2) 덴버발달선별검사(Denver Development Screening Test: DDST)

표 4-6 DDST의 요약

대상연령	생후 1개월~만 6세까지의 유아
특성	• 104개 검사항목 • 4개의 발달영역으로 구분되어 구성: 개인성 · 사회성, 미세운동 · 적응성, 언어, 전체운동 • 대상 유아의 연령에 따라 검사도구는 달라짐 • 개인용 검사이며, 소요 시간은 10~20분 • 해석은 항목의 수에 따라 정상, 의문,

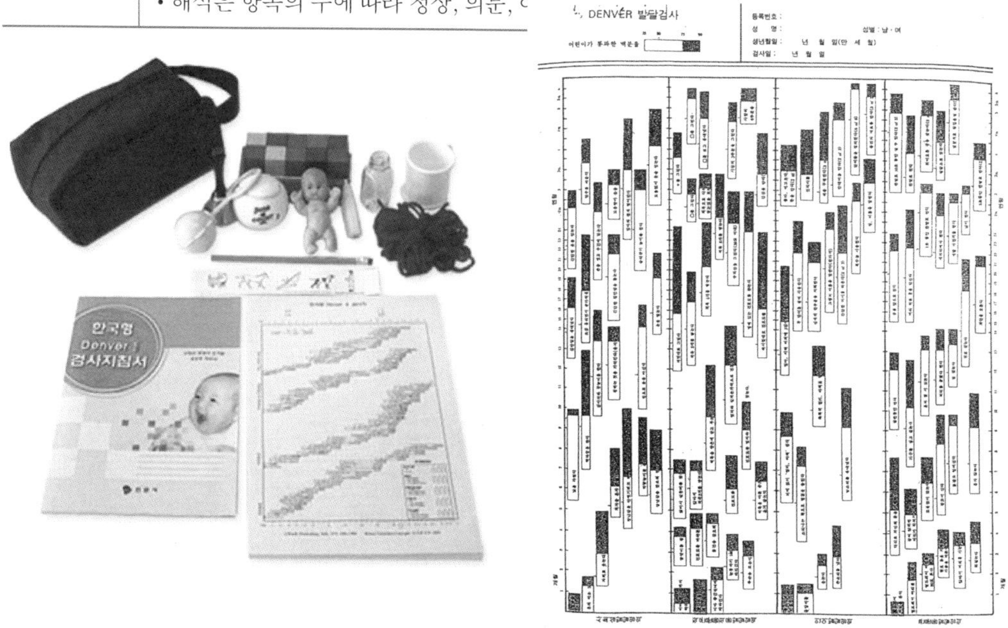

[그림 4-3] DDST 검사도구와 검사지

2) 지능검사

지능검사는 심리재활현장에서 가장 많이 활용되는 주요 심리검사 중 하나이다. 특히 아동의 경우, 지적장애와 발달장애 등을 판단하는 기준이 되는 검사 중 하나이기 때문에 필수적으로 사용하는 경우가 많다. 따라서 심리재활현장에 있는 치료사들은 지능검사에 대한 이해가 반드시 필요하며, 지능검사에 대한 이해와 지식, 검사결과 활용능력을 갖추어야 내담자를 돕는 데 적절하게 활용할 수 있다.

(1) 한국 웩슬러 유아지능검사 4판(K-WPPSI-IV)

표 4-7 K-WPPSI-IV의 요약

대상연령	만 2세 6개월~7세 7개월
특성	• 이전 판의 소검사 10개(토막짜기, 상식, 행렬추리, 공통성, 공통그림찾기, 모양맞히기, 어휘, 이해, 수용어휘, 그림명명)에 소검사 5개(동형찾기, 그림기억, 선택하기, 위치찾기, 동물짝짓기)가 추가되어 총 15개의 소검사로 구성됨. • 교육, 치료연구 등을 위해 지능을 측정할 때와 특별한 교육이 필요한 아동(영재/지체)을 발견하는 데 사용. 만 5세에서 7세 아동 중 지능이나 의사소통 능력이 평균 이하인 아동에게는 K-WPPSI를 사용하는 것이 좋음.

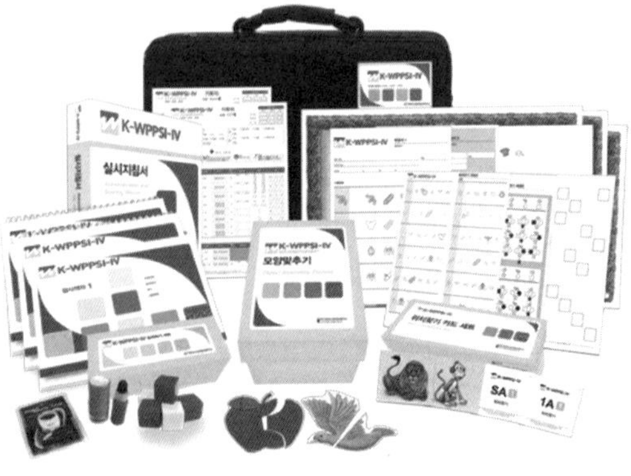

[그림 4-4] K-WPPSI-IV 검사도구와 검사지

(2) KABC-II(Korean Kaufman Assessment Battery for Children II)

표 4-8 KABC-II의 요약

대상연령	만 3~18세
특성	• 검사의 주된 목적은 인지능력과 성취도의 사정이지만 학습장애와 다른 특수아의 심리적, 임상적, 심리 · 교육적 사정을 목적으로 하기도 함. 본 검사는 신경심리학자와 임상심리학자들이 연구하여 제안한 인지처리과정 이론을 근거로 하여 만들어짐. 따라서 지능을 측정하는 척도는 인지처리과정척도라고 불리기도 함. 이 척도는 특정 과제의 내용에 대해 바르게 답했느냐 혹은 틀리게 답했느냐에 관심을 갖는 것이 아니라 답을 하기 위한 인지과정에 초점을 맞춤. • 사고력과 전반적 인지능력을 모두 측정할 수 있는 측정도구로서 학생들의 치료계획, 배치 계획을 세우는 데 도움을 준다. 또한 인지능력과 사고력에 있어서 개개인의 강점과 약점을 파악할 수 있도록 되어 있으며 학습장애의 핵심적인 양상인 기본적인 사고처리과정의 장애를 파악하는 데 대단히 유용함.

[그림 4-5] KABC-II의 검사도구와 검사지

(3) 한국판 그림지능검사(K-PTI)

표 4-9 한국판 그림지능검사(K-PTI)의 요약

대상연령	만 4~7세
특성	성격상 수줍은 아동이나 언어장애가 있는 아동은 답을 알고 있으면서도 대답을 못할 수 있으며 손으로 조작하는 동작능력에 장애가 있는 아동도 검사를 받을 수가 없거나 불리한 점수를 받을 수밖에 없는 기존의 지능검사와 다른 지능검사로 고안됨. 그림으로 된 사선다형의 지능검사로서 검사자가 말로 질문을 하면 피검사자인 아동은 4개의 그림 중에서 정답이 되는 한 개의 그림을 골라내도록 되어 있음. 이때 대답은 말로 해도 되고 말이 서툴거나 말을 못하는 아동은 손가락이나 눈짓으로 정답을 가리킬 수 있음.

[그림 4-6] K-PTI의 검사도구와 검사지

3) 정서 및 행동검사

(1) 유아행동평가척도(K-CBCL)

표 4-10 유아행동평가척도(K-CBCL)의 요약

대상연령	만 4~17세
특성	행동문제의 평가와 동시에 사회능력척도를 제작하여 문제행동 증후군척도와 유사한 과정을 통해 표준화 기준을 마련함으로서 정서행동문제 뿐만 아니라 아동 · 청소년의 적응능력의 평가도 병행하였음.

각 척도의 점수가 상승할수록 유아가 각 영역에서 어려움을 경험할 가능성이 증가하는 것을 의미합니다.

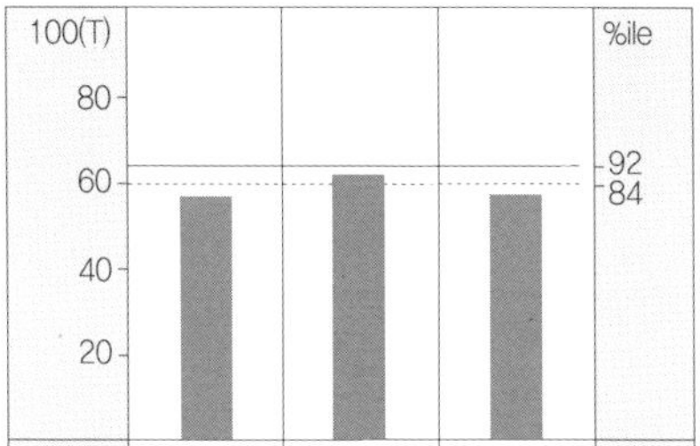

T점수	56	61	56
백분위	73	87	71
원점수	36	16	11
척도명	문제행동총점	내재화	외현화

결과해석

문제행동 총점은 T점수=56으로 **정상범위**이며,
내재화 척도는 T점수=61으로 **준임상범위**,
외현화 척도는 T점수=56으로 **정상범위**입니다.
현재 임상범위에 해당하는 것으로 보이는 문제행동 증후군은(없음)이며 준임상범위에 해당하는 문제행동 증후군은(신체증상)으로 나타나고 있습니다.

*무응답문항수: 1개(8개 이상이면 재검사권고)

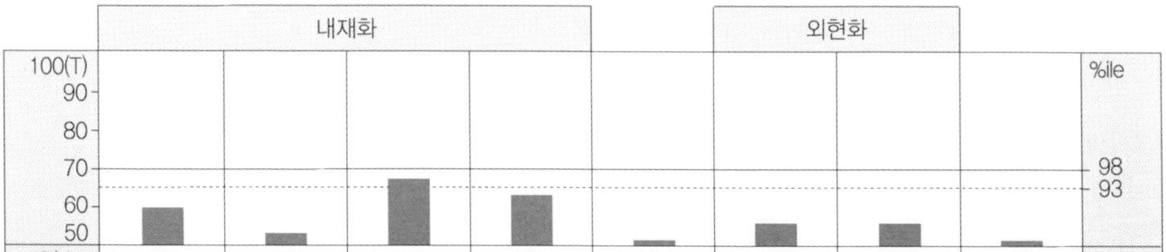

T점수	58	52	66	62	50	55	55	50
백분위	77	58	95	66	52	68	71	49
원점수	4	3	5	4	2	2	9	7
척도명	정서적반응성	불안/우울	신체증상	위축	수면문제	주의집중문제	공격행동	기타문제

*막대그래프가 점선 위로 올라오면 해당 영역에서 문제가 있을 가능성을 고려해야 하는 '준임상'범위이며, 실선 위로 올라오면 좀 더 어려움이 있을 가능성이 높은 '임상'범위라고 볼 수 있습니다. 척도명이 의미하는 바는 다음 페이지에 제시되어 있습니다.

[그림 4-7] K-CBCL의 검사결과 예시

(2) 한국 아동 인성 평정척도(The Korean Personality Rating Scale for Childres: KPRC)

표 4-11 한국아동인성평정척도(K-PRC)의 요약

대상연령	만 3~17세
특성	아동의 심리적 장애나 정신과적 문제를 선별 진단하기 위해 개발된 한국 아동 인성 검사(Korean Personality Inventory for Children: KPI-C)를 부분적으로 수정하여 한국 가이던스에서 새롭게 개발한 검사다. 만 3~17세 아동의 보호자를 대상으로 총 50분간 실시하며 아동의 다양한 환경 안에서의 일반적이지 않은 행동들과 정서적으로 불안정하거나 침체된 정신과적 문제 등을 두루 측정하고 정서적 특성들을 평가하고 진단하여 빠른 시기에 발견하여 도움을 제공하는 것을 목적으로 개발된 검사다.

(단위: T점수)

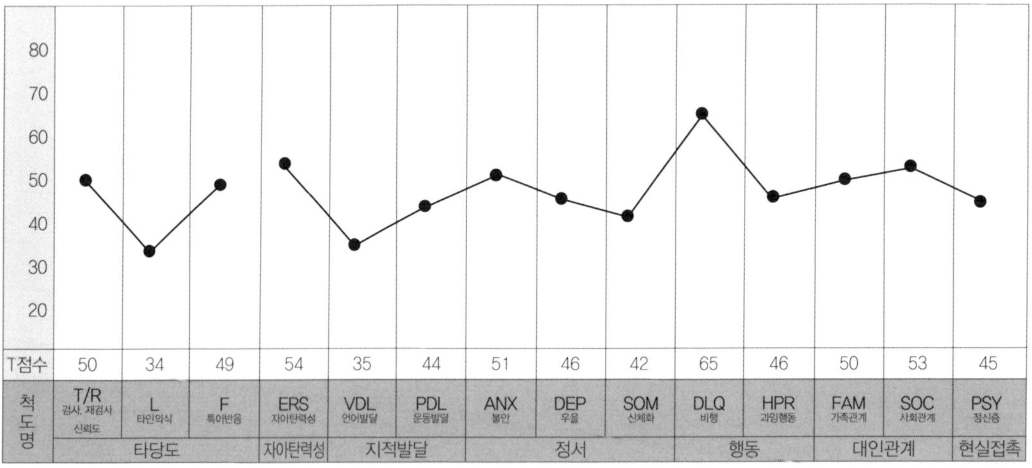

T점수	50	34	49	54	35	44	51	46	42	65	46	50	53	45
척도명	T/R 검사, 재검사 신뢰도	L 타인의식	F 특이반응	ERS 자아탄력성	VDL 언어발달	PDL 운동발달	ANX 불안	DEP 우울	SOM 신체화	DLQ 비행	HPR 과잉행동	FAM 가족관계	SOC 사회관계	PSY 정신증
	타당도			자아탄력성	지적발달		정서			행동		대인관계		현실접촉

생활습관과 태도, 생각과 말, 감정과 행동, 또래관계, 가족 및 주변 환경 등의 영역 중에서 일부 우려할 만한 문제가 있을 가능성이 있으며, 이러한 면에 대해 부모님이 걱정을 하고 있는 것 같습니다. 혹시 이러한 걱정이 아동의 실제 모습에 비해 지나친 것은 아닌지 살펴볼 필요도 있겠습니다. 크고 작은 다양한 종류의 규칙 위반 행동을 보이기 쉽습니다. 예를 들어, 거짓말, 도벽, 가출, 무단결석, 신체적 다툼 등 가정이나 학교에서 규칙을 위반하는 행동으로 말썽을 일으키는 경우가 흔히 있습니다. 또, 분노를 잘 통제하지 못하여 적대적이고 충동적으로 행동하기 쉬우며, 또래관계를 원만하게 맺기 어렵습니다. 또한 자신의 행동에 대해 다른 사람이나 상황의 탓으로 돌리고 스스로는 책임지지는 않으려 할 가능성이 있습니다. 이러한 행동의 이면에는 외로움과 소외감, 열등감 등이 있는 경우도 있습니다. 문제행동의 결과만 놓고 탓하기에 앞서 원인을 찾아보는 노력이 일단 필요합니다. 자신의 생각과 감정을 행동으로 나타내지 않고 말로 표현하도록 격려해 주고, 특히 의사소통 능력을 키워 주는 것이 도움이 됩니다. 아울러, 일상생활에서 만나게 되는 다양한 해결과제 상황에 현명하게 대처할 수 있도록 합리적인 문제해결 기술을 키워 주는 것이 좋습니다. 또, 다른 사람들과 원만한 관계를 맺는 것이 자신에게도 좋은 결과를 가져올 수 있다는 것을 이해시키는 것이 도움이 됩니다.

[그림 4-8] K-PRC의 검사결과 예시

(3) 사회성숙도검사(Social Maturity Scale)

표 4-12 사회성숙도검사(SMS)의 요약

대상 연령	0~만 30세
특성	117개의 문항으로 구성되어 있으며 이것을 각 연령단계로 묶어서 제시하고 있으며 피검사자와의 면접이나 보호자와의 면접을 통하여 그의 일상생활에서 행동을 면접자가 표시를 하도록 되어 있음 • 자조활동 (SH: self-help) – 아래의 3개 영역의 39개 문항 1) SHG: self-help general – 14문항 2) SHE: self-help eating – 12문항 3) SHD: self-help dressing – 13문항 • 이동 (L: locomotion): 10문항 –기어 다니는 능력부터 어디든 혼자 다닐 수 있는 능력 • 작업 (O: occupation): 22문항 –단순한 놀이에서부터 전문성을 요하는 직업에 이르는 능력 • 의사소통(C: communication): 15문항 –동작, 음성, 문자 등을 매체로 한 수용과 표현에 관한 문항 • 자기관리(SD : self-direction): 14문항 –금전의 사용, 구매, 경제적, 자립준비와 지원, 기타 책임 있고 분별 있는 행동 등에 관한 것으로 독립성과 책임감을 알아보는 문항 • 사회화(S: socialization): 17문항 –사회적 활동, 사회적 책임, 현실적 사고 등에 관한 문항

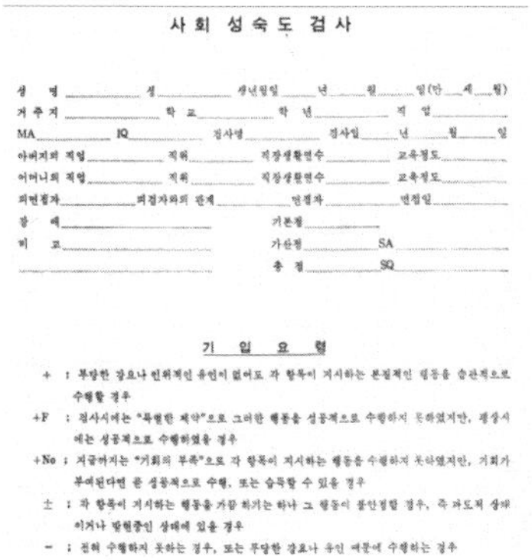

사회 성숙도 검사

성 명 ___ 성 ___ 생년월일 ___ 년 ___ 월 ___ 일(만 ___ 세 ___ 월)
거 주 지 ___ 학 교 ___ 학 년 ___ 직 업 ___
MA ___ IQ ___ 검사명 ___ 검사일 ___ 년 ___ 월 ___ 일
아버지의 직업 ___ 직위 ___ 직장생활연수 ___ 교육정도 ___
어머니의 직업 ___ 직위 ___ 직장생활연수 ___ 교육정도 ___
피면접자 ___ 피검자와의 관계 ___ 면접자 ___ 면접일 ___
장 애 ___ 기본점 ___
비 고 ___ 가산점 ___ SA ___
총 점 ___ SQ ___

기 입 요 령

+ : 부당한 강요나 인위적인 유인이 없어도 각 항목이 지시하는 본질적인 행동을 습관적으로 수행할 경우
+F : 검사시에는 "특별한 제약"으로 그러한 행동을 성공적으로 수행하지 못하였지만, 평상시에는 성공적으로 수행하였을 경우
+No : 지금까지는 "기회의 부족"으로 각 항목이 지시하는 행동을 수행하지 못하였지만, 기회가 부여된다면 곧 성공적으로 수행, 또는 습득할 수 있을 경우
± : 각 항목이 지시하는 행동을 가끔 하기는 하나 그 행동이 불안정할 경우, 즉 과도적 상태이거나 발현중인 상태에 있을 경우
– : 전혀 수행하지 못하는 경우, 또는 부당한 강요나 유인 때문에 수행하는 경우

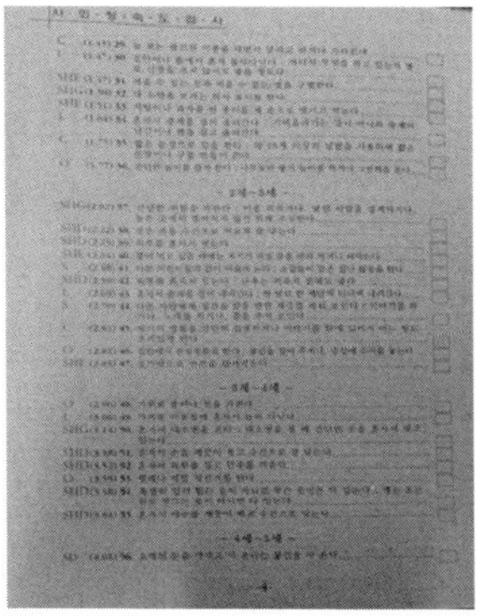

[그림 4-9] SMS 검사도구의 예시

4) 발달진단검사

(1) 장애유아를 위한 캐롤라이나 교육과정(The Carolina Curriculum for Preschoolers with Special Needs: CCPSN)

표 4-13 장애유아를 위한 캐롤라이나 교육과정(CCPSN)의 요약

대상 연령	만 3~6세
특성	5개의 발달영역(인지, 의사소통, 사회적응, 소근육운동, 대근육운동)등을 가르치는 여러 개의 단계로 다시 나누어 구성되어 있다. 이는 정상아동이 어떤 기술을 배우는 평균나이에 의해 단계를 나눈 것이 아니라, 어떻게 기술을 가르쳐야 하는가에 의해서 단계를 결정하였다. 이는 24개월 이상의 장애유아를 위한 프로그램으로 어린이집과 같은 집단 환경에 있는 아동들의 일상생활 속에 교육활동들을 통합시키는 데 주안점을 두고 있다. 이 CCPSN은 하나의 교육과정으로서가 아니라, 지혜롭고 창의적인 교사가 일련의 항목을 이해하고, 어떤 특정 장애아동에게 적합하게 항목을 수정할 수 있도록 각 단계별로 기술되어 있어, 교사들이 특정 장애를 가지고 있는 아동을 위한 '개별화교육 프로그램(IEP)'를 계획하는 데 매우 유용하게 사용될 수 있다.

영역	인지	의사소통	사회 적응	소근육운동	대근육운동
단계	주의집중과 기억개념/ 상징적 놀이/ 추론/ 시지각	표현어휘/ 소리와 언어기능에 대한 흥미/ 수용기술들/ 대화기술/ 자조기술	책임감/ 자아개념/ 대인관계기술/ 자조기술(4)	소근육운동 기술들(4단계)/ 시각-운동 기술(3단계)	움직이기(5)/ 계단(2)/ 뛰기(3)/ 균형잡기(2)/ 공(2)/ 실외기구

(2) 개정판 심리교육프로파일(Psychoeducational Profile–R: PEP–R)

표 4–14 개정판 심리교육프로파일(PEP–R)의 요약

대상 연령	생활연령 1~12세, 정신연령 1~5세 아동
특성	• 목적 –학습에 문제가 있는 아동들의 행동과 능력을 평가하기 위한 것 –발달지체아동, 자폐증아동이나 정신증아동들을 평가하기 위한 발달적 접근을 함 –아동들의 개인용 특수교육 프로그램을 구성하는 데 쓰임 • 각 항목은 경험적 과제로써 적당한 것에서 선택 • 검사항목은 1~7세까지의 발달 계열에 따라 배열. 특히 낮은 연령과제에 중점을 둠 • 검사순서를 바꾸거나 융통성 있게 변경시키는 것을 허용함 • 언어적 지시 이해를 필요로 하는 항목을 가능한 줄임 • 합격/불합격 이외에 '싹트기 반응'이라는 제3의 독특한 평가 수준을 설정함 →'싹트기 반응'이란 아동이 과제가 무엇을 요구하는지는 다소 이해하지만 완전히 이해를 못하거나, 바른 답을 할 수 있는 능력이 없을 때의 반응을 말함 →이는 개별교육 프로그램을 작성할 때 그 근거가 된다

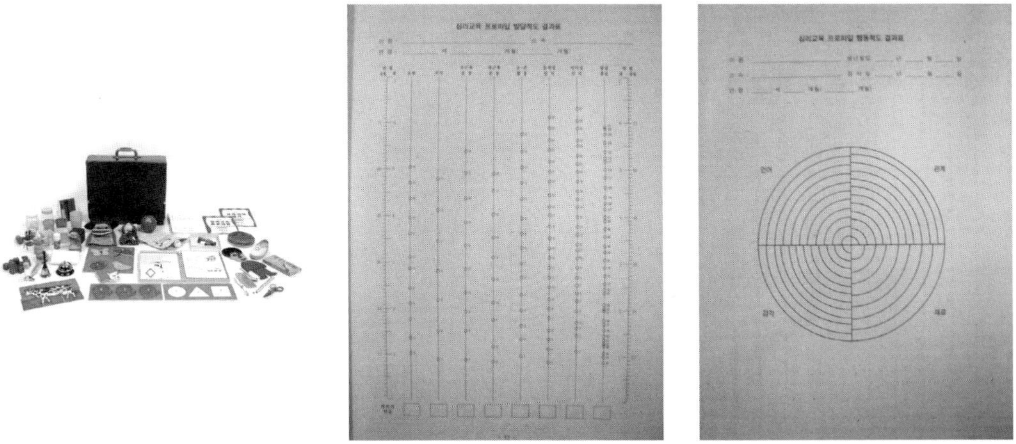

[그림 4–10] 개정판 심리교육프로파일(PEP–R)의 검사도구

제5장

장애유아의 개별화교육 프로그램

| 학습목표 |

- 장애유아를 위한 개별화 프로그램의 필요성을 이해할 수 있다.
- IEP와 IFSP에 대해 설명할 수 있다.
- 개별화교육 프로그램의 적용방법에 대해 알 수 있다.

장애유아를 교육함에 있어 경험하는 어려운 점 중의 하나는 같은 장애유형이라고 할지라도 장애의 경중에 따라 능력의 편차가 심하고, 또한 각 개인별로 능력이 범위가 다양하다는 것이다. 이러한 이유 때문에 비장애유아와 동일한 교육과정에 획일적으로 참여시키고자 할 경우, 장애유아는 적응에 큰 어려움을 겪을 수밖에 없다. 따라서 성공적인 통합교육이 되도록 하기 위해서는 장애유아의 특성과 개인차를 고려한 접근이 요구된다.

1. 장애유아를 위한 개별화 프로그램의 종류

1) 장애유아를 위한 개별화교육 프로그램

개별화교육 프로그램(Individualized Education Program: 이하 IEP)이란 각 아동이 지닌 개인차와 장애로 인한 발달상의 개인차이로 인해 단일 교육과정으로는 대상 아동의 욕구를 충족시킬 수 없음으로 인해, 교육을 계획하고 실시함에 있어 아동의 발달에 적절한 프로그램을 계획하고 실행하는 것을 말한다. 이것은 각 아동이 필요로 하는 교육과 관련 서비스를 받도록 하는 관리도구로서의 역할을 하도록 하기 위한 것이다. IEP는 전형적으로 다음과 같은 기능을 담당한다.

- 각 아동마다 영역별 장 · 단기 교육목표, 교수상의 유의점, 제공되는 관련 서 비스, 평가 절차 및 기준 등을 명시함으로써 체계적인 교육이 이루어지도록 한다.
- 아동의 진보 상황을 알아보는 평가도구의 역할을 한다.
- IEP를 개발하는 절차(IEP 회의)가 교사와 학부모 간의 의사소통 기회가 될 수 있으며, 이견을 좁히는 역할을 한다.

2) 개별화가족서비스계획

아동의 개별 진보상황을 파악하는 도구로 IEP와 함께 강조되는 것으로 개별화가족서비스계획(Individualized Family Service Plan: IFSP)이 있다. 개별화가족서비스계획은 0~3세의 유아를 위한 서비스를 제공하기 위하여 미국의 장애인교육법(IDEA)에 명시된 문서다.

개별화가족서비스계획은 가족과 유아에 대해 관련된 관심사로 교육의 우선순위를 정한다. IFSP에는, 첫째, 가족의 자원・우선순위・관심에 대한 고려와, 둘째, 장애유아와 가족의 욕구에 근거한 서비스 목표설정, 셋째, 다양한 영유아에 대한 서비스를 총괄하는 사례대표자, 넷째, 가정에서 유치원과 같은 기관교육으로 전이 시 6개월 이전의 계획과 점진적 시행, 다섯째, 자연적 환경인 통합상황에서의 참여정도 등이 포함된다.

IEP와 IFSP의 차이를 구분하여 기술한 것은 다음과 같다.

표 5-1 개별화가족서비스계획과 개별화교육 프로그램의 비교

개별화가족서비스계획(IFSP)	개별화교육 프로그램(IEP)
1. 아동의 학습과 발달을 지원하기 위한 가족과 부모의 역할에 초점을 둔다.	1. 아동에게 초점을 둔다.
2. 성취결과는 아동뿐 아니라 가족에게도 초점을 둔 것이다.	2. 성취결과는 아동에게 초점을 둔 것이다.
3. 학습이 일어나는 장소로 집, 어린이집, 공원 등의 자연스러운 환경을 포함한다.	3. 서비스가 제공되는 학교와 학급환경에 초점을 둔다.
4. 아동의 연령 때문에 서비스를 담당하는 다양한 기관(agencies)이 참여한다. IFSP는 다양한 서비스를 통합한다.	4. 아동의 서비스를 진행하기 위한 지역 교육청을 배정한다.
5. 아동에 대한 정보 수집을 위해 가족과 초기 면담을 하며, 여러 기관의 역할 및 재정적 책임에 대해 명시한다.	5. 아동의 장・단기 목표설정, 목표수정, 서다양한 서비스, 아동의 배치 등을 위하여 가족과 면담을 실시한다.
6. 전형적으로 매 6개월 간격으로 만남을 갖는다.	6. 전형적으로 1년에 한 번 만남을 갖는다.

출처: Allen & Cowdery(2015). p. 276.

표 5-2 개별화가족서비스계획

개별화가족서비스계획

1. 아동과 가족 정보					
아동 이름		출생일		성별	
부모 이름		주소			
집 전화			이동통신 전화		
2. 서비스 담당자					
담당자 이름			기관		
주소			전화번호		
약속날짜			이동통신 전화		
3. IFSP 팀 구성원					
이름			기관		
전화번호			직책/역할		
4. 점검 날짜					
IFSP 작성일		6개월 점검		연간 평가	
5. 가족의 장점 및 자원					
6. 가족의 관심사항 및 우선순위					
관심사항					
우선순위					

7. 아동의 강점 및 현재 발달수준

인지기능(사고, 추론, 학습)

의사소통기능(이해, 타인과 상호작용, 표현능력)

자조/적응기능(씻기, 먹기, 옷입기, 배변)

대근육/소근육기능(이동하기)

사회정서적 발달(감정, 대처기술, 타인과 함께 지내기)

7. 결과

1) A는 상호작용 능력을 향상시키기 위하여 모든 언어양식(시각, 청각, 촉각)의 자극에 반응을 보인다.

전략/활동	책임자/기관	시작일	종료일	서비스 빈도	장소	평가기준
사람과 장소를 달리하여 다섯 가지의 제스처를 적절하게 사용한다.	엄마, 아빠	2013. 10. 6.	2013. 12. 10.	주 1회	집	관찰사례

8. 전이계획(Transition Plan)

9. 자연스러운 환경의 확인(Identification of Natural Environments)

10. 가족서명

__________의 부모로써 우리는 자녀의 ISFP에 참여하였음을 증명합니다. 이 문서는 우리 가족과 아이의 관심과 우선순위를 정확하게 반영하는 것입니다. 우리는 이 계획의 실행을 허락합니다.

부모서명 날짜 부모서명 날짜

출처: Allen & Cowdery, 2015, p. 543에서 재인용.

2. 개별화교육 프로그램의 개발 절차

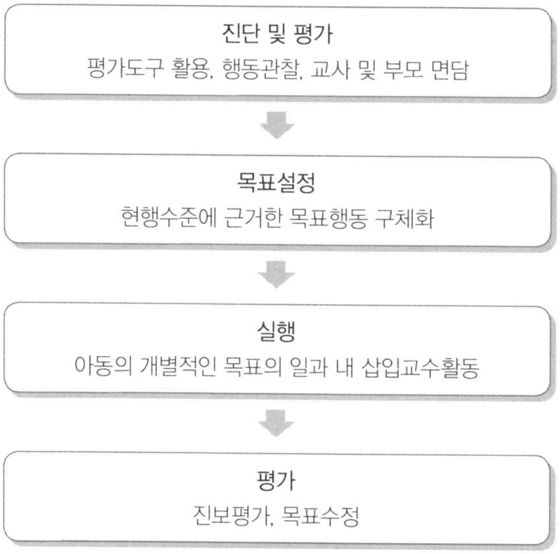

[그림 5-1] 개별화교육 프로그램의 개발 절차

1) 진단 및 평가

장애유아에 대한 평가는 아동에 대한 정보를 수집하는 과정이며, 아동에게 적절한 교육 프로그램과 전략을 결정하기 위한 자료로 활용하기 위한 목적을 갖는다. 또한 장애유아의 강점과 약점을 파악하여 적절한 교육적 중재를 이루며, 부가적인 지원이 이루어져야 하는 영역에 대해 파악하기 위해 활용된다.

그러나 아동이 현재 수준을 정확하게 파악하는 것은 쉬운 일이 아니다. 아동에 따라 낯선 상황이나 절차에 거부감이 심한 경우, 평상시 하던 행동도 전혀 하지 않거나 오히려 퇴행행동을 보이는 경우도 있으며, 검사를 시행하는 사람이 누군가에 따라서 참여수준에 차이를 보이는 경우도 발생한다. 따라서 장애유아의 수행수준을 명확히 파악하기 위해서는 유아의 발달에 맞는 다양한 평가도구를 사용하고, 유아가 생활하는 가장 자연스럽고 다양한 상황에서 행동을 관찰하고, 유아에 대해 정확한 정보를 제공해 줄 수 있는 부모나 기타 유아와 관련된 사람들과의 상담 등을 통해 정보를 얻어야 한다. IEP 작성을 위한 구체적인 내용은 〈표 5-7〉〈표 5-8〉〈표 5-9〉를 참고하도록 하며, 진단과 평가에 대한 자세한 정보는 제4장을 참고하기 바란다.

2) 장 · 단기 목표설정

(1) 평가를 통해 아동에게 필요한 기술과 활동을 결정

장애유아의 IEP 작성을 위해 유아의 현행수준에 대한 평가가 끝나고 나면 교육기관이나 가정의 일과 안에서 가르쳐야 할 기능적 기술에 대한 결정을 하게 된다. 아동에게 필요한 기술인지의 여부를 결정하기 위한 기준은 다음과 같다.

표 5-3 IEP 목표선정 기준

- 발달수준에 적합하고 기능적인가?
- 아동의 관심, 좋아하는 것, 능력에 따른 목표여야 한다(선호도 점검: 사람, 상황, 장소 등).
- 통합된 환경에 참여를 지원할 수 있는 것이어야 한다.
- 장애에 대한 낙인을 최소화하는 목표를 우선으로 하여야 한다(예, 대소변 가리기).

출처: 조윤경, 김수진(2015). p. 280.

(2) 장기목적의 기술

장기목적은 아동에게 기대되는 것에 대해 포괄적이고 일반적인 진술로 나타낸다. 설정 시 아동이 전반적인 발달에 필수적으로 우선시되는 것을 선정하며, 아동의 일상적인 생활에 자연스럽게 적용될 수 있는 것인지를 고려해서 결정한다. 또한 아동, 가족, 유아교육장면에서 적용하기에 실제적이고 기능적인 것인지의 여부도 중요한 고려대상이 된다. 올바른 장기목적의 기술방법은 모든 발달의 영역을 평가하는 것이어야 하며, 단순한 것에서 복합적인 순서로 진보된 것이어야 한다. 더불어 고려되어야 하는 것은 유아의 자아존중감과 삶의 즐거움을 향상시키는 데 도움이 되는가 하는 점이다. 예를 들면, 유아가 음악과 리듬을 좋아하고 재능이 있다면,

IEP 계획에 이와 관련된 목적이 포함되어야 한다는 것이다.

(3) 장기목적을 단기목표로 구체화하기

단기목표행동을 기술하는 원칙으로 'SMART IEPs' 원칙을 들 수 있는데 이것은 구체적이고, 측정가능하며, 행동을 나타내는 단어를 사용하며, 실재적이고 관련성이 있고, 시간제한이 있다는 것을 의미한다.

- S: Specific(구체적이어야 한다.)
- M: Measurable(측정가능해야 한다.)
- A: Use Action Words(행동을 나타내는 단어를 사용한다.)
- R: Realistic and relevant(실재적이고 관련성이 있어야 한다.)
- T: Time-limited(시간제한이 있어야 한다.)

이 외에도 다음의 질문에 따라 기술하는 것이 보다 완성도가 높은 목표진술을 하는 데 도움이 된다.

- 누가(Who?): 대상이 되는 유아를 지칭한다.
  예) 명사나 대명사로 표현한다.
- 무엇을(What?): 관찰가능한 행동, 아동이 특정 기술을 배운 후에 아동에게 기대되는 반응. 행동을 나타내는 단어나 동사로 표현한다.
  예) 뛴다, 말한다, 반복한다, 이름을 말한다, 자른다 등등.
- 언제(When?): 날짜
- 무엇이 주어질 때(Given what?): 조건, 목적을 완수하기 위해 무엇이 필요한지를 기술한다. 아동이 그 행동을 수행하는 데 따르는 특정한 환경이나 도움의 유형, 얼마나 많은 도움을 받는지를 서술한다.
  예) 언어적 지시가 있을 때, 모방해서, 도움 없이, 붙잡아 줄 때, 부모가 손 을

잡아 줄 때, 말로 암시를 줄 때 등

- 얼마나 많이(How much?): 숙달/기준, 아동이 수행할 때 도달해야 하는 성공 수준을 서술한다.
  예) 일주일에 다섯 번, 80% 정확도로 10번 중 7번 성공
- 어떻게 측정할 것인가(How will it be measured): 자료, 자료 수집 전략, 포트폴리오, 교사의 관찰, 평가 등의 자료 유형을 포함한다.

표 5-4 IEP 목표설정의 예

▣ 잘 서술된 목표행동의 예
- 정우는 엄마가 잔을 잡아 줄 때 10번 중 10번 컵을 사용해 마신다.
- 승연이는 단추를 1/4 정도 구멍에 밀어 넣어 줄 때 10번 중 10번 큰 단추를 끼운다.

▣ 부적절하게 서술된 목표행동의 예
- 상원이는 100% 즉각적으로 지시에 따른다.
  –'즉각적'이라는 말이 모호함. '지시한 후 10초 이내'처럼 구체적으로 서술한다.
- 진하는 도움 없이 10번 중 5번 한 발로 1.5미터를 뛴다.
  –10번 중 5번은 50% 성공 수준이다. 더 적절한 목표로 낮추어 성공도를 높이는 수준을 설정한다.

목표행동을 아동의 현행수준에 따라 단계별로 설정하기 위해서 필요한 것이 과제분석이다. 과제분석은 최종 목표달성을 위해 필요한 단계를 세분화하여 적절한 순서에 따라 교육할 수 있도록 하기 위한 목적을 갖는다. 다음은 목표행동을 과제분석하여 세분화한 자료를 나타낸 것이다.

표 5-5 과제분석의 방법

■ 과제분석(Task analysis)
아동을 가르칠 때, 아동이 배울 수 있는 속도에 맞추어 단계를 세분화한다. 가장 좋은 과제분석을 각 아동에 맞게 중간 목표행동을 세분화하는 것이다. 다음은 운동행동을 세분화한 것이다.

1. 최종 목표: 10번 실시 중 9번 도움 없이 연속해서 한 발로 5번 뛴다.
2. 중간 목표
   ① 10번 실시 중 9번 착상 잡고 한 발로 한 번 뛴다.
   ② 10번 실시 중 9번 어른 손을 잡고 한 발로 한 번 뛴다.
   ③ 10번 실시 중 9번 도움 없이 한 발로 한 번 뛴다.
   ④ 10번 실시 중 9번 도움 없이 한 발로 2번 뛴다.
   ⑤ 10번 실시 중 9번 도움 없이 한 발로 3번 뛴다.
   ⑥ 10번 실시 중 9번 연속해서 한 발로 4번 뛴다.
   ⑦ 10번 실시 중 9번 연속해서 한 발로 5번 뛴다.

표 5-6 과제분석의 적용 사례

1. 대상아동: 2세 3개월 소연(다운증후군)
2. 목표행동: 도움 없이 4번 중 4번 다섯 쌍의 물건을 짝맞히기
3. 과제분석:

1. 소연이는 엄마가 언어적 도움을 줄 때 4번 중 4번 친숙한 물건과 그림 2쌍을 짝짓기 한다.
2. 소연이는 엄마가 언어적 도움을 줄 때 4번 중 4번 친숙한 물건과 그림 3쌍을 짝짓기 한다.
3. 소연이는 엄마가 언어적 도움을 줄 때 4번 중 4번 친숙한 물건과 그림 4쌍을 짝짓기 한다.
4. 소연이는 도움없이 4번 중 4번 친숙한 물건과 그림 5쌍을 짝짓기 한다.

4. 활동표 작성하기
활동표에 이름, 기간, 목표행동, 가르치는 장소, 학습 자료, 자료 제시방법, 아동이 잘했거나 못했을 때의 조치, 하루 중 언제, 몇 번씩 가르칠까에 대한 내용을 적는다. 또한 기록란을 만들어 아동이 가르치는 것을 얼마나 따라하고 있는지 배우는 과정을 알 수 있게 하고, 엄마가 아닌 아빠나 다른 식구가 하더라도 같은 방법으로 아동이 혼동하지 않게 할 수 있다.

<table>
<tr><th colspan="5">활동표</th></tr>
<tr><td rowspan="5">1. 이름: 박소연(가명)
2. 기간: 4월 20~26일
3. 목표행동: 언어적 도움을 줄 때 4번 중 4번 친숙한 물건과 같은 그림을 2쌍 짝짓는다.
4. 지침
1) 자료: 물건과 그림(신발, 전화기)
2) 방법: 엄마가 그림카드를 들고 같은 물건이 어느 것인지 물어본다. 처음에는 언어적 도움을 많이 준다.
3) 잘했을 때: 박수 쳐 주고 뽀뽀해 준다
4) 잘못했을 때: 소연이 손을 잡고 같은 물건을 가르쳐 준 후 다시 물어본다.
5) 시간 : 12시~12시 10분: 2번 실시
오후 7시~7시 10분: 2번 실시
6) 기록 : 잘했을 때 ○, 잘못했을 때 ×</td><td>4회</td><td>신발
○
전화
×</td><td>신발
○
전화
○</td><td></td></tr>
<tr><td>3회</td><td>신발
○
전화
×</td><td>신발
○
전화
○</td><td></td></tr>
<tr><td>2회</td><td>신발
○
전화
×</td><td>신발
○
전화
×</td><td></td></tr>
<tr><td>1회</td><td>신발
○
전화
×</td><td>신발
○
전화
×</td><td></td></tr>
<tr><td>쌍 / 날짜</td><td>21</td><td>22</td><td>23</td></tr>
</table>

5. 가르치기 첫 단계부터 가르치기 시작하며, 아동의 수행 속도에 따라 적절히 조절한다. 한 가지 목표행동을 완수하면 다음 단계로 넘어간다.

표 5-6 개별화교육 프로그램 요구 조사서

작성자: 유아와의 관계: 작성일자:

1. 인적사항

<table>
<tr><td colspan="2">유아명</td><td></td><td>성별</td><td></td><td>생년월일</td><td></td></tr>
<tr><td colspan="2">주소</td><td colspan="3"></td><td>연락처</td><td></td></tr>
<tr><td rowspan="5">가족관계</td><td>성명</td><td>성별</td><td>연령</td><td>관계</td><td colspan="2">기타</td></tr>
<tr><td></td><td></td><td></td><td></td><td colspan="2"></td></tr>
<tr><td></td><td></td><td></td><td></td><td colspan="2"></td></tr>
<tr><td></td><td></td><td></td><td></td><td colspan="2"></td></tr>
<tr><td></td><td></td><td></td><td></td><td colspan="2"></td></tr>
<tr><td colspan="3">주양육자</td><td colspan="4"></td></tr>
<tr><td colspan="3">입학 전 교육 경험</td><td colspan="4">기관명: 기간:</td></tr>
</table>

2. 치료지원현황

치료명	기관명	치료 시간(주 몇 회/시간)	치료 형태(개별/집단/통합)

3. 장애등록현황(사본 제출)

발급일		발급기관		장애유형		장애등급	

4. 의학적 내력 및 건강상태

입원 또는 수술한 경우	있다( ), 없다( ) 언제: 무엇 때문에: 기간:
현재 복용하는 약	있다( ), 없다( ) 약 종류:
시 · 청각문제	있다( ), 없다( ) 있을 경우 자세히 기록:
자주 걸리는 질병	

식습관	편식여부: 좋아하는 음식: 싫어하는 음식: 알레르기 음식: 식사모습(스스로 먹는지, 도움을 주는 정도 등 기록): ※ 급식지도에 대한 부모님 의견을 적어 주시기 바랍니다.
전체적인 발육상태 및 유의사항	

5. 가정활동

부모님의 양육 참여정도 및 태도	부: 모:
유아와 형제와의 관계	
가정에서 부모님, 형제와 함께하는 활동	부모님: 형제: 가장 많은 시간을 보내는 가족 구성원:

6. 유아의 흥미 영역(놀이, 놀잇감 모두 포함)

유아가 좋아하는 것	유아가 싫어하는 것

7.통합교육

통합교육 경험	유( ), 무( ) 있을 경우 작성해 주시기 바랍니다. 기관명: 특수교사: 유( ), 무( ) 기간(연령): 통합형태: 완전통합( ), 부분통합( ) / 통합교육 환경에서 유아 모습:
통합교육에 대해 바라는 점	

8. 유아 현행수준

영역	내 용
대근육	
소근육	
의사소통	
사회성	
인지	
문제행동	
유아의 강점 및 약점	강점: 약점:

9. 개별화교육 프로그램 수립 시 요구사항

10. 초등학교 취학 계획

취학 희망 형태	초등학교 일반학급( ), 특수학급( ) / 특수학교( )

※ 기타 유치원에 바라는 점이나 참고해야 할 사항이 있으면 작성해 주시기 바랍니다.

출처: 서울특별시교육청(http://www.sen.go.kr).

표 5-8 개별화교육 프로그램

1. 대상 유아 기본정보

<table>
<tr><td rowspan="2">유아명(성별)</td><td rowspan="2" colspan="3"></td><td>특수교사</td><td colspan="2"></td></tr>
<tr><td>통합학급담임</td><td colspan="2"></td></tr>
<tr><td>주소</td><td colspan="3"></td><td>연락처</td><td colspan="2"></td></tr>
<tr><td>특수교육대상 유아 선정결과</td><td colspan="6">발달지체를 지닌 특수교육대상 유아
(특수교육대상 유아 선정일자 : 20** . ** . **)</td></tr>
<tr><td>장애유형(등급)</td><td>미등록</td><td>장애진단기관</td><td colspan="2"></td><td>장애등록일</td><td></td></tr>
</table>

2. 현재 수행수준

<table>
<tr><td colspan="2">영역</td><td>검사방법</td><td>검사일</td><td colspan="2">내용</td></tr>
<tr><td colspan="2">발달검사</td><td></td><td></td><td colspan="2"></td></tr>
<tr><td colspan="2" rowspan="5">교육과정</td><td rowspan="5">관찰
및
활동물 분석</td><td rowspan="5"></td><td>신체운동 · 건강</td><td></td></tr>
<tr><td>의사소통영역</td><td></td></tr>
<tr><td>사회관계영역</td><td></td></tr>
<tr><td>예술경험</td><td></td></tr>
<tr><td>자연탐구</td><td></td></tr>
<tr><td rowspan="3">기
타
정
보</td><td>강점</td><td colspan="4"></td></tr>
<tr><td>약점</td><td colspan="4"></td></tr>
<tr><td>보호자
요구</td><td colspan="4"></td></tr>
</table>

3. 특수교육 관련 서비스 영역

제공서비스	제공일정	제공내용	담당자	비 고

4. 개별화교육 프로그램

<table>
<tr><td>교육일정</td><td colspan="6">201○. . . ~ 201○. . .</td></tr>
<tr><td>연간목표</td><td colspan="6"></td></tr>
<tr><td rowspan="2">영역</td><td rowspan="2">1학기 교육목표</td><td rowspan="2">내용</td><td colspan="4">성취평가</td></tr>
<tr><td>1</td><td>2</td><td>3</td><td>4</td></tr>
<tr><td>신체운동
건강</td><td></td><td>• 교육내용:
• 교육방법:
• 평가방법:</td><td></td><td></td><td></td><td></td></tr>
<tr><td>사회관계</td><td></td><td></td><td></td><td></td><td></td><td></td></tr>
<tr><td>의사소통</td><td></td><td></td><td></td><td></td><td></td><td></td></tr>
<tr><td>예술경험</td><td></td><td></td><td></td><td></td><td></td><td></td></tr>
<tr><td>자연탐구</td><td></td><td></td><td></td><td></td><td></td><td></td></tr>
<tr><td>종합 평가
결과</td><td colspan="6"></td></tr>
</table>

※성취기준: 1. 자율적으로 수행함, 2. 언어적 지시를 주었을 때 수행함, 3. 신체적 도움을 주었을 때 수행함, 4. 수행 불가능(거부)

5. 개별화교육지원팀 서명

위원	직위	성명	날짜	서명
위원장	원장(원감)			
위원	담임교사			
위원	특수교사			
위원	학부모			

출처: 서울특별시교육청(http://www.sen.go.kr).

표 5-9 학급활동 지원 계획

201○.　.　. ~ 201○.　.　.

지원 유아		
통합학급 교사		
특수교사		
특수학급 종일반 교사		
특수교육실무사		
활동명/시간/장소	지원내용(IEP연계 포함) □ 대상 유아별 지원내용	평가
등원 및 인사 나누기 (09:00~09:30) 현관 · 복도 · 교실	유아1 유아2 유아3 유아4	
화장실 가기/손 씻기 화장실		
간식/식사하기 (간식 및 점심시간) 교실		
이동 (바깥놀이 가기 전) 복도 · 현관		
정리 정돈하기 (자유선택활동 후) 교실		
이 닦기 (점심식사 전) 교실 · 화장실		
하원 및 인사 나누기 교실 · 복도 · 현관		

출처: 서울특별시교육청(http://www.sen.go.kr).

3) 개별화교육 프로그램의 적용

(1) 직접교수

직접교수는 일리노이대학교의 Engelmann 등에 의해 1964년 DISTAR(District Instruction System for Teaching Aristhmetic and Reading)라는 교수 프로그램으로 제안되었는데, 유치원 수준의 특수교육 요구아동 및 사회경제적 지위가 낮은 아동을 위하여 60개의 세부적인 프로그램과 표준화된 교수기술 및 계열화된 내용으로 구성되었다. 직접교수는 교사 중심적 교수전략으로 아동의 완전학습을 지향한다. 장애아동을 교육하는 데 가장 일반적으로 적용되어 온 방법이며 교사주도로 학습목표를 명확하게 하고 아동의 수행 결과에 대해 피드백을 주면서 수행의 계속적인 평가를 중요시하는 접근법이다. 따라서 직접교수는 교사가 미리 준비한 지도안에 따라 진행되는 교사주도의 연습과 훈련을 중요시한다. 직접교수방법이 학습에 결손이 있는 아동들의 읽기, 산수, 언어를 효과적으로 가르치기 위하여 프로그램을 개발하면서 대중화되기 시작하였으며, 이후 미국 전역의 특수교사가 기본적으로 가장 널리 사용하는 지도방법이 되었다. 하지만 이러한 성인주도의 집중적인 일대일 교수법을 통해 습득한 지식은 일상생활에서 일반화하는 데 한계가 있다. 직접교수의 도입, 전개, 마무리 활동의 단계를 통해 이루어진다(신진숙, 2016).

(2) 활동중심 삽입교수

① 활동중심 삽입교수의 정의

활동중심 삽입교수는 학급활동 내에 개별목표기술을 삽입하는 교수전달 모델로 통합된 장애유아의 보다 기능적인 기술 교수와 일반화 촉진을 가능하게 할 최상의 교수 실제를 개발하려는 노력에서 시작되었다. 활동중심 삽입교수는 유치원의 하루 일과표에 따라서 진행 중인 활동들에 교수 활동을 삽입하여 장애유아의 개별적인 교수목표가 성취되게 하는 교수방법을 말한다.

활동중심 삽입교수는 '활동중심 중재'와 활동 중에 교수의 기회를 삽입하는 '삽입

학습기회'의 두 가지 유사한 교수전략의 개념을 혼합한 용어를 말하며, 혼재되어 사용되기도 한다. '활동중심 중재'는 참여와 기술 습득을 촉진하기 위하여 이미 유치원 교육과정 내에서 발생하고 있는 규칙적인 일과를 이용한 교수를 의미하며, '삽입 학습기회'는 교육과정의 수정만으로는 IEP의 교수목표를 성취하는 데 충분하지 못하기 때문에 기존의 학급 일과와 활동 내에 직접적인 교수를 삽입해야 함이 강조되면서 제시된 교수방법이다.

② 활동중심 삽입교수의 특징

Pretti-Frontczak과 Bricker(2004)는 일상생활에서 삽입교수란 아동의 발달에 적절하고 기능적인 기술을 습득시키고 일반화시키기 위해서 아동의 개별화된 교육목적과 목표를 연습할 수 있는 기회를 다양한 일상생활 속에서 가르치는 것이라고 정의하였다. 이러한 일상생활 속에 삽입된 학습기회는 다음과 같은 특징이 있다.

첫째, 삽입된 개별화 목적과 목표의 교수는 교실의 일과, 자료, 혹은 인적 자원의 변화를 요구하지 않는다. 더불어, 부모, 또래, 치료자들 또한 이러한 교수 기회에 쉽게 참여할 수 있다.

둘째, 삽입된 개별화 목적과 목표의 교수는 아동이 기술을 연습할 수 있는 충분한 기회를 제공하고, 더 나아가 그러한 기술의 일반화를 촉진시킨다는 것이다.

셋째, 삽입된 개별화 목석과 목표의 교수는 통합된 프로그램뿐 아니라 다양한 교육과정 모델과도 잘 통합된다.

넷째, 삽입된 개별화 목적과 목표의 교수는 아동의 흥미와 동기를 유발하여 학습과 발달을 촉진시킨다.

표 5-10 활동중심 중재의 목적, 초점, 구성요소, 기반과정

목적: 아동의 학습능력과 중요한 발달 기술의 사용을 향상한다				
초점: 기능적인 활동 중에 아동과 환경의 상호작용을 강조한다				
구성요소	반복되는 일과, 계획된 활동, 아동-시작 활동	다수의 다양한 학습기회의 제공	기능적이고 일반화될 수 있는 목표	시간적으로 적절하고 통합적인 후속결과의 사용
예	목욕시간	아동에게 비누가 칠해진 목욕수건으로 몸을 닦으라고 말한다	아동은 비누가 칠해진 목욕수건으로 몸을 닦는다	아동이 얼마나 깨끗해 졌는지 언급해 준다
	간식시간	아동에게 컵과 주스병을 제공한다	아동은 주스를 컵에 따른다	아동은 주스를 마시고 갈증을 해소한다
	도착시간	아동에게 코트를 벗고 간식을 가방에서 꺼내라고 한다	아동은 코트를 벗고 가방을 연다	선생님이 고개를 끄덕이고 아동에게 웃음을 보낸다
기반과정: 삽입(Embedding)은 일상생활 활동 속에서(아동-주도 활동, 반복되는 일과 활동, 계획된 활동) 아동의 기능적이고 일반화될 수 있는 목표의 향상을 위하여 다수의, 다양한 학습기회를 아동의 행동에 직접적으로 관련이 되는 시간적으로 적절하고 통합적인 후속결과와 함께 제공하는 것이다.				

출처: Pretti-Frontczak & Bricker (2004). p. 31, 39. (노진아, 2005에서 재인용).

삽입교수는 일반학급의 비장애또래를 통한 학습에서도 매우 효과적인 전략으로 보고되었다. 비장애또래에게 삽입교수 절차에 대해 학습시키고 이를 지적장애학생 친구에게 수행하게 하였을 때 지적장애학생은 또래학생을 통해 목표한 기술을 잘 수행한 것으로 나타났다. 또래들 역시 책임감을 가지고 진행 절차를 잘 수행한 것으로 보고되었다. 그리고 지적장애학생이 있는 일반학급의 일정 속에서 일반교사가 지적장애학생에게 적용할 수 있는 효과적인 전략인 것으로 나타났다.

유아특수교육 분야의 한 중재전략이지만 다음의 요소로 인해 유아교육 현장에서도 통합된 장애유아에 대한 개별적 교수를 실행하는 데 효과적인 전략으로 추천되고 있다(원종례, 2005).

표 5-11 대그룹을 위한 '삽입된 학습기회' 스케줄

아동이름	Serina, Tianna, and Patrice				
날짜	9월부터 11월까지				
팀 구성원	교사 및 치료사				
아동목표	교실 내 일과 활동들				
	도착	자유놀이	대그룹	간식시간	센터활동
이름: Serina 1. 사물 조작하기	코트를 벗으라고 요구하기	블록, 퍼즐, 예술 자료들의 사용을 권장하기		숟가락, 포크 및 나이프를 제공하기	글쓰기 공간에 연필 및 과학 공간에 현미경 등을 배치하기
2. 요구, 인사, 의사표현을 위해 한 단어 및 두 단어를 사용하기	인사법을 먼저 모델을 보인 후 친구들에게 인사를 하도록 하기		굿모닝 송 부르기, 노래를 요청하는 기회를 제공하기, 어떤 색의 신발을 신었는지 말하도록 하기	메뉴 물어보기, 우유, 과일 등 간식 및 식사와 관련된 단어의 명명하기	센터에 오는 친구에게 인사하는 모델 보이기, 무엇을 하고 있는지 및 어디서 무엇을 가지고 놀고 싶은지 물어보기
3. 하나의 사물로 다른 사물을 나타내기		다른 크기의 블록을 음식 또는 신발 등으로 사용하는 모델 보이기			스틱을 붓처럼, 국자 및 팬을 삽처럼 사용하기
이름: Tianna 1. 좋고 싫음을 표현하기			여러 가지 제시된 노래 중에 선택하기		어떤 활동을 하고 싶은지의 여부를 물어보기
2. 사물 분류하기		책 및 인형을 분류하기		음식과 컵 분류하기	
3. 숟가락 사용하여 먹기				숟가락을 사용해야 하는 음식 제공하기	
이름: Patrice 1. 화장실 사용하기	화장실을 사용해야 하는지 물어보기			화장실을 사용해야 하는지 물어보기	
2. 지시 따르기	코트 걸고 점심을 꺼내도록 요구하기	블록을 치우도록 요구하기		간식을 덜고 동료에게 건네도록 하기	

출처 : Pretti-Frontczak & Bricker (2004). p. 134. (노진아, 2004에서 재인용)

첫째, 활동중심 삽입교수의 구성요소는 대부분 통합된 유치원/어린이집 환경에서 잘 실행될 수 있다. 연령에 적절한 교재와 활동, 자연적이고 기능적인 환경과 단서, 다양한 교재는 통합환경 내에 이미 존재하는 교수자원이다. 특히 통합 환경은 장애유아의 개별목표와 기술 간의 관계 및 목표기술 사용을 교수하도록 유아들에게 연령에 적합한 활동의 맥락을 제공한다. 또한 유아들에게 자연스런 선택의 범위가 주어지도록 환경을 조정하고 선택의 기회를 제공하는 것은 아동주도의 활동이 많은 통합환경에서는 필수적이다. 따라서 통합환경 내에 이미 존재하는 교수자원을 통해 실행이 가능한 삽입교수는 통합환경의 환경적 특성을 교수자원으로 이용하도록 하는 유용한 지침이 될 수 있다.

둘째, 활동중심 삽입교수는 분리된 기술을 집중 교수하는 것이 아니라 통합된 형태의 행동을 일상적인 학급 활동 내에서 분산 교수하기 때문에 보다 효율적인 교수전략이 될 수 있다. 예를 들어, 물건 요구하기(의사소통), 물감 칠하기(소근육운동), 색깔 구별하기(인지), 손 씻기(자조), 친구에게 나누어 주기(사회성) 등의 기술을 각각 가르치려면 모두 5회기의 수업이 진행되어야 하지만, 자유선택 활동시간에 조형활동을 하면서 이런 기술을 삽입시켜 교수한다면 1회기 수업시간에 다섯 가지 발달영역의 기술을 가르칠 수 있게 된다. 따라서 삽입교수를 적용한다면 장애유아의 개별적 교수에 필요한 교사의 시간과 노력을 줄이면서 동시에 장애유아의 집단활동에 참여하는 시간을 늘릴 수 있다. 또한 활동 중에 목표기술을 삽입시키는 것은 자연스런 환경 내에 존재하는 여러 관련 자극에 노출시킴으로써 일반화된 기술의 발달을 증가시킬 수 있다는 장점도 있다.

삽입교수는 통합교육 환경에서 적용될 수 있는 핵심적인 교수전략임이 유인영과 노진아(2012)의 연구를 통해서도 입증되었다. 장애아동을 통합환경에 배치하는 것만으로는 충분한 교육적 효과가 산출될 수 없으며, 개별 유아의 독특한 욕구가 충족될 수 없으므로 통합환경에서 개별화 교수목표를 가르칠 수 있는 교수방법이 필요하다. 삽입교수법은 통합상황에서의 자연스러운 일과를 최소한으로 방해하면서, 일반교육 과정 내에서 장애유아의 성과를 최대한으로 보장하는 접근법이기 때문에, 개별장애아동의 목표에 긍정적인 효과를 가져온다.

셋째, 활동중심 삽입교수는 유아교육에서 지향하고 있는 발달에 적합한 실제와 이론적, 철학적 기초를 공유하고 있으며 자연적인 선행사건과 후속결과 등 행동적인 학습원리를 효과적으로 적용하여 유치원/어린이집 환경에서 다양한 유아들의 욕구를 해결할 수 있도록 고안되었다(Bricker & Cripe, 1992; Pretti-Frontczak, 1996). 이에 따라 삽입교수는 담임교사나 특수교사가 통합유치원의 일상적 학급활동 내에서 장애유아의 활동참여와 개별적 목표기술을 증진시키고자 적용하기에 용이한 중재방법이라 할 수 있다. 교사는 유치원의 일상적인 활동과 계획된 활동, 유아주도의 활동 등 각각의 활동마다 교수계획을 조직화하고, 장애유아의 개별적 목표에 대한

표 5-12 통합교육에서 활동중심 삽입교수를 위한 활동-기술 도표의 예

활동	목표행동			
	요구하기	거절하기	설명하기	감정표현
등원	1, 2, 3		1, 2	1, 2, 3
자유선택활동	1, 2, 3	1, 2, 3		1, 2, 3
신변처리활동	1		1, 2, 3	
오전 간식	1, 2, 3	1, 2, 3	1, 2, 3	
자유선택활동		1, 2, 3		1, 2, 3
대 · 소집단 활동	1, 2, 3		1, 2, 3	
실외놀이활동		1	1, 2, 3	1, 2, 3
신변처리활동		1, 2, 3	1	
점심식사	1, 2, 3	1, 2		1, 2
신변처리활동	1, 2		1, 2, 3	
낮잠	1, 2, 3	1, 2, 3		1, 2, 3
오후 간식	1, 2, 3	1, 2, 3		
자유선택활동				1, 2, 3
하원			1, 2, 3	1

*비고: 숫자는 대상 유아 1, 2, 3을 의미함.

출처: 유인영, 노진아(2012). p. 173.

교수가 이루어지도록 활동도표를 사용하여 삽입된 교수-학습기회와 자연적인 교수전략의 사용 등의 계획을 점검하고 계획된 프로그램을 실행했는지 여부를 점검하여야 하며, 이러한 중재를 효과적으로 활용하기 위해서는 무엇보다 담임교사와 특수교사 간의 협력이 필요하다.

삽입교수 활동은 〈표 5-12〉와 같이 유치원이나 어린이집의 일과와 활동 중에 이루어지며 가능한 자주 삽입학습 기회를 확보하기 위하여 활동-기술 도표를 작성하는 것이 좋다. 즉, 장애유아의 개별목표가 하루 일과 활동에 삽입할 수 있도록 등원 및 하원, 자유선택활동, 대·소집단 활동, 실외놀이, 간식, 점심시간, 신변처리에 삽입되도록 계획한 뒤 활동-기술 도표를 활용하는 것이 효과적이다.

4) 개별화교육 프로그램의 수정

IEP의 수정은 목표성취수준에 대한 계속된 평가에 근거하여 이루어진다. 교육목표의 체계적 평가는 아동의 교육적 욕구나 학습율이 계획된 IEP와 다를 때 고려하게 된다. 교육목표에 대한 평가가 지속적으로 진행되었다면 IEP에서 설정한 교육계획과 유아의 수행 간의 격차가 크게 나타나기 이전에 교사는 IEP를 수정할 필요성을 느끼게 된다.

IEP를 수정하기에 앞서 교사는 교육목표를 달성하기 위해 유아에게 도움이 될 만한 것을 조사한다. 결석이 많은 아동이나 목표행동을 수행하는 데 지연되는 아동은 친구나 흥미 있는 학급자료, 개인적 접촉을 통해 도움을 받을 수 있기 때문이다. 즉, IEP의 수정 전에 기존의 교육방법을 바꾸거나 프로그램을 변경해서 대체 적용한다.

여러 가지 노력을 하였는데도 IEP 수정이 필요하다고 판단이 된다면 IEP위원회는 수정안을 받아들여야 한다. IEP의 수정에는 연간목표, 단기목표, 시간계획 여러 가지 투입자료 등을 재조정하는 것을 의미한다. 원래 IEP에 설정된 교육목표가 적절하다는 판단이 서면 교육목표를 수정하기보다는 배정된 시간을 늘리도록 할 수 있다. 연간목표나 단기목표의 시간배정을 재조정하는 것이다. IEP수정을 위한 교육

목표의 평가는 아동의 학습률을 구체적으로 밝히는 데 도움이 된다. 이런 아동의 학습율은 다음해 IEP구성에 도움이 된다. 1년 동안 아동발달 과정을 누가 기록하는 것은 더욱 중요한 자료가 될 것이다(김정권, 1990).

5) 개별화교육 프로그램 운영상의 개선점

특수교육대상 학생에게 적합한 IEP의 수립과 운영에 대한 기초자료를 제공할 목적으로 시행된 연구(김원경, 최평임, 2011; 김정삼, 김진희, 2011)에 따르면, IEP의 효과적인 실행을 위해서는 다음과 같은 사항을 유의하여야 한다.

첫째, 교사들은 IEP를 보관하는 문서로 인식하는 경향이 일부 나타났는데 이는 IEP가 실제 교육에 사용할 수 없게 수립되는 경우가 많기 때문이다. 또한 IEP가 학기초에 문서화되어 수정・보완의 융통성이 부족하고, 고립된 교육목표 중심으로 개발되며, 통합학급활동에 대한 지원 계획이 부재한 경우가 많다. 따라서 IEP는 장애유아에게 꼭 필요한 기능을 지도하도록 작성되어야 한다. 그러나 교육과정에 준한 IEP를 작성하다 보면 연령이 증가함에 따라 상위 기능 습득을 위한 나선형 구조의 교육과정에 연연하게 되고, 교육과정의 수준이 상향되어야 한다는 관념 때문에, 장애유아의 현재 능력과 작성된 IEP 지도안이 일치되지 않을 수도 있는 현재 제도에 대한 개선이 추진되어야 한다. 이러한 조정이 있어야 IEP가 개별 학생의 교육과정으로 활용될 수 있을 것이고, 그 기능과 역할에 대해 보다 구체적으로 제시하는 방안이 검토될 수 있을 것이다. 그래야만 장애유아의 개별적인 필요와 요구를 반영한 최적의 개별화교육이 운영될 수 있다.

둘째, IEP의 운영과정에서 부모가 학교방문과 개별화교육지원팀 회의 및 특수교사와의 상담을 어려워하는 경우가 발생하는데 이러한 경우, 교사의 노력이 어떠하냐에 따라 부모의 참여율을 유도할 수 있다. 알림장이나 메모장을 활용하거나 방과후라도 학부모와 의사소통을 위한 노력을 할 경우 부모의 참여가 가능하기 때문에, 교사들은 학교입장에서가 아니라 부모의 입장에서 부모를 참여시킬 수 있는 방안을 마련해야 한다.

셋째, IEP를 좀 더 효율적으로 실행하기 위해서는 학교운영의 관리직의 인식개선이 필수적이다. 학교운영관리자는 학교운영의 방향과 구체적인 실행을 결정하기 때문에 이들이 어떠한 생각을 가지느냐에 따라 특수교육대상 아동들에게 적합한 교육과 개별화교육을 보장하는 기초가 된다.

넷째, IEP의 효율적인 운영을 위해서는 모든 교사, 특히 교육경력이 많은 일반교육 전공 교사를 대상으로 하는 IEP 관련 연수 기회의 확대가 필요하다. 최근 교사 양성대학에서 특수교육개론 관련 과목을 교직에서 다루게 됨으로써 상대적으로 교육경력이 적은 교사일수록 IEP나 특수교육에 대한 인식은 어느 정도 되어 있는 것으로 생각할 수 있다. 앞으로 통합교육을 담당하는 교사들을 위한 과제로는 일반학급 교사와 특수학급 교사가 공동의 책임의식을 갖고 IEP를 개발하여야 하는 당위성에 대한 인식 함양이 필요하다(강민채, 박현주, 2012).

여섯째, IEP 지원팀의 일원인 학부모들에게도 IEP 수행에 있어 학부모는 특수교육대상 학생에 관한 중요한 정보제공자이며 IEP의 성공적인 실행을 위한 공동수행자 혹은 적극적인 보조자로 활동할 수 있으므로, 학부모가 IEP 수행에 적극 참여할 수 있는 방안도 마련되어야 한다.

제6장

장애유아의 문제행동 개입방안

1. 행동의 학습 가능성
2. 행동수정 원리에 따른 구체적인 지도방법
3. 바람직한 행동의 보상방법
4. 바람직하지 않은 행동의 수정방법
5. 긍정적인 행동지원

| 학습목표 |

- 장애유아의 행동수정 원리를 알 수 있다.
- 문제행동에 대한 행동수정 기법을 이해할 수 있다.
- 상황에 따른 행동수정 원리를 이해할 수 있다.

교실 내에 부적절한 행동을 보이는 유아가 있는 경우, 교사는 이들의 행동문제를 예방하고 통제하기 위해서 체계적이면서도 일관성 있는 시스템을 필요로 한다. 일반적으로 일반학급 교사는 다수의 학생들을 대상으로 하기 때문에 이와 같은 행동 통제 시스템은 학급 전체를 대상으로 해야 하며, 그러면서도 특정 유아의 특정 문제에 개별적으로 접근할 수 있는 융통성을 지녀야 한다. 유아의 문제행동을 다루기 위한 행동 통제 시스템에 적용되는 기본적인 원리는 다음과 같다.

- 행동은 학습될 수 있다.
- 문제행동이 발생할 경우, 행동의 선행사건과 후속결과를 함께 고려해야 한다.
- 주의 깊은 교실 환경 구성을 통해서 문제행동을 감소시킬 수 있다.
- 강화 제거 및 혐오적 자극에 의해서 행동 발생을 감소시킬 수 있다.
- 행동의 후속결과를 선정할 때에는 아동에게 의미 있는 것으로 선택해야 한다.

1. 행동의 학습 가능성

교사들은 장애유아의 문제행동을 직접적으로 다루기에 앞서서 행동이란 학습될 수 있다는 사실을 먼저 기억해야 한다. 장애유아가 보이는 문제행동은 유아의 과거의 경험이나 잘못된 강화에 의해서 학습된 것일 수도 있으며, 적절한 행동을 학습하지 못해서 나타나기도 한다.

유아들이 잘못 학습된 문제행동을 교정하기 위해서는 기존의 문제행동을 대체해 주는 동일한 기능의 새로운 행동을 제시하고 습득시켜야 한다. 이때 새로운 행동을 학습하는 방법이나 속도는 유아마다 다르기 때문에, 특히 개별적인 특성이 강조되는 장애유아의 경우 개별화된 접근이 매우 중요하다. 예를 들어, 장애유아는 새로운 행동을 학습할 수 있는 잠재력을 지니고 있지만, 그 방법에 있어서 일반 학습의 비장애유아보다 좀 더 체계적인 행동 통제 프로그램을 필요로 하기도 한다.

1) 교사의 행동이 유아의 행동에 미치는 영향

(1) 교사는 유아의 행동에 대한 일관성 있는 반응을 한다

유아에게 어떤 행동적 문제가 있을 때, 그것은 생물학적 결함에 의한 것이 아닌 경우에는 학습된 것이라는 가정을 한다. 따라서 유아들은 자신의 행동 이후에 따르는 결과에 따라 그 행동을 지속할 것인지 멈출 것인지를 결정하게 된다. 학급에서 유아는 교사의 반응에 따라 어떤 행동을 할지 결정한다. 유아 행동의 옳고 그름에 대한 교사의 반응이 예측 불가능할 때 유아는 어떻게 행동해야 하는지 학습할 수 없다. 따라서 유아들은 자신의 적절한 행동이나 부적절한 행동에 대한 결과를 반드시 알아야 한다. 교사는 유아들에게 행동 수행에 대해서 분명하게 지시해야 하며, 행동에 뒤따르는 상벌 적용에 일관성 있는 태도를 취해야 한다.

(2) 교사는 유아의 적절한 행동에 대한 칭찬을 한다

학급 내에서 교사들이 보이는 가장 잦은 실수는 유아가 적절한 행동을 보이는 때에는 아무 관심을 보이지 않고 무시하다가 부적절한 행동을 보일 때에만 교사가 관심을 보이는 경우다. 예를 들어, 자리이탈을 자주 하는 주의산만 경향의 유아에게 자리에 앉아서 과제를 하고 있을 때는 아무 관심을 보이지 않다가 자리에서 일어났을 때 주의를 주기 위해 유아에게 관심을 기울이는 경우, 교사는 자리에서 이탈하는 행동을 강화하는 실수를 하게 된다. 교사는 의식적으로 유아가 적절한 행동을 보일 때 관심을 보이고 칭찬을 주어야 하며, 부적절한 행동을 보일 때에는 교사의 관심을 받을 수 없음을 분명하게 해야 한다.

(3) 교사는 유아의 능력 수준에 맞는 기대 및 요구를 한다

유아를 향한 교사의 기대가 너무 높을 때, 유아들은 부담감을 느끼고 실패를 경험하게 된다. 반대로 유아를 향한 교사의 기대가 너무 낮을 때, 유아들은 지루해하거나 흥미를 잃기도 한다. 교사는 자신의 기대 수준이 각 유아의 개별적인 능력 수준에 맞는지 확인하고 진도가 진행됨에 따라 각 유아가 적절한 수준의 도전감을 느낄 수 있도록 도와주어야 한다.

(4) 교사는 유아의 개별성에 대한 참을성을 가져야 한다

유아도 성인과 마찬가지로 자신의 독특한 특성을 표현할 자유과 권리가 있다. 많은 유아가 지나치게 획일적인 요구나 통제에 대해서 반감을 나타내기 때문에 교사는 학급 규칙이나 교사의 기대가 적당한 수준에서 유아의 개별적인 선호도나 특성을 나타낼 수 있는 융통성을 지녔는지 확인해야 한다.

(5) 교사는 유아에게 유용한 것을 교수해야 한다

사람들은 자신이 하고 있는 일의 목적을 알지 못할 때 일에 대한 의욕이나 능률이 떨어진다. 교사는 우선적으로 가르쳐야 할 가장 중요한 내용을 선정해야 하며, 유아에게 학습의 중요성과 가치를 분명하게 알려 주어야 한다. 그래도 유아가 학습의 이유를 이해하지 못하면 성취에 대한 보상을 제공하는 등의 흥미로운 교재나 방법을 사용해서 먼저 학습 활동에 관심을 갖게 해야 한다.

(6) 교사는 유아가 관찰할 수 있는 바람직한 모델이 되어야 한다

교사는 유아들이 자신의 행동을 모방한다는 사실을 인식하고 자신의 행동을 항상 통제해야 하며, 필요한 경우 수정도 해야 한다. 또래의 바람직한 행동에 대해서 관심을 보이고 칭찬함으로써 다른 유아들이 관찰하고 모방하도록 유도한다.

(7) 교사는 문제에 대한 새로운 방침을 시도하거나 동료나 전문가의 도움을 받도록 한다

다른 사람의 제안을 무시하고 새로운 방법의 시도를 거부하는 교사는 장기적인 안목에서 유아의 행동을 성공적으로 통제할 수 없다. 가장 유능한 교사들도 경우에 따라서는 다른 사람의 도움을 필요로 하기 때문에 외부를 향해서 항상 열린 마음의 자세를 갖는 것이 중요하다.

2) 선행사건 및 후속결과에 따른 행동 발생

문제행동이 발생할 경우, 문제가 되는 행동만이 아닌 행동의 전후에 발생하는 선행사건과 후속결과를 함께 고려해야 한다. 선행사건과 후속결과는 행동을 통제하는 데 있어서 매우 중요한 역할을 하는데, 행동의 전후에 발생하는 선행사건이나 후속결과를 조절함으로써 새로운 행동을 학습시킬 수도 있고 기존의 행동을 조절할 수도 있다. 일반적으로 선행사건이 특정 행동에 영향을 미친다고 판단될 때 교사는 행동을 통제하기 위한 수단으로 후속결과보다는 선행사건의 조작을 먼저 시도해야 한다.

경우에 따라서는 선행사건과 후속결과를 동시에 조절하는 방법을 사용할 수도 있다. 선행사건과 후속결과를 동시에 조절하는 것은 행동을 변화시키는 가장 효과적인 방법으로 알려져 있는데, 예를 들면 유아가 교실의 규칙을 잘 따르지 않을 경우 교실의 규칙을 약간 수정(선행사건의 조작)하고 규칙을 잘 따를 때마다 자유 시간을 조금씩 주는(후속결과의 조작) 방법은 유아의 학급 규칙 따르기 행동을 증가시킬 것이다.

3) 교실 환경 구성을 통한 문제행동의 감소

교실의 물리적 구조, 교실 내에서의 이동 반경, 교수 프로그램의 질 등의 교실 운영과 관련된 모든 요소는 문제행동의 정도나 발생 빈도에 중요한 영향을 미친다.

(1) 물리적 환경

교실 구조와 가구들로 이루어지는 환경을 말한다. 교실의 환경구성에서 가장 우선해야 할 사항은 교실의 물리적 배치다. 이를 위하여 점검해야 할 사항은 다음과 같다.

- 안전하고 위험물이 없는 환경
- 실내온도, 조명, 소음수준, 환기 등이 고려된 상쾌한 학습환경
- 적절한 크기와 성격의 가구 및 교재
- 정기적인 활동과 과제, 교재 및 교구, 집단의 크기 및 특성 등을 고려한 기능적인 공간 구성
- 교수목표를 고려한 좌석 배치

(2) 교수 환경

교사가 사용하는 교수방법을 결정하고 교육과정에서 사용되는 교재 및 교구 등의 배치 및 활용을 포함한다.

- 정해진 교과 과정의 내용 안에서 가르칠 기술과 지식들을 필요에 따라 다르게 구성한다.
- 교수 활동을 위해서 학생들을 적절한 크기와 성격의 집단으로 나눈다.
- 학생의 행동에 대한 적절한 규칙과 지시를 제공한다.
- 체계적인 자료 수집 방법을 사용하여 개별 유아의 진도를 지속적으로 점검한다.

2. 행동수정 원리에 따른 구체적인 지도방법

1) 학급에서의 행동의 평가

교사들은 학급에서 유아의 행동의 평가하고자 할 때 다음과 같은 어려움을 느낀다. 첫째, 행동관찰을 할 시간이 부족하다고 느낀다. 대부분의 교사는 학급의 일이 많아서 자료를 수집할 시간이 부족하다. 이러한 문제를 해결하기 위하여 현재 교사가 가지고 있는 자료가 향후 학생을 위해 유용한 자료가 되도록 하는 것이 중요하며, 자료 수집에 필요한 시간을 줄이도록 한다.

둘째, 행동측정이 수업에 도움이 되지 않는다고 느낀다. 이것은 교사가 유용한 자료를 수집하지 않기 때문에 수업에 도움이 안 된다고 느끼는 것이므로 학생이 성취해야 할 목표를 더 잘 측정하는 것이 중요하다.

2) 체계적인 관찰을 위한 지침

- 직접적으로, 섬세하게 관찰할 수 있어야 한다.
- 목표행동이 일어나는 비율이나 행동자체를 정확하게 포착할 수 있도록 충분히 긴 관찰시간을 둔다.
- 행동이 일어나고 있는 곳에서 관찰하고 기록한다.
- 관찰시간을 비교적 일정하게 유지해야 한다.
- 한 번에 한 가지 행동만 정의하여 관찰하고 기록한다.
- 가급적 여러 상황에서 행동을 관찰해야 한다.
- 학교 외 다른 환경에서 관찰한다면, 정해진 절차를 준수해야 한다.

3) 기능평가

기능평가(functional assessment)는 특정한 행동이 개인에게 제공해 주는 기능 혹은 행동의 의도를 분석하는 정보 수집 과정이다. 기능평가를 할 때에는 어떤 선행사건이 그 행동을 일으키고, 어떤 결과가 그 행동을 유지시키고 있으며, 부적응행동과 동일한 기능을 할 수 있도록 어떤 적절한 대체행동을 가르칠 수 있는지를 파악할 수 있는 평가 기법이다. 기능평가를 위해 주의 깊게 관찰해야 할 사항은 다음과 같다.

표 6-1 기능평가를 위한 관찰의 내용

〈관찰의 내용〉
1. 부적응행동의 유형은? (기술식 표현)
2. 부적응행동은 언제 얼마나 자주 나타나는가? (특정 시간, 빈도)
3. 부적응행동은 어디에서 얼마나 자주 나타나는가? (교실, 운동장)
4. 부적응행동이 일어날 때 어떤 과제나 활동을 하고 있었는가?
5. 부적응행동이 일어날 때 그 과제나 활동은 어떤 특성을 지녔는가?
   (과제시간, 선호도, 난이도, 신기성 여부)
6. 부적응행동이 일어날 때 어떤 자료(도구)가 제시되었는가?
7. 부적응행동이 일어날 때 누가 그곳에 있었으며, 어떤 일을 하고 있었는가?
8. 부적응행동이 일어나기 전에 어떤 상황이었고, 문제행동 후에 어떤 결과가 뒤따르는가?
   (수업, 숙제/꾸중, 칭찬)
9. 부적응행동은 어떤 요인과 관련이 있는가? (심리적 요인, 소음수준)

4) 기록전략

(1) 빈도 기록

간단하고 불연속적인 대부분의 행동에 대한 관찰의 한 방법이다.

표 6-2 피겨스케이트 선수가 연습 동안 수행한 점프와 회전의 빈도 측정

수	전체	시간	소
//// ////	10회	10분	5분 동안 다른 선수들과 잡담함
////	5회	5분	

빈도 기록은 종이나 연필, 기타 장비를 사용하며, 기록의 간편함을 위하여 마스킹 테이프를 손목이나 손목시계 등에 붙이고 행동 발생마다 기록하거나, 동전이나 종이클립을 한쪽 주머니에 넣고 있다가 다른 쪽으로 옮기는 등의 방법을 활용할 수 있다.

(2) 지속시간 기록

어떤 기간 내에 행동이 일어나는 시간의 길이를 측정하는 데 유용한 방법이다. 예를 들어 주목하여 듣기, 텔레비전 보기, 전화 통화하기 등은 빈도보다 시간의 길이가 더 중요할 수 있다.

(3) 반응지연 기록

자극이 발생해서 반응을 하기까지의 시간을 말한다. 예를 들어, 교실에서 한 아이는 한번 시작하면 능률적으로 공부하지만, 그 이전에 꾸물거리거나 자리를 이탈하는 등의 잠재기간을 보인다. 즉, 교사가 요구하면 바로 시작하지 않고 한참을 빈둥거리는 유아의 경우, 반응지연 시간을 측정하는 것이 유용한 자료다.

(4) 간격기록

특정 시간대의 행동을 기록하는 방법으로 연속기록과 간격기록으로 구분된다.

① 연속기록

특정 시간대 동안 모든 행동을 기록하는 것을 말한다.

② 간격기록

특정 시간(30분, 1시간 등) 간격이 선택되고, 그 시간은 상대적으로 짧은 간격을 똑같이 나눈다(10초, 30초, 1분 등). 특정 행동이 그 간격 동안 발생했는지 않았는지를 기록한다. 예를 들어, 15분 동안 10초 간격으로 말하기 행동의 유무를 측정하고자 하는 경우, 10초 간격으로 "삑"소리가 나면 행동이 발생할 경우 막대기표를 그린다.

표 6-3 간격기록의 측정

	관찰간격(매 10초)															
					5					10					15	전체
말하기			/	/		/	/			/	/	/	/		/	9

(5) 시간표집

하루 종일 관찰하기가 어렵기 때문에 시간 기간을 좀 더 길게 나눈 후에 그 시간에서 일부분의 짧은 시간 간격을 잡는다(1시간 중 15초). 짧은 관찰간격 동안 행동이 발생하면 그 행동은 점수로 매긴다. 다음 그림의 경우, 10초 동안 아동을 관찰하고, 다음 10초 동안 기록한다. 한번 하고 나면 다음 1시간 이후에 반복 관찰한 후 기록한다.

표 6-4 시간표집의 기록

시간	행동			위치			소견
	앉기	서기	흔들기	주방	거실	침실	
Am 9:00							
10:00							
11:00							
12:00							
Pm 1:00							
2:00							

3. 바람직한 행동의 보상방법

1) 강화법

(1) 효과적인 강화

한 행동을 향상시키거나 증가시키기 위해서는 바람직한 행동을 할 때마다 즉각적인 강화를 제공하는 것이 효과적이다. 이 경우 유념해야 될 점은 다음과 같다.

첫째, 강화를 주는 시기가 결정적인 역할을 한다. 학습 초기에는 행동을 한 직후 즉각적으로 강화하여야 한다. 즉각적인 강화는 새로운 행동이나 향상된 행동을 확고히 다져 가는 데 필요하지만, 일단 그 행동이 완전히 학습된 후에는 즉각적인 강화가 항상 따르는 것이 아니라는 사실을 유아가 알도록 도와주어야 한다.

둘째, 강화물은 주의 깊게 선택되어야 한다. 강화물은 유아의 흥미를 충분히 끌 만큼 강력한 강화물을 선택해야 한다. 또한 강화물의 가치는 증대되기도 하고 감소되기도 하며, 한 강화물의 계속적인 사용은 그 효과를 감소시킬 수도 있다. 강화물을 사용할 때 강화물을 반드시 미리 지정해 놓을 필요는 없다. 예기치 않은 강화물이 때로는 매우 효과적이기 때문이다.

셋째, 강화물을 주는 사람에 따라서 강화의 효력이 다르다. 유아에게 권위 있는 사람이 가장 강력한 강화수행자가 되며, 한 행동을 강화하기 위해서 여러 강화수행자가 협조할 수 있다. 궁극적으로 각 유아는 자신을 강화하도록 배워야 한다. 유아가 자신의 행동을 판단할 수 있는 행동 기준을 학습하도록 해 주어야 하며, 유아 스스로 강화 받는 것이 마땅하다고 느낄 때에는 자기 스스로를 강화할 수 있는 방법들을 개발하도록 도와주어야 한다.

(2) 강화에 대한 잘못된 생각

강화는 적절하게 사용할 경우 바람직한 행동을 증가시킬 수 있지만, 잘못 적용할 경우 오히려 잘못된 행동을 강화하는 결과를 낳을 수도 있다.

첫째, 달래는 것은 강화가 아니다. 달랜다는 것은 실제로 바람직한 행동을 하기 전에 어떤 행동을 하도록 설득하는 것을 말한다. 그러나 대부분의 경우, 이러한 설득이 유아에게 관심을 주어 오히려 잘못된 행동을 강화하는 일이 많다.

둘째, 뇌물은 강화가 아니다. 강화는 바람직한 행동에는 물론 바람직하지 못한 행동에도 작용한다. 강화는 강력한 도구이기 때문에 현명하게 사용될 수 있을 뿐 아니라 악용될 수도 있다. 뇌물로 쓰이는 강화는 잘못 사용된 것이다.

셋째, 강화원리 이용에는 한계점이 있다. 아무리 강화의 효과가 크다고 해도 각 개인에게는 그가 성취할 수 있는 한계가 있다. 따라서 유아의 현 발달수준을 정확히 평가하고 그에 합당한 목표를 계획하는 것이 필수적이다.

(3) 적극적 강화와 소극적 강화

① 적극적 강화(정적 강화)

어떤 반응 또는 행동에 대하여 그 행동의 빈도나 강도를 증가시키는 자극을 제공하는 것으로, 개인의 행동을 증가시키는 행동수정의 가장 기본적인 방법을 말한다. 유아가 스스로 책을 읽어 엄마가 칭찬해 주자 점점 책을 읽는 빈도가 증가하는 현상을 말한다.

② 소극적 강화(부적 강화)

어떤 반응 또는 행동에 대하여 주어지던 자극을 제거함으로써 그 행동의 빈도나 강도를 증가시키는 것을 말한다. 바깥의 소음을 줄이기 위해 창문을 닫았더니 소리가 들리지 않는 것을 깨닫고, 이후에는 소음을 듣지 않기 위해 스스로 창문을 닫는 행동을 하는 것이다.

〈적극적 강화와 소극적 강화의 공통점과 차이점〉

적극적 강화와 소극적 강화는 표적행동의 빈도를 증가시킨다는 점에 있어서는 같으나 차이점은 적극적 강화를 적용할 때는 어떤 행동이 일어나는 상황에서 그 유아가 원하는 특정 보상(과자, 장난감, 칭찬, 바깥놀이 등)을 주게 되고, 소극적 강화를 적용할 때에는 그 유아가 싫어하는 혐오자극(많은 과제물, 찡그리기, 소음, 억류 등)을 제거해 주는 것이다.

〈벌과 소극적 강화의 차이점〉

벌은 혐오자극을 제공함으로써 행동의 빈도를 감소시키거나 강도를 약하게 하는 기능을 한다. 혐오자극 상황을 변경시킬 주도권은 벌을 가한 자에게 있고 벌을 받는 자에게는 없다. 소극적 강화는 행동의 강도나 빈도를 증가시키는 기능을 하며, 혐오자극의 제공이 아니라 제거에 의해서 이루어진다. 혐오자극을 제거할 주도권은 혐오자극 상황에 처한 자에게 있다.

(4) 강화계획

① 연속강화계획(continuous reinforcement schedule)

개인이 소정의 행동을 할 때마다 매회 연속해서 강화하는 것으로 이것은 개인의 행동을 증가시키거나 새로운 행동을 빨리 학습하도록 도와주기 위해 사용하기 가장 좋은 계획이다.

② 소멸계획(extinction schedule)

어떤 행동을 할 때 전혀 강화하지 않는 것이다. 그 결과 그 행동은 매우 낮은 수준으로 감소되거나 없어진다.

③ 간헐강화계획(intermittent reinforcement schedule)

어떤 때는 강화하지 않지만 어떤 때는 강화를 한다. 간헐강화계획의 한 가지 이점은 연속강화계획보다 소멸에 더 저항적이라는 것이다. 행동수정의 초기 단계에서는 연속강화가 효과적이나, 도달점 행동을 학습시킨 후에는 연속강화에서 간헐강화로 서서히 전환하는 것이 안전하며 효과적이다. 간헐강화계획에는 다음과 같은 것들이 있다.

첫째, 정기강화계획(Fixed-interval reinforcement schedule: FI)은 일정한 시간을 정해 놓고 그 시간이 끝난 후 제일 처음에 발생한 행동에 대하여 정기적으로 강화하는 것이다. 매주 수요일마다 숙제검사를 한다면 학생들은 수요일이 다가오면 밀린 숙제를 부지런히 하다가 수요일 숙제검사가 끝나면 또다시 숙제를 소홀히 한다.

둘째, 부정기강화계획(Variable-interval reinforcement schedule: VI)은 강화의 시간적 주기를 일정하게 하는 것이 아니라 그 주기를 변화시키는 방법이다. 그러나 시간의 평균 주기는 지켜야 한다. 예컨대, '5분 부정기 강화계획(VI−5분 계획)'의 경우, 실제로는 3분 후, 7분 후, 2분 후, 8분 후 한 번씩 강화하여 시간 주기의 평균이 5분이 되도록 하는 것이다. 숙제 검사하는 날이 일정하지 않을 경우, 학생들은 꾸준히 숙제를 해 올 것이다.

셋째, 정률강화계획(Fixed-ratio reinforcement schedule: FR)은 일정한 수의 반응을 행한 후에 한 번씩 강화하는 방법이다. 예컨대, '정률강화계획 10(FR-10)'이란 어떤 행동을 열 번 할 때마다 한 번씩 강화하는 것 말한다. 정률강화계획에 따라 행동을 강화하면 일반적으로 높은 반응률을 얻을 수 있다. 그러나 강화를 받는 즉시 얼마동안은 아무런 행동을 하지 않고 쉬는 현상이 벌어진다. 정률강화계획에서 강화 후에 반응비율이 감소되는 것을 강화 후 휴지라고 한다. 농장에서 일꾼이 한 바구니의 사과를 딸 때마다 일정한 액수의 품삯을 받는 것을 말한다.

넷째, 부정률강화계획(Variable-ratio reinforcement schedule: VR)은 고정된 반응률에 의하여 강화하는 것이 아니라 반응률의 평균치를 중심으로 강화하는 것이다. 예컨대, '부정률 5(VR-5)'란 평균 다섯 번에 한 번씩 행동을 강화하는 계획이지만, 실제로는 평균 5회를 중심으로 어떤 때에는 일곱 번째, 어떤 때에는 세 번째, 어떤 때에는 여섯 번째, 어떤 때에는 네 번째에 강화하는 것을 말한다. 슬롯머신(slot machines)이나 다른 노름 기구들은 VR계획에 따라 강화를 받기 위해서는 얼마나 많은 반응을 해야 하는지 예상할 수 없게 프로그램이 짜여 있어서, 결국에는 돈을 전부 잃어버릴 것이라고 예상하더라도 사람들은 계속 기계에 동전을 투여한다.

〈행동수정 기법의 효과적인 사용〉

행동수정 기법을 효과적으로 사용하려면 적응행동만을 강화하며, 초기에는 연속강화계획을 사용하되 반응의 지속적인 유지를 위해서는 간헐강화를 사용하며, 간헐강화계획을 사용하되 경과한 시간보다는 수행 적응행동의 빈도에 따라 강화를 주면 된다는 것이다. 또한 예상할 수 있는 계획보다는 예상할 수 없는 계획에 따라서 적응행동을 강화하는 것이 좋다.

2) 프리멕의 원리

Premack(1959)은 빈도가 높은 행동은 빈도가 낮은 행동을 강화할 수 있다는 것을 밝혔다. 이것을 프리멕의 원리라고 한다. 예를 들어, 많이 놀고(확률이 높은 행동) 적게 공부하는(확률의 낮은 행동) 유아에게 공부하는 행동을 길러 주기 위해서는 10분간 공부하게 한 뒤 15분 또는 20분 놀게 한다면, 공부하는 시간을 늘릴 수 있다.

3) 토큰제도

(1) 토큰제도(Token system or token economy)의 의미

다른 강화인자와 교환할 수 있고 모을 수 있는 2차 강화인자를 환권 또는 토큰이라고 한다. 토큰의 예로써는 카드놀이용 칩, 공책이나 칠판에 표시를 해주는 체크표, 전표, 금색 별표 또는 웃는 얼굴의 스티커 등이 있다. 토큰만으로는 강화효과가 거의 없다. 강화효과가 있는 여러 가지 물건이나 일과 교환할 수 있음으로써 강화력을 갖게 된다.

(2) 토큰제도의 장점

- 토큰은 여러 종류의 다양한 강화인자와 교환될 수 있기 때문에 강화인자에 싫증을 느끼게 될 소지가 적다. 즉, 강화의 포화현상을 예방할 수 있다.
- 토큰의 수가 목표량에 도달할 때까지 시간이 오래 걸리므로 강화효과가 오래 지속된다.
- 음식 또는 활동과 같은 강화인자와는 달리 토큰은 행동이 발생한 직후에 직접 제공할 수 있다.
- 토큰은 특정 행동의 수행과 지원 강화인자 사이의 가교효과(go-between effect)를 가지고 있다.
- 여러 가지 다른 종류의 강화인자는 교수-학습활동을 방해할 수도 있지만, 토큰은 그렇지 않다.
- 유아가 장기간 토큰을 저축하여 목돈을 만들어 줌으로써 좀 더 값진 특혜와 교환할 수도 있다.

(3) 토큰제도의 적용범위

토큰제도는 미리 약속을 맺는 것이므로 행동계약법(behavioral contract)의 일종이라는 입장이 있다. 행동계약법인 이상 계약이 성립하는 곳에서는 어디든지 사용할 수 있다. 특정 부적응행동뿐만 아니라 유아의 일상생활을 체계적으로 정돈시키고 좋은 생활습관을 형성시키는 데 효과가 높은 것으로 알려져 있으며 특정 부적응 유아의 개인적 지도와 소그룹 또는 한 학급의 전체 유아를 대상으로 하여 적용할 수 있다.

(4) 토큰제도 실시의 방법 및 유의점

- 유아와 상의해서 어떤 행동을 했을 때 토큰을 받을 것인지 그리고 몇 개를 받을 것인지를 결정한다. 토큰 받을 행동을 너무 많이 정하지 말고 대상 유아의 연령과 특정 부적응행동, 그리고 유아의 능력 등을 고려하여 결정한다. 일반적으로 대여섯 가지 정하는 것이 적합하며, 이 중에서 서너 개는 유아가 쉽게 할 수 있는 것으로 정하고, 한두 개는 교사나 부모가 원하는 행동으로 정한다.
- 치료 대상이 되는 부적응행동을 유아와 상의해서 정한다. 이때 교사는 유아가 자신의 능력에 비해 너무 어려운 문제를 정하지 않도록 유도한다. 그리고 부적응행동을 할 경우에 몇 개의 토큰을 잃을 것인지에 대해서도 유아와 상의해서 정한다.
- 보너스를 받을 수 있는 행동을 한두 가지 정한다. 보너스를 받을 토큰의 개수를 의논해서 정한다.
- 사용할 토큰을 선정한다. 토큰은 돈이라고 가정할 수 있는 것이라면 무엇이든 무방하다. 토큰의 종류를 선정할 때에는 우선 대하게 될 대상과 상황을 고려해야 한다. 아주 어린아이들이나 지적장애아에게는 벽에 붙여 주는 것이 좋다.
- 토큰과 교환될 수 있는 지원 강화인자를 유아와 상의하여 정한다. 교환되는 토큰 값은 평소에 자주 하는 것은 좀 싸게, 특별히 하는 활동은 비싸게 정하는 것이 좋다. 이렇게 함으로써 지원 강화인자를 별로 노력하지 않고 쉽게 손에 넣을 수 있는 데 따른 강화의 포화현상과 반대로 토큰을 얻어도 좀처럼 지원 강화인자를 받지 못하게 되는 데 따른 소멸현상을 막을 수 있게 된다.
- 위의 내용을 일정 기간에(보통 1주일 단위로 함) 한 번 검토한 후 강화인자의 종류나 토큰의 양을 재조정한다.

(5) 토큰제도를 시행할 때의 유의할 사항

- 문제행동으로 인해 토큰을 잃어야 할 상황에서 부도가 나지 않도록, 아이에게 토큰을 벌 수 있는 기회를 많이 만들어 준다.

- 토큰제도 시행 중에는 토큰을 잃게 되는 약속된 법칙 이외에 처벌을 하거나 야단을 쳐서는 안 된다. 그렇지만 어떤 행동을 하면 토큰을 몇 개 벌 수 있다든지, 잃게 된다든지 하는 예방적인 경고는 가끔 해도 된다.
- 약속된 내용은 반드시 지켜져야 한다. 따라서 교사나 부모는 아이의 환심을 사기 위한 수단으로 지킬 수 없는 허황된 보상을 약속하는 일이 없도록 한다.
- 바람직한 행동에 토큰을 제공하는 것이 물품으로 사람을 조종하려는 것이 아니라 자신의 행동 개선을 위한 노력을 격려하는 것으로 이해되도록 언어적 칭찬을 병행한다.
- 장애유아 중에는 토큰에 대한 가치를 이해하지 못하여 호기심조차 보이지 않는 경우가 있다. 그럴 때에는 토큰 한 개와 좋아하는 간식을 맞교환하는 연습을 여러 번 실시함으로써 토큰을 좋아하게 만든 후에 토큰을 보상으로 사용한다.
- 학생들이 학급에서 얻은 토큰을 집에서 지원 강화인자와 바꾸도록 하는 방법도 있다. 이 경우 부모가 협조할 수 있는지 확인할 필요가 있다.

4) 자기강화

강화인자의 제공자가 타인인가 또는 자기 자신인가에 따라 외적 강화와 자기강화로 나누어 볼 수 있다.

(1) 외적 강화

강화인자를 행동 주체가 아닌 타인이 제시한 결과에 따라 행동의 조절이 이루어지는 것을 말한다. 대부분의 행동수정의 경우, 외적 강화에 따라 행동수정 프로그램이 시작된다. 예를 들어, 과제를 시간 내에 잘 수행하면 교사가 칭찬을 하는 경우, 장난감을 제자리에 갖다 두었을 때 엄마가 머리를 쓰다듬어 주는 행위 등을 들 수 있다.

(2) 자기강화

강화인자(self-reinforcement)의 제공자가 타인이 아니라 행위자 자신의 계획에 의해 이루어지는 것을 말한다. 스스로 계획한 공부를 끝마치고 난 이후에 간식을 먹도록 본인이 정한 후 그렇게 행동하는 경우를 들 수 있다.

5) 조성법

(1) 조성법(shaping)의 의미

유아에게 새로운 행동을 하도록 하기 위하여 사용되는 행동수정 과정을 말한다. 조성법을 통한 행동수정의 과정은 목표행동(target behavior)에 도달하기까지의 행동을 단계적으로 세분화하여 작은 단계를 설정한 다음 강화법을 사용하여 이것을 단계에 따라 차례로 수행하게 함으로써 최종적으로 목표행동을 획득하게 하는 방법이다.

조성법은 언어지도나 기본생활습관지도, 기능 습득 등 교육현장이나 치료현장에서 광범위하게 활용되고 있으며, 동물을 훈련시킬 때도 조성법이 많이 사용되고 있다.

(2) 조성법의 시행 절차

- 단계 1: 목표행동(terminal behavior)을 구체화한다. 최종적으로 바라는 행동을 목표행동이라고 한다. 목표행동은 분명하고 구체적인 행동으로 정해야 한다.
- 단계 2: 시발점행동(starting behavior)을 선택한다. 목표행동을 향하여 점진적으로 접근할 수 있는 첫 단계의 행동을 시발점행동이라고 한다. 아이의 행동을 면밀히 관찰하여 아이가 현재 쉽게 할 수 있는 행동 중에서 시발점행동을 선택한다.
- 단계 3: 조성단계(shaping step)를 설정한다. 목표행동과 시발점행동을 구체적으로 정했다면, 이번에는 시발점행동에서 목표행동에 이르는 중간단계를 설정

하여야 한다. 조성단계를 얼마나 적절하게 잘 설정하였는가에 따라서 행동 조성의 성패가 좌우된다.

- 단계 4: 적절한 강화인자를 선정한다. 최적의 강화인자는 행동조성 대상자가 좋아하는 물건이나 활동 등이다.
- 단계 5: 계획을 실행한다.

(3) 조성법 프로그램을 운영할 때 유의할 사항

프로그램을 운영하기 전에 대상자에게 앞으로의 계획에 대하여 말하고, 시발점 행동이 일어날 때 즉각적으로 강화하도록 한다. 대상자가 현 단계의 행동을 완전히 익히지 못했을 경우에는 다음 단계로 넘어가지 않도록 하며, 어느 한 단계에 너무 많이 또는 너무 적게 강화를 주지 않도록 한다.

6) 행동연쇄법

(1) 행동연쇄법의 의미

일련의 순서가 있는 과제를 여러 단계로 나누어 보다 쉽게 만든 후, 한 번에 한 단계씩 수행하게 하면서 각 단계의 수행마다 강화하여 목표행동에 도달하도록 가르치는 방법을 행동연쇄법(chaining)이라고 한다. 연쇄 속의 각 고리는 다음 반응을 수행할 변별자극이 된다. 행동연쇄법은 지적장애아나 자폐아 등의 지도에 많이 사용되고 있는데, 이 닦기, 옷 입기, 배변 훈련, 식사지도와 같은 기본생활습관지도나 자전거 타기, 악기 연주, 무용 등과 같은 복잡한 기술이나 동작의 지도, 전화 사용법, 물건 사는 법 등과 같은 일상생활 기술 등을 지도하는 데 널리 사용된다.

<행동연쇄법과 조성법의 공통점과 차이점>

행동연쇄법와 조성법의 공통점은 두 기법들은 모두 새로운 행동을 산출하기 위한 방법이며 한 과제가 완성되지 않은 상태에서 보상을 준다는 것이다.
행동연쇄법와 조성법의 차이점은, 첫째, 조성법은 행동연쇄법에 비하면 단계가 일정하게 정해지지 않은 상태에서 목표행동과 유사한 행동이 일어나면 보상을 준다. 그러나 행동연쇄법에서는 단계가 일정하게 정해진 상태에서 단계별로 한 단계가 끝나면 보상을 준다. 둘째, 조성법은 행동의 원래 형태를 새로운 행동으로 점차 변화시킨다. 예들 들면, 말하기에서 음을 가르칠 때 우선 초보적인 음을 강화하다가 그 발음의 질을 차츰 변화시키도록 요구하여 그 발음의 마지막 형태는 시초의 발음을 닮지 않도록 한다. 이에 비하여 행동연쇄법에서는 현존하는 행동(고리)들을 연결하여 새로운 행동을 형성시키기 위해 노력한다. 그러므로 각 고리는 행동의 마지막 형태에서도 여전히 똑같다.

(2) 행동연쇄 프로그램을 운영할 때 유의할 사항

행동연쇄의 단위가 가르치고자 하는 유아에게 큰 어려움 없이 학습될 수 있을 만큼 충분히 간단한 것인지 확인한다. 가르치고자 계획된 행동연쇄의 하나하나는 일정한 순서에 따라 가르쳐야 하며, 다음 단계를 가르치기 전에 이미 주어진 단계가 완전히 학습되었는지 확인한다. 그렇지 않으면 배우는 사람에게 그 일이 너무 어렵게 되기 쉽고 또 충분한 강화를 받지 못하게 되기 때문에 이미 배운 행동이 소멸될 수 있다.

4. 바람직하지 않은 행동의 수정방법

1) 포화원리

(1) 포화원리의 의미

유아의 바람직하지 못한 행동을 그만두게 하기 위해, 그 행동에 싫증이 날 때까지 바람직하지 못한 행동을 계속하도록 허용하거나 강요하는 방법이다. 때때로 바람직하지 못한 행동을 계속하도록 허용하는 것만으로 충분하다. 그러나 유아는 그 행동에 정말로 싫증이 나기 전에 자발적으로 그만두거나 그만두었다가 조금 지난 후에 다시 계속하기도 한다. 이와 같은 경우에 싫증을 낼 때까지 그 행동을 계속하도록 강요하는 것이 필요하다. 포화원리는 유아가 바람직하지 못한 행동을 통해 받은 강화가 다른 대체행동을 통해 받은 강화만큼 만족스럽지 못하다는 것을 스스로 발견할 수 있을 때 가장 유용하다.

(2) 포화원리 적용 시 유의할 점

포화의 원리는 다음과 같은 경우 적용될 수 있다. 첫째, 유아의 행동이 크게 해가 되지 않는 경우, 둘째, 유아가 자신의 행동의 결과를 알 필요가 있을 때, 셋째, 유아가 자기 과오를 발견하는 데 도움이 필요할 때 효과적으로 활용될 수 있다.

반면에, 다음과 같은 경우에는 포화원리를 사용해서는 안 된다. 첫째, 행동이 해가 될 수 있을 때다. 예를 들어, 흡연을 고치기 위해 계속 흡연하게 할 경우 결국 흡연을 고칠 수는 있겠지만 건강에 해를 끼치는 경우이므로 이것 역시 고려해 봐야 할 문제다. 둘째, 계속되는 행동이 결과적으로 부가적인 강화를 가져올 때다. 때때로 바람직하지 못한 행동을 계속하고 있는 유아에게 부가적인 강화물이 주어진다. 이러한 경우, 유아에게 포화원리를 적용하여 특정 행동을 싫증나게 하려는 성인이 유아보다 더 먼저 지치거나 싫증을 낼 수도 있다. 셋째, 반복되는 행동이 바람직하지 못한 행동과 다를 때다. 예를 들어, 수업시간에 떠든 아이에게 "나는 수업 중에 떠들지 않겠습니다."를 방과 후 100번 쓰게 하는 것은 문제행동 그 자체보다는 글씨 쓰는 것을 지겹고 싫증나게 만드는 결과를 가져오게 되므로 적절하지 못한 방법이다. 포화원리가 작용되게 하려면 방과 후에 한 시간 동안 떠들게 하는 것이다.

2) 소거원리

(1) 소거원리의 의미

소거란 유아의 바람직하지 못한 행동을 중단시키기 위해 그 행동을 한 후에는 어떤 강화도 받지 못하도록 상황을 조정하는 것을 말한다. 소거는 다음과 같은 경우에 효과적으로 활용될 수 있다. 첫째, 행동 자체가 해롭지 않을 때, 둘째, 강화의 모든 근원들을 통제할 수 있을 때다. 유아의 문제행동을 제거하기 위해 무관심을 보이더라도 타인이 보인 반응을 통해서도 유아는 강화를 얻을 수 있으므로 소거를 사용할 경우, 이러한 경우가 발생하지 않도록 해야 한다.

(2) 소거원리 적용 시 주의할 점

소거원리를 적용하기 위해서는 감소시킬 행동을 선택해야 하는데, 이때 선택된 행동이 소거원리를 관철할 수 있는 상황에서 발생하는 행동이어야 한다. 바람직하지 않은 행동을 유지하게 하는 강화를 통제할 수 있는 방법을 알아내어 바람직하지 않은 행동에 강화를 하지 않고 무시한다 하더라도 유아가 만나는 다른 사람으로부터 강화를 받는 일이 없도록 통제해야 한다. 이 주는 강화를 통제하지 않고서는 소멸의 효과를 기대할 수 없다.

〈자발적 회복〉

소거를 적용한 결과 완전히 감소되었던 행동이 다시 나타나는 경우가 있다. 이를 자발적 회복(spontaneous recovery)이라고 한다. 보통 자발적으로 회복된 행동의 양은 소거가 적용되기 이전보다 적으므로 몇 차례의 소거가 적용된 뒤에는 자발적 회복이 별 문제가 되지는 않는다.

3) 처벌

처벌의 강도가 점차로 증가되는 경우에는, 처벌을 받는 사람이 그 과정에 익숙하게 되어 결과적으로 원래의 필요했던 것보다 더 강력한 처벌이 필요하게 된다. 처벌을 줄 때에는 대안행동에 대한 정적 강화를 병행해야 한다. 대안행동에 대한 정적 강화를 병행함으로써 부적응행동을 빠르고도 크게 감소시킬 수 있다. 중요한 것은 벌은 최후의 수단으로 사용되어야 하며, 특히 체벌은 사용하지 않는 것을 원칙으로 해야 한다.

처벌에는 혐오자극의 제공과 선호자극의 철회의 두 종류가 있는데 선호자극의 철회에 해당되는 것으로 타임아웃과 반응대가 등이 있고, 혐오자극의 제공에 해당되는 것으로 질책, 배상, 과잉교정 등이 있다.

(1) 반응대가

반응대가(response cost)란 특정한 행동에 대한 결과로써 강화인자를 전부 박탈하거나 또는 그 일부를 박탈하는 것이다. 혐오자극을 제시하는 처벌방법은 감정을 상하게 하여 역효과를 낼 수 있는 것임에 비하여 이 방법은 단지 이익을 빼앗는 것이기 때문에 심리적 상처가 크지 않다는 것이 장점으로 인정된다. 그러나 반응대가의 결점은 점수를 잃을 때 거칠어지는 학생이 있다는 점과 학생들이 점수를 다 잃어버리면 더 이상 반응대가의 방법을 적용하지 못한다는 점이다. 적응행동에 대해서는 점수를 주고, 부적응행동에 대해서는 점수를 감하는 양면체제를 적용함으로써 이 문제를 어느 정도 해소할 수 있다.

(2) 타임아웃

타임아웃(time-out, 사회적 고립)이란 바람직하지 못한 행동을 한 뒤 정적 강화를 받을 수 있는 기회를 차단함으로써 바람직하지 못한 행동을 하지 못하게 하는 벌의 한 방법이다. 타임아웃을 실시하려면 대상 유아를 강화요인이 보다 적은 환경으로 보내거나, 또는 현재의 환경에서 강화요인을 줄여 유아의 환경에 강화요인을 적게 만들어야 한다. 타임아웃의 장점은 과격한 공격적인 행동이 일어나는 경우에 그 행동을 제지할 수 있고, 벌을 받는 유아는 타임아웃 시간 동안 스스로의 행동을 반성할 수 있는 기회를 제공해 준다는 점이다. 또한 바람직하지 않은 행동을 유지시키고 있는 강화자극을 발견하기가 쉽지 않거나, 발견했다 하더라도 통제하기 어려울 경우 타임아웃 방법은 적절한 지도방법이다.

(3) 과잉교정

과잉교정은 바람직하지 못한 행동을 바람직한 행동으로 바꾸어 하도록 할 뿐만 아니라 거기에 더 추가하여 과제를 더 부과하는 것을 말한다. 운동선수나 피아노 연

〈과잉교정〉

과잉교정은 특정 행동을 반복시키는 데 따라 시간이 많이 걸린다는 점과 유아 자신이 저지른 행동이 아닌 것도 자기가 책임져야 하는 데 따른 불만이 생기기 때문에 요구행동을 수행하도록 지시하기가 어려운 때가 있다. 그러나 과잉교정을 적절히 사용한다면 규칙을 어기는 유아에게 자신의 부적응행동에 대한 책임을 가르치고, 스스로를 재교육하기 위해 정확한 형태의 행동을 연습시킨다는 점과 자기통제 능력을 기를 수 있는 기회를 제공할 수 있다는 점에서 효과적이다.

습자가 연습을 게을리하면 원래의 연습시간을 초과하여 연습하도록 하는 경우를 들 수 있다.

5. 긍정적인 행동지원

1) 긍정적인 행동지원의 정의

장애유아의 문제행동을 중재하기 위해서 앞서 기술한 바와 같이 다양한 행동수정의 기법을 통해 적용된다. 행동수정은 행동을 증가시키기 위한 강화기법과 문제행동을 감소시키기 위한 다양한 벌의 기법을 적용하게 되는데 이 과정에서 대상 유아에게 때로는 의도하지 않는 심리적인 상처나 부작용을 가져오기도 한다. 행동수정 기법을 적용할 때 제기되는 비윤리적인 훈육에 대한 지적은 그 효과성에도 불구하고 교육적 적용에 있어 보다 긍정적이고 윤리적인 기법의 모색을 하게 하였다.

긍정적인 행동지원(Positive Behavior Support)이란 장애유아가 보이는 문제행동을 감소시키고 예방할 뿐 아니라, 그에게 있어서 꼭 필요한 사회적, 학습적 성과를 달성할 수 있도록 지원하는 체계적이고 종합적인 개별화 전략을 말한다. 여기에는 새로운 긍정적인 행동의 지도를 통해 장애인이 할 수 있는 기능의 범위를 확장하려는 교육적 측면과, 다양한 환경의 재구성을 도모하는 체제개선 측면을 동시에 포함한다. 따라서 문제행동의 감소라는 1차적 목적에 더하여, 장애유아와 가족, 그리고 주변인의 삶의 질 향상을 궁극적 목적으로 하는 지원체계라고 할 수 있다.

긍정적 행동지원의 가장 중요한 목표는 단기간에 문제행동을 감소시키는 것이 아니라 개인의 전반적인 삶의 질에 영향을 미칠 수 있도록 장기간에 걸쳐 지속되는 변화를 만들어 내는 것이다. 그래서 문제가 발생하기 전에 바람직하지 않은 행동이나 사건이 일어날 환경이나 사건을 미리 통제 및 조절하여 유아가 문제행동을 일으키는 대신 바람직한 행동을 하게 하는 것이다. 따라서 긍정적 행동지원은 단순히 문제행동을 없애거나 감소시키는 것뿐 아니라 문제행동을 대체할 수 있는 바람직한 행동을 증진시키는 데 그 목적을 두고 있으므로 교육적이고 예방적이며 대상을 존중하는 중재라는 특성을 지닌다.

2) 긍정적인 행동지원의 특징

긍정적인 행동지원은 사용하는 용어, 행동에 대한 평가 및 중재전략의 면에서 응용행동분석(Applied Behavior Analysis: ABA)에 바탕을 두고 있지만, 행동전문가의 정교한 기능분석(functional analysis)을 바탕으로 하는 임상환경 내에서의 행동수정보다는 교사, 가족, 주변의 사람들이 자연스러운 환경에서 다양한 평가와 지원절차를 사용하여 장애인의 행동을 지원함으로써 전반적인 생활양식의 변화를 도모한다는 점에서 응용행동분석과 구분된다(Turnbull & Turnbull, 2001).

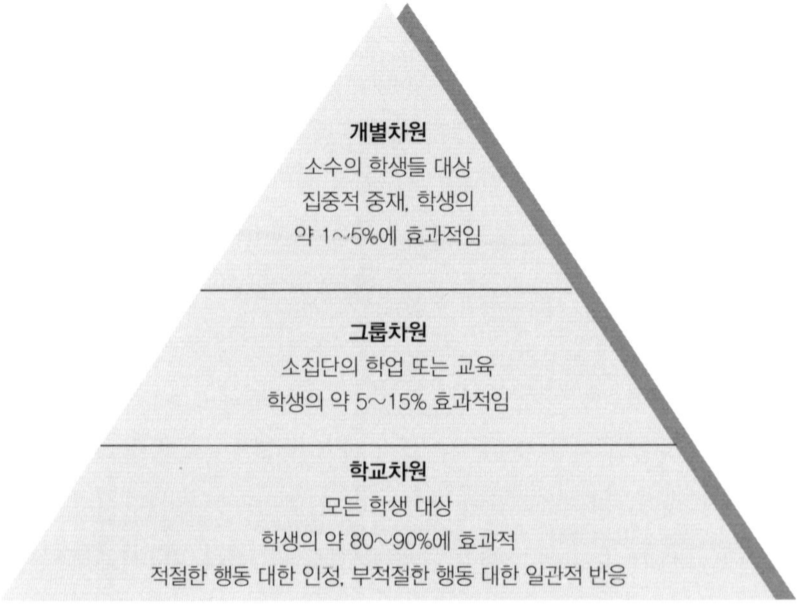

[그림 6-1] 긍정적 행동지원의 세 가지 차원

출처: 정대영(2009). p. 25에서 수정 · 보완함.

긍정적 행동지원은 부적절한 행동을 다루는 관점에 근본적인 변화를 가져왔다. 전통적인 행동수정 기법을 적용할 때 문제행동에 대하여 처벌적이고 사후 반응적인 시각에서 벗어나, 문제행동이 일어나는 것을 사전에 예방하는 것을 강조하며 바른 행동을 가르치고 학습환경을 잘 관리하기 위하여 긍정적이고 교육적인 중재기법을 사용하는 것을 강조한다.

긍정적 행동지원은 중다요소 전략을 사용하는 것에 기초로 하는데, 크게 학교차원(1차원), 그룹차원(2차원), 개별차원(3차원)의 3단계로 구성된다(Loeber & Farrington, 2000). [그림 6-1]에서 보는 바와 같이 1단계는 보편적인 중재단계다. 학교 안에서 모든 학생의 문제행동을 예방하는 것으로 모든 장소에서 실시된다. 전체 구성원을 대상으로 보편적인 전략을 적용하게 되면 대다수 학생의 문제행동이 예방될 것으로 기대된다. 2단계는 전문적인 집단 중재단계다. 1차적 중재에서의 노력에도 불구하고 실패를 경험한 학생들에게 더 큰 실패를 예방하기 위해 지원 전략을 계획하여 실행하는 그룹 중재를 말한다. 방치할 경우, 문제행동이 심각하거나 실패할 가능성이 있는 학생들을 대상으로 실시하게 되는데 문제행동의 예방과 더불어 사회적으로 수용가능한 대체행동기술을 지도한다. 마지막으로 3단계는 집중적 개별 중재단계다. 가장 심각한 행동들을 예방하고 더 나아가 아동의 삶 전체의 실패를 막기 위한 개별적 중재를 실시하는 것이다. 고위험군 행동의 개별중재를 하게 되는데 여기에는 특수교육, 정신건강, 가족서비스 등이 제공되며 종합적인 행동평가에 근거한 개별화된 행동지원 프로그램을 지원하게 된다.

긍정적인 행동지원의 초창기 연구자인 Carr와 그의 동료(2002)는 다음과 같은 사항을 긍정적인 행동지원의 주요 특징으로 정리하였다.

첫째, 삶의 전 단계에 걸친 지원을 한다. 중재를 제공한 후 일정 정도의 시간이 경과한 후에도 중재의 효과가 여전히 나타나고 있는지 관찰하는 유지(maintenance)의 개념을 확장하여, 다년간에 걸친 성장의 단계마다 장애인이 거치는 문제행동의 변화에 민감하게 반응하면서 계속적인 지원을 제공한다.

둘째, 자연스러운 실제 상황에서 지원하며, 장애유아 자신뿐 아니라 가족과 주변인을 포함한다. 엄격하게 구조화된 실험상황보다는, 적절한 행동이 요구되는 바로 그 상황에서 행동을 지원하고, 문제행동을 가진 장애인 자신은 물론 그가 날마다 많은 시간을 함께 보내는 사람들이 적극적으로 참여해야 한다. 따라서 긍정적인 행동지원의 중재방법은 실용적이어야 함은 물론이고, 그러한 지원을 제공하는 과정이 장애인 본인과 그 주변에 있는 사람들에게 수용 가능해야 한다.

셋째, 체제변화를 비롯한 다차원적 접근을 강조한다. 많은 경우, 인간의 행동은 상황의 영향을 받는다는 가정하에, '문제행동'에 앞서 '문제상황'을 먼저 변화시키고자 노력한다. 문제행동 자체가 아닌 직장, 가정, 학교의 여건 개선이 긍정적인 행동지원의 주요 내용에 포함된다.

넷째, 예방을 강조한다. 문제행동이 일어난 직후의 중재를 강조하는 전통적 행동수정방법과 달리, 긍정적인 행동지원에서는 문제행동의 부재시기가 최적의 중재시기라고 규정하고, 문제행동과 같은 기능을 가질 수 있는 적절한 대체행동을 지도하여 문제행동을 사전에 예방하는 데 중점을 둔다.

3) 문제행동의 예방을 위한 환경 재구조화

장애아동이 문제행동을 보였을 때 어떻게 반응해야 할지, 문제행동을 대체할 새로운 기술을 어떻게 가르칠 것인지 등을 고민하기 전에 먼저 환경을 관찰함으로써 문제행동의 발생 가능성을 낮출 수 있다. 이때 '환경'이라 함은 물리적 환경뿐 아니라 사회적, 정서적 환경을 포함하는 것이다. Jones, Dohrn, & Dunn(2004)은 〈표 6-5〉과 같은 요소에 주의를 기울여 환경을 재구조화하면 다수의 문제행동이 불필요해진다는 것을 강조하였다.

표 6-5 변화를 시도해 볼 환경적 요소들

영역	가능한 환경적 지원
성인-아동 상호작용	• 바람직한 행동에 대한 성인의 긍정적 언어를 증가시킨다. • 부적절한 행동에 대한 성인의 관심을 감소시킨다. • 아동이 교사나 다른 성인이 자신을 잘 알고 있고 자신을 좋아한다고 느낄 수 있게 한다.
또래 상호작용	• 아동에게 그의 또래가 자신을 어떻게 대해 주면 좋을지에 대해 말할 기회를 준다. • 또래에게 장애아동을 놀이나 학업활동에 초대하는 방법에 관해 지도한다. • 또래에게 장애아동이 책임감 있는 행동을 했을 때 긍정적으로 반응하는 방법을 지도하고, 부적절한 행동을 보일 때는 관심을 보이지 않도록 지도한다. • 장애아동이 부적절한 행동을 했을 때 I-message를 사용하도록 지도한다.
교수방법	• 복잡한 과제에는 시간을 조금 더 허용한다. • 또래교사를 제공한다. • 아동에게 적절한 완성 기준을 제시하고 평가방법 역시 아동에게 적절한 방법으로 수정한다. • 아동이 자신의 진보를 그래프로 나타내 보여 준다. • 정보를 제공할 때는 다양한 감각적 input을 사용한다. • 지시를 단순화한다. • 아동이 노력하고 있는 동안에는 계속적으로 강화를 제공한다. • 아동 간 상호작용을 위한 기회를 자주 제공해 준다.
배치	• 시각적, 청각적으로 적게 방해받는 곳에 아동을 배치한다. • 배치는 모든 아동이 교사에게 쉽게 접근할 수 있는지를 염두에 두고 결정한다. • 수업 중에도 몸을 움직이거나 자리를 옮겨 다닐 수 있는 기회를 삽입한다. • 조용하게 개별적으로 학습할 수 있는 공간을 마련한다.
교실운영	• 교실전체의 규칙을 만들 때 아동들을 포함시킨다. • 아동이 교실의 행동 규칙을 알고 설명할 수 있도록 지도한다. • 그 학급의 모든 아동이 수립된 규칙을 잘 지킬 수 있도록 지도한다. • 긍정적인 행동을 할 때 빈번한 강화를 제공한다. • 행동 규칙을 잘 따르는 개인이나 모둠을 보상한다. • 위기행동 발생 시 따라야 하는 분명한 절차를 미리 수립해 둔다.

4) 긍정적 행동지원 실행절차

Bambara와 Kern(2005)은 [그림 6-2]에서 나타난 바와 같은 5단계에 따라 긍정적 행동지원을 실시할 것을 제안하였다.

(1) 문제행동의 우선순위화 및 정의

장애유아가 보이는 여러 가지 행동 중에서 가장 시급하게 중재해야 할 행동의 우선순위를 정하고 관찰할 문제행동을 정하는 단계를 말한다. 어떤 행동을 우선적으

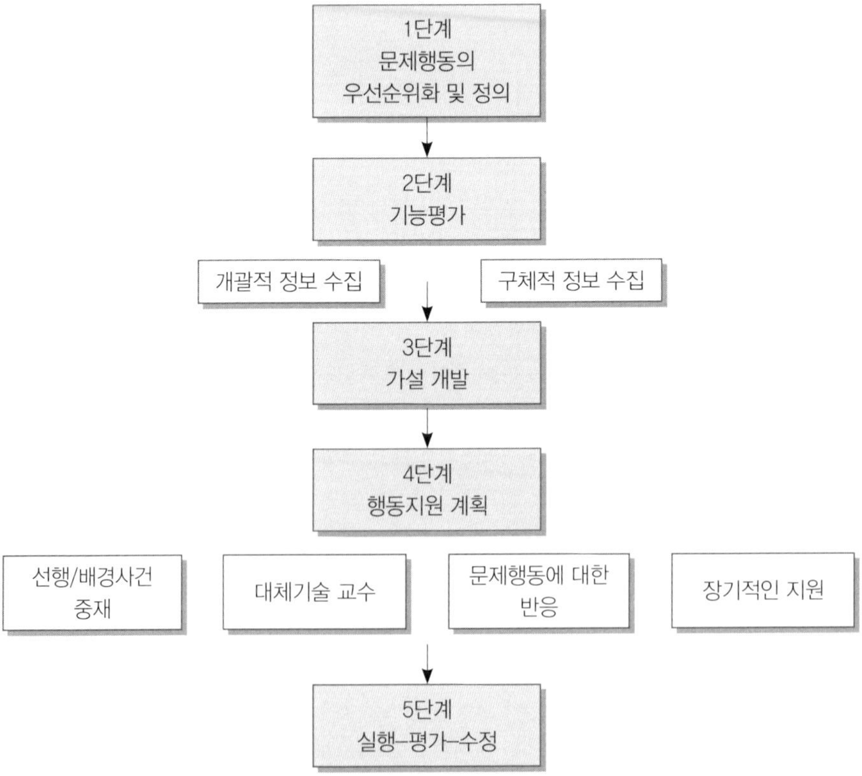

[그림 6-2] 긍정적 행동지원 계획 수행을 위한 절차

출처: Bambara, L. M., & Kern, L. (2005). p. 88.

로 중재하는가의 결정은 그 문제행동으로 인하여 유아의 생활에 지장을 주는 정도에 따라 결정된다. 예를 들어, 파괴행동, 산만행동, 방해행동이 함께 나타나는 경우, 자신과 타인에게 가장 많은 곤란을 주는 행동을 우선적으로 중재하고 순차적으로 목표행동을 변경해 나간다.

(2) 기능평가하기

문제행동의 기능을 파악하기 위해서는 일정 기간 아동을 관찰할 필요가 있는데 체계적인 관찰을 통해 객관적인 입장에서 문제행동의 전후관계를 살펴보도록 한다. 이러한 과정을 통해 매일 나타내는 행동의 빈도에만 초점을 두던 시각에서 벗어나 전체적인 맥락에서 유아가 보이는 행동의 의미를 파악할 수 있게 되는 것이다.

효과적인 관찰을 위하여 〈표 6-6〉과 같은 관찰표에 따라 행동을 관찰할 경우, 보다체계적인 관찰이 이루어질 수 있다. 관찰하는 당시에는 사실적인 기술에 충실하고, 관찰표를 정리할 때 관찰행동의 기능을 정리해 나가는 것이 바람직하다.

표 6-6 문제행동 관찰 양식

이름: 이신우	관찰자: 담임교사	일시: 18. 07. 29. 11:00 AM
선행사건	이야기 나누기 시간에 선생님이 신우에게 질문	
행동	선생님을 쳐다보지 않고 소리 지름	
결과	교사가 아동에게 그만하라고 말하고 다른 친구에게 기회를 줌	
추정되는 문제행동의 기능 자신이 수행해야 할 일에 대한 회피		

관찰을 통해서도 많은 정보를 얻을 수 있지만 동시에 그 아동을 잘 알고 있는 주변인을 면담함으로써 관찰을 보완하는 것도 중요하다. 특히 구어로 의사소통이 어려운 아동의 경우, 그 아동과 오랫동안 상호작용을 해 온 주변인의 설명을 들어 두는 것은 행동지원 계획 수립에 많은 도움이 된다.

아동이 보이는 대부분의 문제행동의 배경에는 그 행동을 통해 성취하고자 하는 기능이 있다. 기능평가란 정보를 수집하여 행동 변인 간의 인과관계를 밝히는 과정으로 긍정적 행동지원의 핵심단계라 할 수 있다. 문제행동의 기능을 바르게 파악했을 때 가장 적절한 중재전략을 아동에게 적용할 수 있으므로 다소 시간이 걸리더라도 아동의 문제행동과 그 맥락을 잘 관찰하여 기능을 파악하는 작업은 행동지도의 필수요소다. 많은 경우, 문제행동은 돌발적으로 또는 진공 상태에서 일어나는 것이 아니라 사회적 맥락(social context) 안에서 일어난다. 문제행동의 기능에 따른 적절한 행동지원의 예는 〈표 6-7〉과 같다.

표 6-7 문제행동의 기능

문제행동의 기능	예	고려해 볼 만한 행동지원
타인의 관심을 얻기 위한 문제행동	선생님이 다른 아동을 도와주고 있을 때 옆의 친구를 때리거나 큰 소리를 내어 선생님이 자신 쪽으로 오게 함	손을 들거나 그림카드를 사용하여 선생님의 주의를 끄는 방법 지도
하기 싫거나 할 줄 모르는 과제나 활동을 회피하기 위한 문제행동	수학을 싫어하는 아동에게 수학 학습지를 풀도록 시켰을 때 시험지를 구기고 찢거나 자리를 이탈함	"도와주세요."라는 아이콘을 교사에게 건네도록 지도
구체적인 사물을 얻기 위한 문제행동	친구가 가지고 노는 물건을 뺏기 위해 그 친구를 때리거나 계속 따라다니면서 같은 말을 반복함	타이머 소리가 나면 갖고 놀던 장난감을 다음 친구에게 넘겨주는 학급 규칙을 수립하고 모든 아동에게 지도
감각조절을 위한 문제행동	거슬리는 소리나 많은 사람으로 인한 자극을 상쇄하기 위해 스스로 큰 소리를 지르거나 물체를 이용하여 큰 소리를 냄	아동의 감각적 특성에 맞는 환경을 조성하고 일정을 조정
무료함으로 인해 습관적으로 일어나는 문제행동	아무런 과제, 활동, 교재, 타인과의 상호작용이 없는 상태일 때 스스로의 손톱을 물어뜯거나 다리를 계속 흔듦	아동이 선호하고, 아동에게 의미 있는 활동을 개발하여 일과에 삽입

(3) 가설 개발하기

기능평가 과정에서 알게 된 행동의 패턴을 이해하여 문제행동이 일어나게 된 상황, 문제행동, 문제행동의 결과 등을 파악하고 면담을 통하여 아동의 심리적, 사회적, 생리적 배경까지 알게 되면 이를 종합하는 가설문장을 만들게 되는데 〈표 6-8〉에서 배경사건, 선행사건, 문제행동, 후속결과를 합하여 만들어지는 문장이 바로 가설문장이다.

표 6-8 가설문장(Hypothesis statements)의 예

배경사건	선행사건	문제행동	후속결과	기능	가설문장
아침에 평상시 오던 길과 다른 길로 옴	자원봉사자가 아이의 머리를 쓰다듬음	자신의 멀리를 때리면 소리지르고 욺	교사가 교실 구석에서 있게 함	거부	머리를 쓰다듬는 행동을 매우 싫어하는데 그러한 행동에 대한 거부반응을 보이고 있으며, 평상시의 규칙과 다른 길로 올 경우 거부의 강도가 더욱 심해짐.
지난 밤에 잠을 제대로 자지 못함	원하는 교구를 친구가 조작하고 있음	친구를 꼬집고 할퀌	할퀌을 당한 아동이 우는 동안 바닥에 떨어진 교구를 가짐	구체적 사물 얻기	원하는 사물을 얻기 위해 그 사물을 가지고 있는 자신의 또래를 꼬집거나 할퀴는 등의 문제행동으로 공격하여 그 사물을 얻음. 잠이 부족한 상태에서는 그러한 행동 발생의 빈도가 높아짐.

(4) 긍정적 행동지원 계획

문제행동의 기능을 파악한 후에는 각 상황마다 문제행동의 기능을 달성하게 해 줄 수 있는 대체행동을 찾아야 한다. 성인의 관심을 받고 싶다는 표현을 문제행동을 통해서 하는 경우, 그 표현을 바람직한 방법으로 할 수 있게 도와주거나 문제행동을 필요가 없게 환경을 조성해 주는 것이 행동지원이다. 긍정적 행동지원 계획에 포함되어야 하는 요소는 〈표 6-9〉와 같다.

표 6-9 긍정적 행동지원 계획의 구성요소

선행/배경사건중재	대체기술 교수	문제행동에 대한 반응	장기적인 지원
• 문제가 되는 선행/배경 사건을 수정하거나 제거 • 긍정적인 선행/배경 사건 도입	• 문제행동과 동일한 목적을 수행하는 대체기술 교수 • 대체기술 및 인내심 교수 • 전반적인 능력을 신장하기 위한 일반적인 기술 교수	• 문제행동이 가져다주는 성과를 감소시킴 • 교육적인 피드백을 제공하거나 논리적인 후속결과 제시 • 위기관리 계획 개발	• 삶의 양식을 변화시킴 • 지원을 지속하기 위한 전략 수행

출처: Bambara, L. M., & Kern, L. (2005). p. 98.

대체행동을 선택할 때 주의할 점은 문제행동보다 더 쉬운 행동이어야 한다는 것이다. 대체행동 자체가 너무 정교하거나, 새로 많은 기술을 배워야 하는 것이라면, 아동은 대체행동이 아무리 긍정적인 행동이라 해도 문제행동을 여전히 사용할 것이다. 예를 들어, 말을 명료하게 하지 못하는 아동이 회피기능의 문제행동을 대체하기 위한 방법으로 "쉬었다 할래요."라는 표현을 하도록 지도한다고 했을 때 그 말을 분명히 발음하기 위해 오랜 기간 발음교정을 받아야 한다면 아동은 그 말 대신 문제행동을 사용하고자 할 것이다. 이 경우, 단어카드나 휴식시간을 의미하는 그림카드를 대화상대자의 손에 건네는 방법을 사용하는 편이 낫다.

(5) 실행–평가–수정

긍정적 행동지원 계획을 실시하고 점검하는 단계다. 대체행동을 지도하고 아동이 문제행동 대신 대체행동을 보일 때 즉각적인 반응을 보여 줌으로써 아동으로 하여금 문제행동보다 대체행동이 훨씬 효과적임을 이해시켜야 하는 행동지원 초기에는 인력과 시간을 집중적으로 투자해야 한다. 이때는 아동이 충분한 성공의 경험을 하도록, 대체행동을 사용할 수 있는 기회를 자주 제공해 주어야 하고, 대체행동을 특정 상황에서 충분히 연습할 뿐 아니라 다른 상황, 다른 상대자에게도 연습을 할 수 있게 해 주어야 한다. 이러한 과정을 거쳐 중재계획이 효과적인지를 평가하도록 한다. 평가를 하는 기준은 문제행동의 감소, 대체기술의 학습 등을 근거로 하며 평가 결과에 따라 계획의 수정을 할지 일반화 단계로 지속할지를 결정한다.

제7장

통합학급에서 장애인식개선 프로그램의 실제

1. 장애인식개선 교육의 필요성
2. 장애인식개선 교육 프로그램의 유형
3. 간접체험 프로그램
4. 직접체험 프로그램

| 학습목표 |

- 통합학급에서 장애인식개선 프로그램의 중요성에 대해 이해할 수 있다.
- 장애인식개선 프로그램의 유형에 대해 알 수 있다.
- 장애인식개선 프로그램의 적용방법에 대해 알 수 있다.

장애에 대한 바른 이해는 통합교육의 기저이며, 이는 장애학생의 통합교육의 성패를 좌우할 만큼 매우 중요한 요인이다. 그럼에도 불구하고 장애유아는 비장애유아에게 호의적으로 받아들여지지 못하고, 통합된 환경에서도 빈번하게 거부되고 있으며, 같은 또래의 유아에게서도 받아들여지지 않는 경우가 자주 발생한다. 또한 교육현장에서도 일부 비장애유아의 부모와 일반학급 교사들은 통합교육에 회의적인 반응을 보이기도 하였다. 그 이유는 일반교사들은 장애유아를 가르치도록 훈련되지 않았고, 비장애유아는 장애유아를 놀림의 대상으로 여기며, 장애유아에게 필요한 의학적 및 관련 서비스가 일반교육에서는 준비되지 않았기 때문이다.

이렇듯 장애유아에 대한 타인의 부정적인 수용태도는 장애유아들이 통합된 학급 내에서의 학습뿐만 아니라 적응행동, 그리고 학교와 자신에 대한 태도에 부정적인 영향을 주어 결국 통합된 환경에 잘 적응하지 못하고 실패하게 되는 결과를 초래하게 된다. 따라서 장애유아에 대해 갖고 있는 비장애유아의 부정적인 태도와 인식에 대한 적절한 교육의 필요성이 대두되고 있다.

1. 장애인식개선 교육의 필요성

통합교육은 분리교육에 비해 장애아동에게 많은 긍정적인 효과를 주는 것으로 알려져 왔는데, 특히 정상의 아동들과 함께 있으면서 그들과 언어적 상호작용과 사회적 상호작용을 할 수 있다는 점이 가장 중요한 이점이라고 할 수 있다. 또한 아동들은 또래와의 사회적 상호작용과 언어적 교류를 통해서 여러 가지 사회성 기술을 발달시킬 뿐 아니라, 언어능력, 운동능력, 도덕적 가치 및 자신의 감정을 적절하게 표현하고 통제하는 방법을 발달시키게 된다. 통합환경에서 장애아들은 보다 발달된 모델인 정상의 아동들과 접촉하고 교류를 함으로써 자신의 발달을 촉진시킬 수 있게 되는 것이다. 즉, 통합환경은 장애아동과 비장애아동 사이의 상호작용이 있기 때문에 보다 자극적이고 풍요한 환경으로서의 구실을 하게 된다.

이렇듯 통합교육은 윤리적, 교육적, 사회적 측면에서 그 효용성과 당위성이 입증되고 있음에도 불구하고, 교육현장에서 실시되고 있는 통합교육을 살펴보면 공간적으로는 통합을 이루었으나 비장애아동들이 지닌 잘못된 지각, 편견, 고정관념, 거부감 등으로 인하여 장애에 대해 이해하고 수용하는 태도가 갖추어지지 않아 통합교육이 물리적 통합에만 그치고 교육적, 사회적, 심리적 통합은 이루어지지 못한 문제점이 노출되고 있다고 할 수 있다.

현재 통합교육은 장애의 유형이나 정도에 상관없이 많은 장애아동이 일반학급에 통합되고 있으나, 통합된 일반학급에서 장애아동 개개인에 필요한 지원이 적절하게 제공되고 있지 못하며, 또한 또래 친구로서 학교활동을 경험할 수 있도록 하기 위해서는 여러 사람의 노력을 필요로 한다.

통합의 성패를 좌우하는 중요한 관건은 장애아동에 대한 또래의 태도에 달려있음에도 불구하고, 비장애아동은 대체로 장애아동을 무시하거나 거부하는 등 부정적인 태도를 보여 주는 경우가 많다. 비장애아동이 장애아동에게 갖고 있는 부정적 태도와 편견의 근원은 언어, 적응양식, 사회적 행동, 대인관계 및 인지기능이 미숙하기 때문이다. 장애아동이 통합된다 하더라도 다른 아동들에게 수용되지 않는다면 통합에서 얻은 결과는 유익한 것보다는 유해한 것이 되며, 장애아동에 대한 부정적인 태도와 행동으로 인해 긍정적인 상호작용을 통한 사회성 기술을 습득할 수가 없게 된다. 따라서 통합을 성공시키기 위해서는 정상의 또래가 갖고 있는 부정적 태도를 긍정적으로 변화시켜야 한다. 장애아동에 대한 비장애아동의 인식변화를 위한 방법은 영화, 집단토의, 책과 수기, 모의체험 등의 다양한 방법을 통해서 이루어지고 있다.

2. 장애인식개선 교육 프로그램의 유형

1) 간접체험 프로그램

간접체험 접근 프로그램은 장애에 대한 정보나 지식을 소개한 후 다양한 후속 활동을 통해 장애인에 대한 이해를 증진시키기 위한 것이다. 연구에 따르면, 장애아동에 대한 부정적인 인식과 태도의 변화에 중요한 요인은 비장애아동이 장애아동에게서 느끼는 불안감을 감소시켜 고정관념을 제거하고, 장애라는 것은 두렵거나 무시해야 할 것이 아니라 차이점 중의 하나로 이해시켜야 한다는 점을 강조한다.

2) 직접체험 프로그램

직접체험 프로그램은 장애의 유형에 따른 불편과 특성을 직 · 간접적인 장애 체험활동을 통해 소개함으로써 장애인에 대한 이해를 증진시키기 위한 것이다. 장애 체험활동의 기본전제는 비장애아동에게 좌절과 어색함을 경험시키는 것이 아니라 성공적인 대처반응을 경험하게 하는 것이다. 이 중 가장 일반적으로 많이 활용되는 모의 장애체험은 일반아동들이 특별한 장비를 사용하거나 장애아동과 유사한 조건을 만들어 장애를 경험하게 함으로써 장애아동의 입장이 되어 보는 활동으로 이러한 체험활동을 통해 아동들은 장애의 근원과 적응 가능성에 대해 보다 큰 통찰을 경험하게 된다.

이 장에서는 통합교육 현장에서 활용가능한 장애인식개선 프로그램의 예를 소개하고자 한다. 제시한 프로그램은 송파인성장애인복지관에서 초등학교 학생들을 대상으로 다년간에 걸쳐 진행된 사례를 해당 기관의 승인하에 소개하였음을 밝힌다.

3. 간접체험 프로그램

1) 서로서로 이해할 수 있어요
   • 장애의 정의 및 장애유형별 특성

2) 지켜야 할 예절이 있어요
   • 장애인에 대한 바른 예절

3) 우리 모두 친구랍니다.
   • 내 친구 재호

4) 나를 아껴 주는 사람들

5) 장애를 극복한 사람들

1) 서로서로 이해할 수 있어요

<table>
<tr><td>활동명</td><td>서로서로 이해할 수 있어요</td><td>일 시</td><td>년 월 일</td></tr>
<tr><td>준비물</td><td colspan="3">보조자료('잘할 수 있는 능력이 달라요')</td></tr>
<tr><td>목표</td><td colspan="3">장애의 특성을 이해하여 잘할 수 있는 능력이 서로 다르다는 것을 알고 수용할 수 있도록 한다.</td></tr>
<tr><td colspan="3">진행 방법</td><td>유의점</td></tr>
<tr><td>도입</td><td colspan="2">▶ 교사 인사 및 활동 주제를 설명한다.
▶ 장애란?
▶ 장애의 유형에는 어떤 것이 있을까?
▶ 그 이유는 무엇일까?</td><td></td></tr>
<tr><td>전개</td><td colspan="2">1. 〈자료1〉의 만화를 보고 어떤 느낌이 드는지를 이야기한다.
2. 장애의 종류에 대해 얼마나 알고 있는지 이야기해 본다.
3. 〈자료2〉의 장애의 정의에 대해 설명한다.
4. 장애친구가 자신의 장애로 인하여 겪을 수 있는 어려움에 대해 이야기해 본다.</td><td>집단의 성격에 따라 〈보조자료〉를 다양하게 사용한다.</td></tr>
<tr><td>정리</td><td colspan="2">장애아동들이 상황별로 겪는 어려움에 대해 도와줄 수 있는 방법을 이야기해 본다.</td><td></td></tr>
</table>

보조자료 1

잘할 수 있는 능력이 달라요

첫째, 장애는 모든 사람이 지니고 있는 여러 가지 다른 점 중 하나로 받아들이고 그로 인한 편견을 없애도록 해야 합니다.

둘째, 장애인의 삶은 장애 자체보다도 그 장애를 겪고 있는 부분을 어떻게 도움을 받고 있는가에 따라 더 큰 영향을 받습니다. 약점을 보완하고 강점을 강화시켜 주어 이 사회에서 당당하고 독립적으로 살아가도록 돕는 것이 중요합니다.

☞ 장애에는 어떤 종류가 있을까요?

♣ 시각장애란?

시력 손상이 심해 시각에 의해 학습과제를 수행할 수 없는 경우, 시각보다는 촉각이나 청각을 학습의 주요 수단으로 사용하는 경우를 말합니다.

▶ 시각 손상의 유형과 정도에 따라 운동발달이나 학습능력이 다릅니다.
보는 능력에 제한이 있기 때문에 서 있는 자세 유지하거나 혼자 걷을 때에도 자기 신체를 조정하는 기능 등이 다소 지체됩니다.

▶ 지능이 특별히 떨어지는 것은 아닙니다.

♣ 청각장애란?

귀를 비롯한 청각기관이 손상되어 소리를 듣는 데 어려움이 있는 것을 말합니다.

작은 소리는 듣지 못해도 일상생활에 큰 어려움을 겪지 않는 정도에서부터 소리를 전혀 듣지 못하는 경우까지 있습니다.

▶ 시각적인 도움이 없으면 일반적인 수업에 참여하기 어렵습니다.

▶ 의사소통이 잘 안 되어 상황에 대해 잘못 이해할 때도 가끔 있습니다.

▶ 학습 시 시각적인 도움과 상황에 대한 충분한 설명, 그리고 다양한 경험을 할 수 있는 환경을 만들어 주면 잘 적응할 수 있습니다.

♣ 지체장애란?

원인에 관계없이 팔, 다리, 몸통 등의 일부 또는 전신의 운동기능에 장애를 갖고 있는 사람을 말합니다. 이런 사람들 중에는 태어날 때부터 장애를 갖고 있기도 하고 또 사고나 병으로 인하여 후천적으로 장애를 갖게 된 사람들도 있습니다.

▶ 무엇인가를 할 수 없거나 원치 않을 것이라는 성급한 생각은 위험합니다. 필요한 경우에만 도움을 주어야 합니다.

▶ 가능한 한 혼자서 할 수 있도록 기회를 주고, 필요한 경우에는 본인의 의사에 따라 도움을 줄 수 있습니다.

♣ 지적장애란?

평균보다 지능이 낮고, 일상생활을 하는 데 어려움이 있으며 18세 이전에 이러한 증상이 나타난 경우를 말합니다.

▶ 언어를 이해하고 표현하는 능력이 부족합니다.

▶ 신체능력과 운동능력이 조금 뒤떨어지는 친구도 있으며 감정변화에 대한 이해가 부족하고, 지나치게 민감하거나 의존적일 수 있습니다.

♣ 학습장애란?

지능은 정상에 가깝고 학생 자신의 연령 수준과 능력 수준에 알맞은 학습 경험이 주어졌음에도 불구하고 말하기, 듣기, 쓰기, 기본적인 읽기, 이해, 수학능력 중 하나 또는 그 이상에서 심하게 차이를 보이는 경우를 말합니다.

▶ 일부러 안 하는 것이 아닙니다.

▶ 다른 사람과 다른 방식으로 읽고, 쓰고, 수학문제를 풉니다.

♣ 자폐성장애란?

다른 사람들과 어울리고 말하는 것이 아주 어려우며, 관심 영역이 제한적이고, 반복적인 상동행동의 특성을 보입니다. 의학의 급속한 발달에도 불구하고 자폐성장애의 정확한 원인은 밝혀지지 않고 있습니다.

▶ 몇몇 사람들은 한두 가지 면에서 아주 뛰어난 능력이 있는 경우도 있지만 아주 드뭅니다.

▶ 혼자 놀기도 하고, 상대방의 질문을 그대로 따라 하는 반향어의 형태를 보이는 경우도 있으며, 또는 자해행동이나 공격행동을 나타내기도 하는데, 이것은 생각을 전달하는 능력이 부족하기 때문입니다.

보조자료 2

OX 퀴즈

1. 부모가 장애인이면 아이도 반드시 장애인이다. (　　)

2. 장애는 사람들이 갖고 있는 여러 가지 다른 점 중의 하나다. (　　)

3. 우리는 절대로 장애인이 되지 않는다. (　　)

4. 장애는 장애를 가진 사람의 잘못이다. (　　)

5. 장애인은 무조건 도와주어야 한다. (　　)

6. 장애는 시대와 환경에 따라 장애가 아닐 수도 있다. (　　)

7. 장애인에게도 강점과 약점이 모두 있다. (　　)

8. 과학과 공학이 발달하여 필요한 보조기기를 많이 개발, 보급된다면 많은 지체장애 친구는 더 이상 장애를 겪지 않을 수 있다. (　　)

9. 지적장애는 멈춰 있는 것을 뜻하는 것이 아니라 발달의 속도가 느린 것을 의미한다. (　　)

10. ○○(자폐성장애 친구)는 모든 사람을 싫어하고 혼자 있는 것만 좋아 한다. (　　)

11. 지적장애 친구에게는 막연한 질문을 하지 말고 항상 분명하고 쉬운 질문을 해 준다. (　　)

OX 퀴즈 정답

1. 정답 (×) 장애는 반드시 유전된다기보다는 임신 중 감염이나 질병, 출생 시 외상, 출생 후의 질병이나 사고 등 다양한 원인에 의해 발생합니다.

2. 정답 (◯) 우리 모두 얼굴이 다르고 목소리도 다르고 성격이 다르듯이, 또 잘하는 점, 못하는 점이 다양하듯이 장애도 그러한 차이 중의 하나로 받아들여지는 것이 옳습니다.

3. 정답 (×) 장애인 중에는 사고나 질병으로 인한 후천적 장애인이 많습니다. 따라서 우리도 언제 어떤 사고나 질병으로 인해 장애를 갖게 될지 모릅니다. 그러므로 장애인은 나와 상관없는 사람이라는 생각보다는 장애인의 문제는 우리 모두의 문제임을 알아야 합니다.

4. 정답 (×) 장애는 스스로 원해서 갖게 되는 것이 아닙니다. 장애는 장애인 본인의 잘못도, 가족의 잘못도 아닙니다. 장애는 각자의 차이일 뿐입니다.

5. 정답 (×) 장애인 스스로 독립적으로 살아갈 수 있기 위한 도움은 중요합니다. 그러나 무조건적인 도움은 그들이 갖고 있는 능력을 사용할 기회를 제한할 수 있습니다. 가능하면 스스로 할 수 있는 기회를 주는 것이 중요하고 도움은 꼭 필요한 경우, 최소한으로 제공하는 것이 좋습니다.

6. 정답 (◯) 결손된 부분이 충분히 보상되거나 장애를 "다를 뿐이다."라고 바라보는 시각이라면 장애는 더 이상 장애가 아닙니다.

7. 정답 (◯) 그렇습니다. 장애인이라고 해서 모든 것을 할 수 없는 것이 아닙니다. 특정 영역에서 장애를 갖는 것입니다.

8. 정답 (◯) 장애가 보상이 되고 필요한 지원이 공급된다면 장애인의 삶은 충분히 독립적이고 행복할 수 있습니다.

9. 정답 (◯) 지적장애 친구들은 생각의 주머니가 작아 배우는 속도가 느린 것이지 전혀 배우지 못하는 것이 아닙니다. 반복적인 학습과 훈련을 통해 천천히 발달할 수 있답니다.

10. 정답 (×) 낯선 사람들을 피하는 경향이 있지만 모든 사람을 싫어하지는 않습니다. 부모님이나 형제, 자매 또는 오랫동안 보아 왔던 선생님, 친구들을 좋아합니다.

11. 정답 (◯) "저곳을 청소해라." 보다는 청소하는 과정을 알려 줍니다.
"비를 들자." "이제 바닥을 쓸자." "네가 준비되면 나갈 거야."보다는 "공을 장난감 통에 넣은 후에 나갈 거야."라고 말합니다.

보조자료 3

맞아! 맞아! "베스트 7"

지적장애 · 자폐성장애 친구와 이렇게 함께할 수 있어요?

100점

100점

100점

100점

100점

100점

100점

맞아! 맞아! "베스트 7" 정답

지적장애 · 자폐성장애 친구와 이렇게 함께할 수 있어요?

100점 쉬는 시간에는 쉬운 놀이로 수정해서 함께 놀아요.

100점 발음이 정확하지 않더라도 웃으면서 주의 깊게 경청해요.

100점 체육시간에 같이 체육을 할 수 있도록 우리 조로 스카웃해요.

100점 우리학급에서의 장애친구의 담당역할을 정해 줘요.

100점 열심히 공부할 땐 칭찬을 많이많이 해 줘요.

100점 놀리거나 때리지 않아요.

100점 실수를 할 때 웃지 않고 잘할 수 있도록 도와줘요.

2) 지켜야 할 예절이 있어요

활동명	지켜야 할 예절이 있어요	일 시	년 월 일
준비물	보조자료('누구나 실천할 수 있어요')		
목표	장애의 차이를 이해하고 서로를 이해하고 함께할 때 성숙해 나갈 수 있음을 알려주고 장애친구를 사회를 구성하는 공동체의 구성원으로서 수용할 수 있도록 한다.		

	진행 방법	유의점
도입	▶ 교사 인사 및 활동 주제를 설명한다. ▶ 보조자료에 대해 설명한다.	
전개	1. 질문지를 나눠주고 평소 장애인들의 행동을 보며 궁금했던 것들을 질문지에 적어 상자에 넣게 한다. 2. 질문지가 다 모아지면 유리항아리에서 질문지 1장을 뽑아 읽는다. 3. 진행자는 질문지의 내용에 대해 설명한다. 4. 이와 같은 방법으로 여러 질문에 대해 궁금한 것을 알아본다.	
정리	여러 가지 도움 중에서 자신이 실천할 수 있는 것을 생각해서 적어 본다.	

보조자료

누구나 실천할 수 있어요

- 첫째, 감각장애(시각, 청각, 지체장애)의 특성에 따른 문제 상황을 생각해 보고 배려할 수 있는 방법을 이야기해 보도록 합니다.

- 둘째, 발달장애(지적, 정서 · 행동, 자폐성장애 등)로 인한 경우, 친구로서의 자세를 생각해 보고 올바른 배려 방법을 알아보고 실천할 수 있도록 합니다.

시각장애 친구에 대한 예절

먼저 인사하자

시각장애 친구를 만날 때는 먼저 이름을 말한 후 악수를 청한다면 더 친밀감을 느낄 수 있을 것이다.

자세히 알려 주자

시각장애 친구가 길을 물을 때 방향을 구체적으로 말해 주자.

"여기, 저기" 등 애매한 표현은 피하고 "오른쪽으로 5m쯤 간 다음, 왼쪽으로 10m쯤 가세요."라고 가르쳐 주는 것이 시각장애 친구에게 가장 도움이 된다.

"제 팔을 잡으세요!"라고 말하자

시각장애 친구를 안내할 때는 흰 지팡이의 반대편에 서서 팔을 잡게 하고, 반걸음 앞에서 걷는 것이 좋다. 흰 지팡이는 시각장애 친구의 눈이다. 흰 지팡이를 만지거나, 잡아 끌거나, 밀어내는 것은 피해야 한다.

함께 식사하자

시각장애 친구와 함께 식사할 때는 수저가 있는 곳과 무슨 음식이 담겨져 있는지 작은 소리로 설명해 주고 음식 위치는 시계방향으로 설명해 주는 것이 좋다.

함께 영화를 감상하자

시각장애 친구는 영화나 TV와 전혀 관계가 없다고 생각하는 것은 잘못이다.

내용을 설명해 주면서 함께 영화나 TV를 본다면 재미있게 볼 수 있다.

"앉으세요!"라고 말하자

시각장애 친구를 의자에 앉게 할 때는 의자 등받이에 손을 갖다 대주고 확인한 후 앉게 한다.

"얼마인가요?"

시각장애 친구에게 돈을 건네줄 때는 얼마짜리인지 설명해 준다.

화폐를 한 장 한 장씩 건네주며 설명해 준다.

청각장애 친구에 대한 예절

천천히 말하거나 글 또는 수화로 이야기를 나누자

청각장애 친구와 이야기를 나눌 때는 입모양을 크게 하고 천천히 말하거나, 글로 쓰거나, 혹은 수화를 이용하여 말하도록 하자.

반말은 하지 말자

청각장애인을 만났을 때 듣지 못한다고 생각하여 함부로 말하거나 반말을 사용하는 일은 삼가하도록 하자.

몸으로 말해 보자

청각장애 친구와 함께 놀이를 할 때는 눈으로 알아볼 수 있도록 시범을 보임으로써 설명해 주도록 하자.

전화를 걸어 주자

청각장애 친구가 전화를 걸어 줄 것을 요청하면, 그가 원하는 것이 무엇인지 충분히 알아낸 후 도와주도록 하자.

'힐끔힐끔' 쳐다보지 말자

청각장애 친구와 함께 있는 곳에서 속삭이며 이야기하거나 힐끔힐끔 쳐다보는 것은 실례가 된다. 청각장애 친구끼리 수화로 이야기하는 것을 힐끔힐끔 보는 것도 실례가 된다.

수화는 이렇게

청각장애 친구와 수화를 할 때는 가슴 높이에서 양어깨를 한계점으로 큰 동작과 작은 동작을 절도 있게 하는 것이 좋다.

눈으로 확인할 수 있게 하자

선생님이 가르쳐 주신 내용을 적은 공책을 적극적으로 빌려준다. 안내사항이나 과제물이 있을 때는 수첩 등에 적어서 보여 준다. 수업이나 여러 가지 활동에서 청각장애 친구가 잘 볼 수 있는 자리로 양보해 준다.

지체장애 친구에 대한 예절

외모를 보고 '모자란 사람'이라고 판단하지 말자

뇌성마비 친구들은 언어장애가 있고 몸을 움직이는 데 부자연스럽다. 그러나 지능이 정상 이상인 사람도 있고 우리와 똑같은 사람도 많다. 팔, 다리가 흔들리고 경직된 모습을 하기 쉽고 부정확하고 느린 말로 인하여 부족하고 지능이 낮은 사람으로 생각하면 안 된다.

편안한 마음을 갖도록 자연스럽게 대하자

놀라거나 긴장하게 되면 반응에 곤란을 느끼고 근육이 경직되어 발음이 잘 안되며 움직이는 데도 많은 힘을 들여 떨게 된다.

♥ 발음이 어려운 친구인 경우, 끝까지 말을 다 할 때까지 기다려 준다

발음이 부정확하여 말을 알아듣기 어려운 경우, 잘 알아듣지 못했으면서도 알아들은 것처럼 행동하지 말고, 질문을 하여 상대방의 의사를 정확히 알도록 한다.

♥ 휠체어나 목발을 사용하는 사람을 길거리나 복도에서 만나면 먼저 지나갈 수 있도록 비켜 준다

♥ 휠체어나 목발을 사용하는 사람이 길거리나 계단에서 어려움을 겪을 때는 먼저 말을 걸어 도울 일이 있는지 알아보고 도움을 준다

지적장애 친구에 대한 예절

♥ 먼저 인사를 하도록 하자

지적장애인도 여러분의 친구들이다. 일반학생이 먼저 그 친구에게 인사를 하면 친숙하고 반가운 마음을 나눌 수 있을 것이다.

♥ 힐끗힐끗 쳐다보지 않는다

얼굴 생김새가 다르다고 이상한 눈빛으로 쳐다보거나 피하는 행동은 그 친구의 마음을 아프게 한다.

♥ 놀리지 않아요

지적장애를 가진 학생에게 "바보" "돌머리"와 같은 표현을 하거나 부정적인 말을 하면서 손가락질하는 것은 인격을 모욕하는 것이다. 수군거리거나 그 친구들의 느린 행동을 보며 웃거나 흉내를 내지 않도록 하자.

♥ 길을 잃은 친구를 도와주자

한자리에 오랫동안 우두커니 서 있는 친구를 보거나 혼자서 길을 헤매는 친구를 보게 되면 다정한 표정으로 사는 곳이 어딘지를 물어보고 이름표나 가방, 책이나 공책에 쓰여진 이름과 연락처를 찾아 집이나 학교로 돌아갈 수 있도록 도와준다.

♥ 칭찬하자

지적장애 친구들도 할 수 있는 것이 아주 많다. 쉽고 자세히 설명해 주고 친절한 마음으로 하는 일을 칭찬하며 격려해 주도록 하자.

♥ 천천히 쉽게 이야기하자

3) 우리 모두 친구랍니다

활동명	우리 모두 친구랍니다	일시	년 월 일
준비물	보조자료('내 친구 재호')		
목표	장애유무를 떠나 또래친구로서 장애아동을 받아들일 수 있도록 한다.		

	진행 방법	유의점
도입	▶ 교사 인사 및 활동 주제를 설명한다. ▶ 보조자료에 대해 설명한다.	
전개	1. 〈보조자료〉의 글을 읽어 본다. 2. 글을 읽고 어떤 느낌이 드는지 이야기해 본다. 3. 자신의 경험담을 이야기해 본다.	
정리	여러 가지 도움 중에서 자신이 실천할 수 있는 것을 생각해서 적어 본다.	

보조자료

내 친구 재호

재호는 전교에서 모르는 아이가 없다. 4학년이 되어도 손목에 전화번호와 이름을 쓴 팔찌를 하고 다녔다.

운동회 날.

은근히 재호와 한 팀이 되지 않기를 바랐는데, 재호는 우리와 한 팀이 되었다. 우리 반 선생님이 재호도 꼭 함께 해야 한다며 빼놓지 않으셨다. 게다가 선생님은 재호를 우리 팀 릴레이의 마지막 주자로 정하셨다. 릴레이에서 마지막 주자가 얼마나 중요한데……

재호는 물풍선 터뜨리기를 할 때는엉뚱하게도 반대 팀에게 풍선을 가져다 주었고, 과자 따먹기를 할 때는 손으로 먹어 반칙으로 점수도 못 얻게 만들었다.

드디어 최종승부를 결정하는 릴레이 달리기만 남게 되었다. 영철이는 마지막 주자를 바꾸자고 선생님께 졸랐다. 그러나 선생님은 재호도 달리기는 잘 할 수 있다고 웃으시며 고개를 저으셨다.

이어서 달리기는 시작되었고, 우리가 반 바퀴 정도나 앞서가고 있었다. 드디어 재호에게 바톤이 넘겨졌고 재호는 누가 보아도 있는 힘껏 달리고 있었다. 재호가 그대로만 달려 준다면 민수가 아무리 잘 달려도 따라잡기는 이미 어려울 것 같았다.

바로 그 때 무서운 속도로 달리던 민수가 그만 넘어지고 말았다. 우리는 "이때다! 달려라!"하고 응원했다. 그런데 갑자기 영철이가 "어~, 재호가 거꾸로 가고 있어!"라고 말하는 소리가 들려 고개를 돌려 보니 재호가 반대방향으로 향해 뛰어가고 있었다. "그러면 그렇지……. 재호가 지금까지 제대로 달린 건 실수였어!"

그런데 이상한 일이 벌어졌다. 반대로 달리던 재호가 민수에게 다가가더니 민수를 일으켜 주었고 절뚝거리는 민수와 손을 잡고 골인점을 향하여 함께 들어오고 있는 것이었다

그리곤 누군가의 박수소리가 시작되더니, 어느새 나도 함께 박수를 치고 있었고 영철이와 전교생이 박수를 치고 있었다.

- 현숙(2001). 「너도 친구가 되어줄래?」 하선장애아동의 집 -

♥ 우리 학급 친구들은 학교에서 혹은 체육시간에 영철이와 같이 재호만 빼놓고 하자고 이야기한 적은 없었는지 한번 생각해 봅시다.

♥ 장애친구가 운동을 조금 못한다고 해서, 선생님 또는 친구들의 말을 조금 늦게 이해한다고 해서 빼놓고 생활한 적은 없는지 생각해 보세요.

4) 나를 아껴 주는 사람들

<table>
<tr><td>활동명</td><td>나를 아껴 주는 사람들</td><td>일시</td><td>년 월 일</td></tr>
<tr><td>준비물</td><td colspan="3">활동지('나를 아껴 주는 사람들')</td></tr>
<tr><td>목표</td><td colspan="3">나를 이해하고 아껴 주는 사람들에 대한 고마움과 그에 대한 느낌을 이야기함으로써 자신도 그러한 마음으로 장애친구를 수용하려는 마음을 가질 수 있도록 한다.</td></tr>
<tr><td colspan="3">진행 방법</td><td>유의점</td></tr>
<tr><td>도입</td><td colspan="2">▶ 교사 인사 및 활동주제를 설명한다.
▶ 활동지에 대해 설명한다.</td><td></td></tr>
<tr><td>전개</td><td colspan="2">1. '우리 사이 짱이야'에서 두 주인공의 우정에 대해 이야기해 본다.
2. 자신의 주위에 있는 친구와 사람들에 대해 생각해 보도록 한다.
3. 내가 주위 사람들에게 해 왔던 일과 앞으로 할 수 있는 일을 생각해 본다.</td><td></td></tr>
<tr><td>정리</td><td colspan="2">자신이 다른 사람들에게 도움을 줄 수 있는 사람이라는 것을 알도록 한다.</td><td></td></tr>
</table>

보조자료

나를 아껴 주는 사람들

※ 준호와 아람이처럼 서로를 아껴 주는 친구가 우리 주변에도 많이 있으며 나를 아껴 주는 사람들에게 감사하는 마음을 가질 수 있도록 생각해 봅시다.

나를 사랑해 준 사람

나를 아껴 주는 친구

나의 건강과 생존을 지켜 주는 사람

나의 생활에 편의를 제공해 주는 사람

나의 어려움을 함께 나눈 사람

나의 진로를 위해 애써 준 사람

나에게 용기를 준 사람

지금까지 나의 삶에 도움을 준 분들에게…….

그 동안 나는 어떤 보답을 해 왔는가?

앞으로 어떤 보답을 할 것인가?

5) 장애를 극복한 사람들

활동명	장애를 극복한 사람들	일시	년 월 일
준비물	활동지('장애를 극복한 사람들')		
목표	일상생활에서 쉽게 갖게 되는 선입견을 찾아보고 장애인에 대한 선입견과 비추어 비교해 본다.		

	진행 방법	유의점
도입	▶ 위인이란? ▶ 위인이라 불리는 사람들은 어떤 조건이 있는가? ☞ 예, 자기 분야에서 뛰어난 능력을 가져야 한다. 등등	
전개	1. '장애를 극복한 사람들'이라는 자료를 읽는다. 2. 각 분야에서 성공하기 위해 필요한 조건들을 이야기해 본다. 3. 그러한 것을 극복하기까지 어떤 노력이 있었는지 이야기해 본다. 4. 어떤 활동 수행 시 장애를 가지고 있는 사람들의 신체적 · 사회적 · 정서적 조건들은 활동수행의 불가능을 의미하는 것이 아니라, 또 다른 기관(신체 등)의 활용, 즉 '또 다른 능력이 있는 사람'임을 알게 한다. ☞ 비록 앞은 보이지 않지만 손끝으로 글을 아무런 문제없이 읽어 내려가는 시각장애인, 소리를 듣고 공을 차는 시각장애인, 소리를 듣고 장대높이뛰기를 하는 시각장애인에 대해 설명한다.	시각장애인용 축구공, 점자책 등을 제시하면 효과적이다.
정리	신체(그 외)기관에 대한 선입견을 완화시킨다.	

보조자료

장애를 극복한 사람들

헤르만 헤세(정신장애)

헤르만 헤세는 학교생활에 대한 부적응 등으로 인해 정신장애를 갖고 있었다.
그의 저서 『수레바퀴 밑에서』의 주인공 한스 기벤라트는 헤르만 헤세의 10대 시절의 모습이다. 『수레바퀴 밑에서』를 보면 한스는 신경쇠약으로 고통받는데, 헤르만도 신경쇠약이라는 정신장애로 인해 자살을 시도해, 정신과 상담이 가능한 목사님에게 치료를 받기도 했다.

에디슨(학습장애)

초등학교를 석 달 만에 쫓겨난 학습장애였던 에디슨은 화물열차에 기어오르려고 열차에 매달려 있었을 때 열차승무원이 귀를 잡아 올려 살 수 있었으나 청력에 손상을 입었다.
12세 때 기차의 신문 판매원을 하면서 화학실험을 시작했고 전시기사로 일하면서 21세 때 〈전기투표기록기〉를 발명하였으며, 그 후 〈탄소립송화기〉 〈축음기〉 〈백열전구〉를 만들었고 〈축전지〉 〈키네토폰〉 〈X선투시경〉을 발명하였다.

아인슈타인(학습장애)

어려서 말을 늦게 배우고 초등학교 시절에는 공부에 취미를 붙이지 못해 학교에 가는 것마저 싫어하였다. 그러한 학습장애에도 불구하고 열심히 연구하여 전 세계인이 깜짝 놀랄 이론들을 발표하였으며 '상대성이론' '빛의 양자설' '일반상대성이론' 등을 발표해 1921년 노벨물리학상을 받았다.

루즈벨트(지체장애)

미국의 제32대 대통령(1933~1945)인 루즈벨트는 30대에 소아마비 환자가 되어 한쪽 다리가 불편한 지체장애인이었다. 갑작스럽게 닥친 소아마비로 정치가의 꿈이 좌절되기도 하였지만, 7년간의 재활을 거쳐 건강을 회복하고 뉴딜정책과 제2차 세계대전의 승리로 미국의 대공황을 극복하였다. 루즈벨트는 자신의 장애를 숨긴 것으로 자주 비판의 도마 위에 오르지만 소아마비 장애인의 재활과 소아마비 퇴치에 기여한 공로는 지대하다.

월트 디즈니(학습장애)

어려서부터 만화가의 꿈을 가지고 미키마우스, 도날드 덕 등의 만화주인공을 그린 월트 디즈니는 아홉 살 때까지 글을 읽지 못한 학습장애였다. 대표적인 만화영화로는 〈백설공주〉 〈피노키오〉 〈밤비〉 〈작은 곰이야기〉 〈신데렐라〉 〈이상한 나라의 엘리스〉 〈장화신은 고양이〉가 있다. 동화의 나라 디즈니랜드를 만든 사람이기도 하다.

베토벤(청각장애)

베토벤의 음악이 사람들에게 감동을 주는 가장 큰 요인은 무엇보다 그가 청년 시절에 앓았던 귓병으로 인해 말년에 청각을 상실한 뒤, 시련과 좌절을 딛고 자신의 음악을 더욱 훌륭하게 완성시킨 의지다. 청력을 상실하고도 9곡의 교향곡과 32곡의 피아노 소나타 등의 작품을 남긴 불후의 음악가로 더욱 그 명성이 알려져 있다.

헬렌 켈러(청각 · 시각장애)

헬렌 켈러는 듣지도 보지도 말하지도 못하는 3중고의 장애를 이겨 내고 미국의 여류 사회사상가이자 세상 모든 장애인의 희망으로 살다 간 20세기의 위인 중 한 명이다. 1904년에 미국의 명문 하버드대학교를 졸업했으며, 평생 불행한 사람들을 도우며 정의와 평화를 위한 일에 헌신하였고, 1964년에는 미국 정부에서 주는 최고의 훈장인 '자유의 메달'을 수상하였다.

스티븐 호킹(지체장애)

스티븐 호킹은 서서히 근육이 죽어 가는 근위축성 측색경화증(루게릭병) 환자로, 혼자서는 밥을 먹을 수도 없지만, 물리학자가 되어서 우주의 신비를 밝혀내었다. 그는 우주론과 양자중력의 연구에 크게 기여했으며 자신의 이론 및 일반적인 우주론을 다룬 여러 대중 과학 서적을 저술했다.

4. 직접체험 프로그램

1) 나는 네 눈이 되고 너는 내 다리가 되고

2) 쉽게 말해요

3) 도우미를 찾아라

4) 눈으로 들어요

장애체험 프로그램

1) 일 시: 201○년 ○○월 ○○일

2) 대 상: ○○초등학교

3) 진행방법

① 오리엔테이션 실시: 장애에 대한 기본이해 교육 및 규칙 실시

② 장애체험영역

1조:	시각장애체험 →	청각장애체험 →	상체불편체험 →	하체불편체험 →
2조:	청각장애체험 →	상체불편체험 →	하체불편체험 →	시각장애체험 →
3조:	상체불편체험 →	하체불편체험 →	시각장애체험 →	청각장애체험 →
4조:	하체불편체험 →	시각장애체험 →	청각장애체험 →	상체불편체험 →

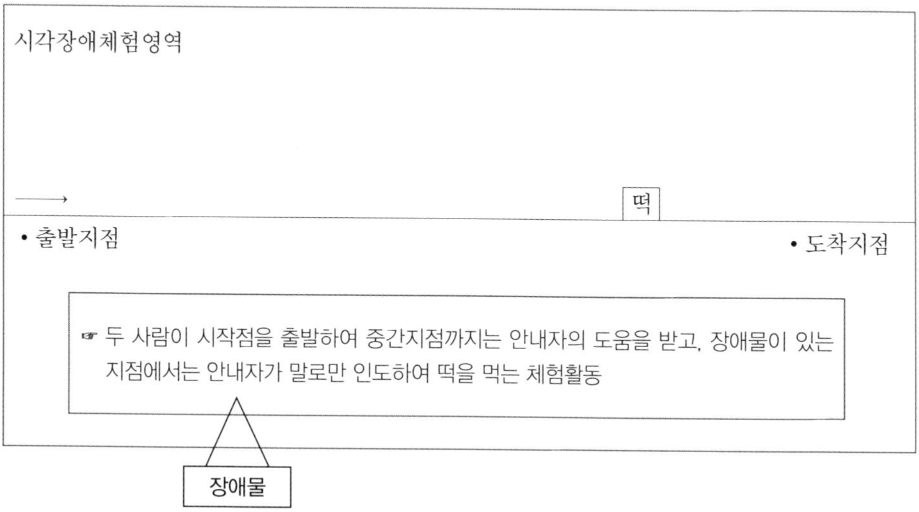

청각장애체험영역

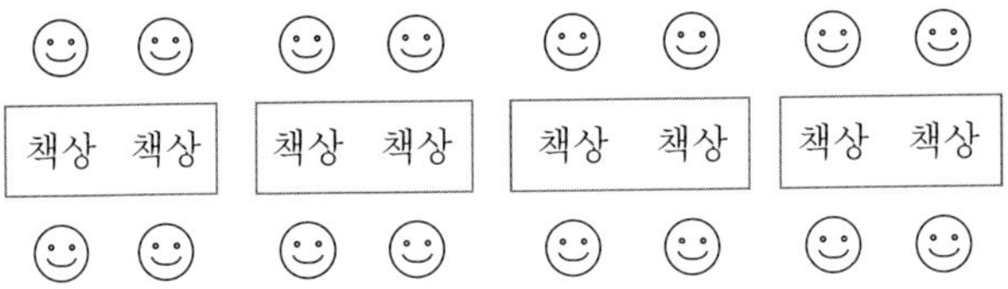

☞ 주어진 카드를 보고 두 사람이 마주보고 서서 몸짓으로 설명하고 맞추는 체험활동 후 역할 바꾸기

상체불편장애체험영역

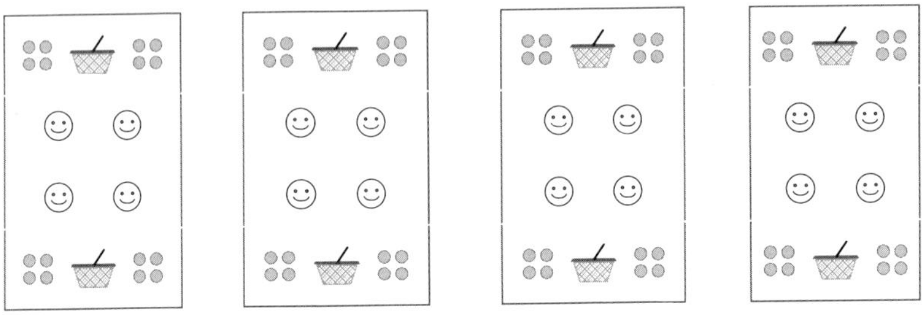

☞ 매트 위에 앉아 바구니에 담겨져 있는 볼풀공을 발을 사용하여 다른 바구니에 옮기는 체험

하체불편장애체험영역

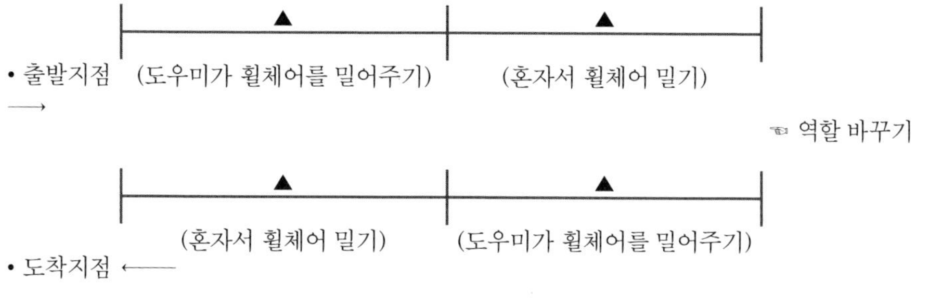

☞ 둘씩 짝지어 4개 팀이 출발한다. 중간지점까지는 도우미의 도움을 받아 휠체어를 밀면서 장애물을 피해서 가며, 중간지점에서 반환점 지점까지는 혼자서 휠체어를 조작하는 체험 활동을 한다. 반환점 지점에서 역할 바꾼다.

③ 4조가 4개의 영역을 순환적으로 체험한다.

④ 마무리: 장애체험을 통한 느낌나누기로 마무리

4) 준비물품

- 전체운영 상황판, 영역별 설명 상황판, 장애교육 홍보지, 비디오 테이프, 화이트 보드, 이젤, 현수막
- 시각장애체험: 안대 10, 케인 10, 못, 망치, 노끈 2개, 책상 4개, 떡, 접시, 나무젓가락, 고깔
- 청각장애체험: 표어카드 16개, 절탁자 4개
- 상체불편장애체험: 깔판 8개, 다량의 볼공, 바구니
- 하체불편장애체험: 휠체어 5대, 반환점 4개
- 카메라, 노끈, 호루라기, 엠프, 마이크, 진행자 이름표

★ 시각장애체험 ★

★ 청각장애체험 ★

★ 상체불편체험 ★

★ 하체불편체험 ★

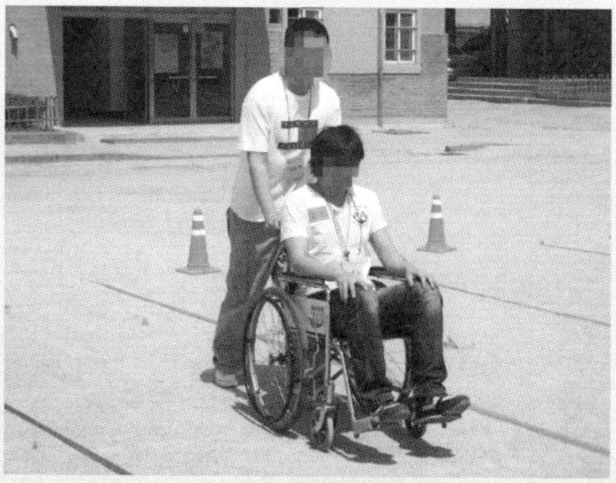

1) 나는 네 눈이 되고 너는 내 다리가 되고(지체, 시각장애)

<table>
<tr><td>활동명</td><td>나는 네 눈이 되고
너는 내 다리가 되고</td><td>일시</td><td>년 월 일</td></tr>
<tr><td>준비물</td><td colspan="3">훌라후프, 축구공, 안대, 끈</td></tr>
<tr><td>목표</td><td colspan="3">친구와 서로 도우면 더 많은 일을 할 수 있음을 알고 주변의 어려운 사람을 돕는 자세를 갖도록 한다.</td></tr>
<tr><td colspan="3">진행 방법</td><td>유의점</td></tr>
<tr><td>도입</td><td colspan="2">• 학생 한 명이 훌라후프를 세워 들고 있게 한다.
• 다른 어린이는 두 발목을 모아 묶고 공을 차서 훌라후프 안에 넣도록 한다.
• 안대로 눈을 가리고 공을 차서 훌라후프 안에 차 넣도록 한다.</td><td></td></tr>
<tr><td>전개</td><td colspan="2">• 한 명은 안대로 눈을 가리고, 한 명은 발목을 끈으로 묶은 후, 둘이 한 조가 되어 축구공을 차서 훌라후프 안에 넣도록 한다.
• 발목을 묶은 어린이는 눈을 가리운 어린이에게 공이 있는 곳까지 데려다 주고 말로 공의 위치와 공을 차야 할 방향을 설명해 준다.
• 학생들이 짝을 지어서 실제로 눈을 가리고 발목을 묶은 후 과제를 수행해 보도록 한다.</td><td></td></tr>
<tr><td>정리</td><td colspan="2">• 둘이서 힘을 모았을 때의 좋은 점에 대해서 말해 보도록 한다.
• 장애를 가진 사람을 돕는 구체적인 방법에 대해 이야기해 본다.</td><td></td></tr>
</table>

2) 쉽게 말해요(지적장애)

<table>
<tr><td>활동명</td><td>쉽게 말해요</td><td>일 시</td><td>년 월 일</td></tr>
<tr><td>준비물</td><td colspan="3"></td></tr>
<tr><td>목표</td><td colspan="3">장애 어린이가 이해할 수 있도록 쉽게 이야기해야 하는 이유를 알고 쉽게 이야기하는 방법을 익힌다.</td></tr>
<tr><td colspan="3">진행 방법</td><td>유의점</td></tr>
<tr><td>도입</td><td colspan="2">• 아이들이 이해하기 어려운 낱말을 사용하여 어려운 질문을 한다.
–“금년에는 시베리아에서 생성된 냉기단의 영향으로 동절기에 냉혹한 혹한이 예상되고 있는데 이런 한파가 우리나라 동해어장의 어획고의 증감에 영향을 미치겠는가?”
• 같은 내용을 쉽게 설명하여 질문한다.
–“올해엔 북쪽에서 차가운 바람이 많이 불어서 아주 추울거라고 합니다. 이 추위 때문에 동해바다에서 잡히는 물고기의 양에 변화가 생길까요?”</td><td></td></tr>
<tr><td>전개</td><td colspan="2">• 앞 두 질문의 차이점에 대해 학생들이 이야기해 보도록 한다.
–“모르는 말이 많이 나와요, 문장이 너무 길어요.”
• 쉽게 이야기하면 어떤 점이 좋은지 이야기 해본다.
–어린 동생들이나 정신지체를 가진 친구도 잘 알아들을 수 있고 함께 많은 이야기를 나눌 수 있다.
• 쉽게 이야기하는 연습을 해 본다.
예) 1. 너 장래 희망이 뭐야? → 너는 커서 뭐가 되고 싶어?
2. 날씨가 참 쌀쌀하다. → 날씨가 참 춥다.
3. 너는 어느 과목이 제일 좋아?
→ 너는 무슨 시간이 제일 좋아?
4. (미술 시간에 모둠 작품 만들 때) 너 뭐 할거야?
→ 너 풀칠 할래? 가위질 할래? 색종이 접을래?
5. 너 뭐 먹을래? → 떡볶이 먹을래? 핫도그 먹을래?</td><td></td></tr>
<tr><td>정리</td><td colspan="2">친구가 내 말을 잘 알아들을 수 있도록 쉽게 이야기하는 연습을 해 봅시다.</td><td></td></tr>
</table>

3) 도우미를 찾아라(시각장애)

<table>
<tr><td>활동명</td><td>도우미를 찾아라</td><td>일 시</td><td>년 월 일</td></tr>
<tr><td>준비물</td><td colspan="3">안대, 지팡이, 상자, 지시카드</td></tr>
<tr><td>목표</td><td colspan="3">시각장애를 알고, 시각장애인의 어려움을 생각하여 돕는 방법을 알아본다.</td></tr>
<tr><td colspan="3">진행 방법</td><td>유의점</td></tr>
<tr><td>도입</td><td colspan="2">• 안경을 쓴 사람은 안경을 벗었을 때 어떤 느낌이 드는지 이야기해 본다.</td><td></td></tr>
<tr><td>전개</td><td colspan="2">1. 혼자서 체험하기
1) 그림 그리기
• 학생 중의 한 명이 눈을 가리고 칠판 앞에 나와 생각나는 그림을 그려보도록 한다. 나머지 학생들은 어떤 그림인지 생각하며 지켜본다.
• 다 그린 후 그린 학생의 의도를 듣고, 실제로 어떻게 표시되었는지 이야기를 들어본다.
2) 물건 가져오기
• 상자에서 임무가 적혀 있는 종이를 한 장 뽑아 눈가리개를 한 후, 임무를 수행해 보도록 한다.

2. 도우미와 함께 하기
• 앞과 똑같은 활동을 도우미와 함께해 보도록 한다.

3. 혼자 했을 때와 같이 했을 때 결과가 어떻게 다른지 함께 이야기해 보고 비교되는 점을 이야기한다.</td><td></td></tr>
<tr><td>정리</td><td colspan="2">시각장애인에게 현재 도움을 주는 시설들에는 무엇이 있는지 살펴보고 이야기한다.</td><td></td></tr>
</table>

4) 눈으로 들어요(청각장애)

활동명	눈으로 들어요	일 시	년 월 일
준비물	① 유치 및 저학년–쉬운 낱말카드 20장(예, 토끼, 학교, 강아지) ② 고학년–어려운 낱말 카드 20장(예, 태백산맥, 고슴도치, 우주여행)		
목표	우리 생활에서 말소리가 얼마나 중요하게 자주 사용되는지 직접 체험을 통해 알아본다. 또한 그러한 말소리를 사용하지 않고 의사소통하는 일의 어려움을 겪어 본다.		

	진행 방법	유의점
도입	• 귀가 들리지 않으면 어떤 점이 불편할지에 대해 이야기해 본다. • 교사가 소리를 내지 않고 입모양을 보여 주면 그 입모양을 보고 어떤 낱말을 말하는지 알아맞혀 보도록 한다.	
전개	• 교사가 먼저 입모양만으로 문제를 낸다. • 문제의 답을 맞힌 아동이 나와 그 다음 문제를 낸다. • 준비된 카드를 다 풀고 나면 교사는 답이 청각장애인이 나올 수 있도록 문제를 내고 아동은 맞힌다. • 청각장애인들이 겪는 어려움에 대해 발표해 본다. • 입모양만으로 "○학년 ○반 최고!!!"라는 문제를 내고 한 아동이 맞힌 후에 큰 소리로 여러 번 반복하도록 하며 학급 전체에 집단 강화를 한다.	
정리	• 활동이 끝난 후에 청각장애인이 겪는 어려움에 대해 이야기해 본다. • 청각장애인과 함께 이야기할 때 특별히 주의할 점에는 어떤 것이 있을지 이야기해 본다. ※ 유의점 • 되도록 많은 아이들에게 기회가 가도록 하고 • 3번 이상 맞히지 못하는 문제에는 적절한 힌트를 준다.	

참고문헌

강민채, 박현주(2012). 초등학교 통합교육 담당 교사의 개별화교육계획(IEP)인식과 운영실태. **지체 · 중복 · 건강장애연구**, 55(2), 145-165.

강병주, 김성화, 최정미(2007). 특수학급 입급 · 배치를 위한 진단평가 관련 선행 연구 고찰. **특수교육저널: 이론과 실천**, 8(2), 31-53.

강영심, 황순영, 오미옥(2008). 유치원장이 지각한 장애유아 통합교육에 대한 실태와 인식. **통합교육연구**, 3(1), 45-62.

강희연(2007). 장애통합학급 유아의 변화에 대한 참여관찰 연구. **아시아교육연구**, 8(2), 1-41.

교육부(2013). 2013특수교육 연차보고서.

교육부(2014). 2014년도 특수교육 운영계획.

교육부(2015). 2015년 정책연구보고서: 통합교육정책의 효과와 발전방안연구. 교육부.

교육부(2017). 특수교육연차보고서. 교육부.

국립특수교육원(2000). 특수교육 비전 2020.

국립특수교육원(2001). 장애영유아 조기발견 및 진단 평가 방안 연구.

국립특수교육원(2004). 특수교육의 적합성 제고를 위한 장애유아 발견, 진단 및 배치체계 개선 방안 연구.

국립특수교육원(2005). 특수교육지원센터 운영 방안 연구.

국립특수교육원(2008a). 장애 영 · 유아 선별 및 진단 · 평가지침서 개발 Ⅰ.

국립특수교육원(2008b). 장애 영 · 유아 선별 및 진단 · 평가지침서 개발 Ⅱ.

국립특수교육원(2009a). 특수교육대상유아 선별 · 진단검사 지침.

국립특수교육원(2009b). 특수교육지원센터 운영 효율화를 위한 현장 요구조사.

권정아(2015). 자폐증 개념의 역사를 통해 살펴본 DSM-5의 자폐 스펙트럼 장애 진단에 대한 고찰: PDD-NOS를 중심으로. **순천향 인문과학논총, 34**(1), 101-130.

김광웅(1990). **정신지체 유아의 통합교육에 관한 연구.** 서울: 단국대학교 특수교육연구소.

김남순(2002). 발달장애유아의 사회통합을 위한 통합교육 방략. **발달장애학회지, 6**(1), 75-90.

김남순(2005). **정신지체유아 교육의 이론과 실제.** 경기: 교육과학사.

김명희, 안명희(2004). 장애영유아 진단 · 평가의 현황 및 문제점과 개선방안. **생활과학연구, 9**, 210-223.

김승국(1990). **적응행동검사 표준화 연구.** 서울: 단국대학교 특수교육연구소.

김승국, 김옥기(1995). **사회성숙도검사.** 서울: 중앙적성출판사.

김양화, 김남순(2014). 미국과 한국의 IEP 변화과정 고찰 및 지적장애학생 IEP 운영의 발전방향. **특수교육학연구, 48**(4), 55-79.

김영태(2002). **유아언어장애의 진단 및 치료.** 서울: 학지사.

김영태(2014). 말-언어장애유아를 위한 보완 · 대체 의사소통(AAC) 활용을 위한 탐색. **보완대체의사소통연구, 2**(1), 1-22.

김원경, 최평임(2011). 특수교육 대상학생 개별화교육계획 작성과 운영의 개선방안 연구. **지적장애연구, 13**(2), 79-96.

김윤실, 김남순(2008). 미국 장애인교육법과 우리나라 특수교육법에서 개별화교육프로그램(IEP) 고찰. **특수교육학연구, 43**(2), 47-69.

김정권(1990). IEP구성을 위한 교육진단평가. **특수교육연구, 17**, 1-32.

김정권, 김병하, 최영하(1990). IEP구성을 위한 교육진단평가 지침. **특수교육학회지, 12**, 5-22.

김정권, 여광응, 조인수(1998). **특수유아의 교육심리진단 이론과 실제.** 서울: 도서출판 특수교육.

김정미(2003). 언어발달장애의 치료원리. **2003 언어 · 청능장애 여름연수회.** 서울: 한국언어청각임상협회.

김정미(2004). 자폐유아의 의사소통 평가 및 중재 원리. **2004 언어 · 청능장애 여름연수회.** 서울: 한국언어청각임상협회.

김정삼, 김진희(2011). 개별화교육계획의 실제 및 교사 요구. **특수아동교육연구, 13**(4), 1-22.

김진호, 차재경(2016). 장애위험 영 · 유아를 위한 국내 발달선별검사 도구 분석 및 고찰. **정서 · 행동장애연구, 32**(3), 97-113.

김형일(2014). **지적장애학생의 이해와 교육**. 학지사.

노진아(2004). 장애영유아를 위한 삽입된 학습기회의 개념 및 수행전략의 고찰. **유아특수교육연구, 4**(2), 5-27.

마주리(1996). 정신지체유아의 상징놀이 행동특성 및 훈련효과. 단국대학교 대학원 박사학위 청구논문.

박승희(2014). 지적장애학생 교육의 최선의 실제: 현재 진전과 미래 진전을 위한 과제. **지적장애연구, 16**(2), 1-31.

박승희, 이효정, 허승준(2015). 전국 중학교 특수학급 및 통합학급 수업의 실제. **특수교육, 14**(1), 27-62.

박지혜, 김화수, 박정식(2014). 지적장애유아의 화용언어 특성. **지적장애연구, 16**(2), 153-175.

서울아산병원. http://www.amc.seoul.kr

서현아(2000). 효육적인 통합교육을 위한 유치원 교육과정의 운영에 관한 연구. **발달장애학회지, 4**, 133-159.

송영선, 류미희, 배성현, 조경서(2017). **현장중심의 장애통합 길라잡이**. 경기: 공동체.

신진숙(2016). **통합교육**. 경기: 양서원

심현섭, 김영태, 이윤경, 박지연, 김수진, 이은주, 표화영, 한진순, 권미선, 윤미선(2012). **의사소통장애의 진단과 평가**. 서울: 학지사.

안영주, 김수연(2014). 인천지역 초등학교 중도・중복장애학급 학생들의 통합교육 실태 및 특수교사, 통합학급교사, 학부모의 만족도 조사, **교육논총, 34**(2), 23-51.

우수경, 정원주, 박숙희, 신혜경, 이정미, 김호, 서윤희, 김기예(2015). **영아발달**. 경기: 공동체.

우정한, 김지원(2005). 특수학급 교육대상자 선정에 따른 진단・평가 실태와 개선방안: 초등학교 특수학급을 중심으로. **특수교육저널: 이론과 실천, 6**(2), 201-228.

원종례(2005). 교사 간 협력 모델이 적용된 활동-중심 삽입교수 중재가 장애유아의 활동 참여와 발달에 미치는 영향. 이화여자대학교 대학원 박사학위 청구논문.

유인영, 노진아(2012). 삽입교수가 통합된 발달지체 유아의 의사소통기술에 미치는 영향. **특수아동교육연구, 14**(2), 167-186.

이미선(2003). 특수교육대상자 선정・배치의 실제를 향상시키기 위한 과제. **현장특수교육,**

10(1), 62-67.

이미선, 강병호, 김주영, 조광순(2001). **장애 영 · 유아 조기발견 및 진단 · 평가 방안 연구**. 경기: 국립특수교육원.

이상복, 이효신(1998). **유아특수교육**. 경북: 대구대학교 출판부.

이소현, 김수진(2005). 유치원 특수학급의 장애 유아 통합교육 프로그램 운영 실태 및 교사 인식, **아시아교육연구**, 6(1),145-172

이소현, 김수진, 박현옥, 부인앵, 원종례, 윤선아, 이수정, 이은정, 조윤경, 최윤희(2009). **교육진단 및 교수계획을 위한 장애유아 진단 및 평가**. 서울: 학지사.

이소현, 박은혜(2000). **특수유아교육**. 서울: 학지사.

이소현, 박은혜(2007). **특수유아교육**. 서울: 학지사.

이신동, 김경희(2006). 통합교육의 이슈와 동향. **통합교육연구**, 1(1), 63-81.

이종성(1996). **교육연구의 설계와 자료분석**. 서울: 교학연구사.

이종성(2006). **델파이 방법**. 경기: 교육과학사.

이창미, 장혜성, 김수진(2003). **장애아 통합보육론**. 서울: 교육과학사.

이혜란, 김진이, 김소연(2017). **유아과 교사를 위한 정신건강**. 서울: 학지사.

정대영(2000). 특수학급 입급대상 학생의 사정과 배치의 문제와 개선 방안. **인문과학논집, 강남대학교**, 9(1), 1-22.

정대영(2006). 통합교육의 개념과 쟁점고찰. **통합교육연구**, 1(1), 1-21.

정설희, 안연경(2009). 통합어린이집 교실에서 나타나는 일반유아와 장애유아의 사회적 관계 분석 연구. **열린유아연구**, 14(5), 453-478.

조광순, 이미선(2002).장애영유아 진단 · 평가의 실제를 향상시키기 위한 정책방안 고찰. **특수교육학 연구**, 37(3), 283-310.

조수철, 신민섭(2006). **소아정신병리의 진단과 평가**. 서울: 학지사.

조용태(2004). 유아통합교육의 과제와 실천 방법 및 전망, **유아특수교육연구**, 4(1), 29-57.

조윤경, 김수진(2015). **유아교사를 위한 특수아동의 이해**. 경기: 공동체.

조인수(1998). **발달지체인 생활 · 직업재활훈련의 이론과 실제**. 서울: 교육과학사.

최순옥(2003).특수교육대상자 선정 · 배치의 문제점과 개선방안. **현장특수교육**, 10(1), 58-61.

한국발달장애학회(2009). **109가지 진단검사**. 서울: 학지사.

함미애(2005). 특수학급 입급 대상자의 선별 및 진단 절차. **현장특수교육**, 12(2), 12-15.

Allen, K. E., & Cowdery, G. E. (2015). *The exceptional child: inclusion in early childhood education*. CT: Cengage Learning.

American Speech-Language_Hearing Association (ASHA) (1994). Definitions of communication disorders and variations. *ASHA, 35*(10), pp. 40-41.

Bagnato, S. J. & Neisworth, J. T. (1991). *Assessment for early intervention: Best practices for prefessionals*. New York: Gulford Press.

Bailey, D. B., & Wolery, M. (1992). *Teaching infants and preschoolers with disabilities*. New York: Macmillan.

Bambara, L. M., & Kern, L. (2005). *Individualized supports for students with problem behaviors: Desigining positive behavior plans*. New York: Guilford.

Barkley, R. A. (1987). *Defiant Children: A clinician's manual for parent training*. New York: Guilford Press.

Bloom, B. S. (1964). *Stability and change in Human characteristics*. New York: John Wiley & Sons.

Bowe, F. (2000). *Birth to Five. Early Childhood Special Education* (2nd ed.). Delmar Publishers.

Bricker, D. & Cripe, J. (1992). *An activity based approach to early intervention*. Baltimore, ML: Paul Brookes.

Bricker, D., & Cripe, J. (1998). *An activity-based approach to early intervention* (2nd ed.). Baltimore: Paul H. Brookes Publishing Co.

Buysee, V., Bailey, D. B., & Wolery, M. (1992). Behavioral and developmental outcomes in young children with disabilities in integrated and segregated settings; A review of comparative studies. *Journal of special Education, 26*(4), 434-461.

Cannella, H. I., O'Reilly, M. F., & Lancioni, G. E. (2005). Choice and preference assessmentresearch with people with severe to profound developmental disabilities: A review of the literature. *Research in DevelopmentalDisabilities, 26*(1), 1-15.

Carr, E. G., Dunlap, G., Horner, R. H., Koegel, R. L., Turnbull, A. P., Sailor, W., Anderson, J. L., Albin, R. W., Koegel, L. K., & Fox, L. (2002). Positive behavior support: Evolution of applied Science. *Journal of Positive Behavior Intervention, 4*(1), 4-16.

Carr, E. G., & Durand, V. (1985). Reducing behavior problems through functional communication training. *Journal of Applied Behavior Analysis, 18*, 111-126.

Convention on the Rights of Persons with Disabilities (2006). New York, United Nations. https://www.un.org?disabilities/default.asp?id=150.

Cross, A. F., Traub, E. K., Hutter-Pishgahi, L., & Shelton, G. (2004). Elements of successful inclusion for children with significant disabilities. *Topics in Early Childrenhood Special Education, 24*(3), 169-183.

Elliott, S. N., & Piersel, W. C. (1982). An approach which links assessment to intervention. *School Psychology Review, 11*, 267-280.

Frankenburg, W., Emde, R., & Sullivan, J. (1985). Preface. In W. Frankenburg. R. Emde & J. Sullivan (Eds.), *Early identification of chilren at risk*. New York: Plenum Press.

Girolametto, L., Sussman, F., & Weizman, E. (2007). Using case study methods to investigate the effects of interactive intervention for children with autism spectrum disorders. *Journal of Communication Disorders, 40*, 470-492.

Guralnick, M. J. (1990). Major accomplishments and future directions in early childhood mainsteaming. *Topics in early childhood special Education, 10*(2), 1-17.

Guralnick, M. J. (1998). Effectiveness of early intervention or vulnerable children: A developmental perspective. *American Journal of Mental Retardation, 102*(4), 319-345.

Hedge, M. N., & Maul, C. A. (2006). *Language disorders in children: An evidence-based approach to assessment and treatment*. Boston, MA: Allyn and Bacon.

Horowitz, F. D., & Paden, L. Y. (1973). The effectiveness of environmental intervention programs. In B. M. Caldwell & H. N. Ricciuti (Eds.), *Review od child development research, Vol. 3* (pp. 331-402). Chicago: University of Chicago Press.

Hunt, J. M. (1961). *Zntelligence and experience*. New York: Ronald.

Jones, V., Dohrn, E., & Dunn, C. (2004). *Creating effective programs for students with emotional and behavior disorders*. Boston : Allyn & Bacon.

Jongsma, A. E., Peterson, Jr, L., & McInnis, W. P. (2004). **유아 심리치료 치료계획서.** (강위영, 송영혜 역). 서울: 시그마프레스.

Kahn, A. J., & Kamerman, S. B. (1992). Integrating servicesintegration: *An overview ofinitiatives, issues, and possibilities*. New York: National Center for Children in Poverty.

Karen, T. I. (2009). *Inclusive strategies that work for adolescent learners.* Thousand Oaks, CA: Corwin.

Kaufman, M. J., Gottidb, J., Agard, J. A., & Kukic, M. D. (1975). Mainstreaming : Towards an explication of the construct. *Focus on Exceptional Children, 7,* 1-12.

Loeber, R., & Farrington, D. P. (2000). Young children who commit crime: Epidemiology, developmental origins, risk factor, early interventions, and policy implications. *Developmental Psychopathology*, *12*, 737-762.

Losardo, A., & Bricker, D. (1994). Activity-based intervention and direct instruction:A comparison study. *American Journal on Mental Retardation, 98*, 744-765.

McGrew, K. S., & Algozzine, B. (1995). The identification of individuals with disabilities in national database: Creating a failure to communicate. *Journal of Special Education, 28*(4), 72-487.

Meisels, S. J. (1985). The efficacy od early intervention: Why are we still asking this question? *Topics in Early Childhood Special Education, 5*(2), 1-11.

Owens, R. (2010) *Language disorders: A functional approach to assessment and intervention* (5th ed.). Boston, MA: Allyn & Bacon.

Peck, C. A., Carlson, P., & Helmstetter, E. (1992). Parent and teacher perceptions of outcomes for typically developing children enrolled in integrated early childhood programs: A statewide survey. *Journal of Early Intervention, 16*(1), 53-63

Pretti-Frontczak, K. L. (1996). *Examining the efficacy of embedding young children's goals and objectives into daily activities*. Unpublished doctoral dissertation, University of Oregon.

Pretti-Frontczak, K. L., & Bricker, D. D. (2004). *An activity-based approach to early intervention* (3rd edition). Baltimore, ML: Paul Brookes.

Rouse, M., & Agbenu, R. (1998). Assessment and special educational needs: teachers' dilemmas. *British Journal of Special Education, 25*(2), 81-87.

Sandall, S. R., & Schwartz, I. S. (2002). *Building blocks for teaching preschoolers with special needs*. Baltimore: Paul Brookes.

Siegel, B. (1996). *The world of the autistic child: Understanding and treating autistic spectrum disorders*. Oxford University Press.

Simpson, R. L., & Myles, B. L. (2007). **자폐유아 및 청소년 교육**. (제2판, 이소현 역). 서울: 시그마프레스.

Underwood, K., Valeo, A., & Wood, R. (2012). Understanding inclusive early childhood Education: a capability approach. *Contemporary Issues in Early Childhood, 13*(4), 290-299.

Vandercook, T., York, J., Sharpe, M., Knight, J., Saisbury, C., LeRoy, B., & Kozleski, E. (1991). The million dollar question. *Impact, 4,* 1-8.

Wetherby, A., & Priaznt, B. (1989). The expression of communicative intent: Assessment guidelines. *Seminars in Speech and Language, 10,* 77-91.

White, B. L. (1975). *First three years of life*. Englewood Cliffs, N. J.: Prentice-Hall, Inc. http://www.incredibleyears.com http://www.whatcomcounts.org. http://www.colorado.edu/cspv/blueprints/modelprograms/IYS.html

Wolery, M. (1994). Instructional strategies for teaching young children with special needs. In M. Wolery & J. S. Wilbers (Eds.). *Including children with special needs in early childhood programs* (Vol. 6, pp. 119-140). Washington, DC: NAEYC.

부록

유치원 - 특수교육 운영계획 작성의 실제

부록(관련 서식)

〈서식1〉 개별화교육지원팀 회의록

〈서식2〉 개별화교육 프로그램(특수학급 배치 특수교육대상 유아)

〈서식3〉 개별화교육 프로그램 요구 조사서

〈서식4〉 개별화교육 프로그램(일반학급 배치 특수교육대상 유아)

〈서식5〉 주간 교육계획

〈서식6〉 일일 교육계획

〈서식7〉 학급활동 지원 계획

〈서식8〉 활동기술 도표

〈서식9〉 통합교육 회의록

〈서식10〉 특수교육실무사 활동일지

〈서식11〉 특수교육활동 평가 설문지(교사용)

〈서식12〉 특수교육실무사 평가 양식(교사 및 자기평가용)

〈서식13〉 특수교육 운영 만족도 조사(학부모용)

〈서식1〉 개별화교육지원팀 회의록

개별화교육지원팀 회의록

결재	원 감	원 장

대상	**반 ○○○
안건	201○학년도 ( )학기 개별화교육 프로그램 작성
일시	201○. . .( ) : ~
장소	회의실
참석자	원장(원감), 보호자, 통합학급 교사, 특수교사
회의내용	안건: • 특수교육대상 유아의 개별화교육 프로그램(목표, 내용, 방법, 평가) • 특수교육 관련 서비스 1) 성원보고 2) 개별화교육지원팀 회의 개최 선언 3) 개별화교육지원팀의 역할 및 취지 설명 4) 특수교육대상 유아의 프로필 소개 5) 기타협의 6) 개별화교육 프로그램에 동의 7) 폐회
기록자	특수교사 (서명)

〈서식2〉 개별화교육 프로그램(특수학급 배치 특수교육대상 유아)

개별화교육 프로그램

1. 대상 유아 기본정보

<table>
<tr><td rowspan="2">유아명(성별)</td><td rowspan="2" colspan="3"></td><td>특수교사</td><td colspan="2"></td></tr>
<tr><td>통합학급담임</td><td colspan="2"></td></tr>
<tr><td>주소</td><td colspan="3"></td><td>연락처</td><td colspan="2"></td></tr>
<tr><td>특수교육대상
유아 선정결과</td><td colspan="6">발달지체를 지닌 특수교육대상 유아
(특수교육대상 유아 선정일자 : 20** . ** . **)</td></tr>
<tr><td>장애유형(등급)</td><td>미등록</td><td>장애진단기관</td><td></td><td></td><td>장애등록일</td><td></td></tr>
</table>

2. 현재 수행수준

<table>
<tr><td colspan="2">영역</td><td>검사방법</td><td>검사일</td><td colspan="2">내용</td></tr>
<tr><td colspan="2">발달검사</td><td></td><td></td><td colspan="2"></td></tr>
<tr><td colspan="2" rowspan="5">교육과정</td><td rowspan="5">관찰 및
활동물
분석</td><td rowspan="5"></td><td>신체운동 · 건강</td><td></td></tr>
<tr><td>의사소통영역</td><td></td></tr>
<tr><td>사회관계영역</td><td></td></tr>
<tr><td>예술경험</td><td></td></tr>
<tr><td>자연탐구</td><td></td></tr>
<tr><td rowspan="3">기타
정보</td><td>강점</td><td colspan="4"></td></tr>
<tr><td>약점</td><td colspan="4"></td></tr>
<tr><td>보호자
요구</td><td colspan="4"></td></tr>
</table>

3. 특수교육 관련 서비스 영역

제공서비스	제공일정	제공내용	담당자	비고

4. 개별화교육 프로그램

교육일정	201○. . . ~ 201○. . .					
연간목표						
영역	1학기 교육목표	내용	성취평가			
			1	2	3	4
신체운동 건강		• 교육내용: • 교육방법: • 평가방법:				
사회관계						
의사소통						
예술경험						
자연탐구						
종합 평가 결과						

※성취기준: 1. 자율적으로 수행함, 2. 언어적 지시를 주었을 때 수행함, 3. 신체적 도움을 주었을 때 수행함, 4. 수행 불가능(거부)

5. 개별화교육지원팀 서명

위원	직위	성명	날짜	서명
위원장	원장(원감)			
위원	담임교사			
위원	특수교사			
위원	학부모			

〈서식3〉 개별화교육 프로그램 요구 조사서

개별화교육 프로그램 요구 조사서

작성자: 유아와의 관계: 작성일자:

1. 인적사항

<table>
<tr><td colspan="2">유아명</td><td></td><td>성별</td><td></td><td>생년월일</td><td></td></tr>
<tr><td colspan="2">주소</td><td colspan="3"></td><td>연락처</td><td></td></tr>
<tr><td rowspan="5">가족
관계</td><td>성명</td><td>성별</td><td>연령</td><td>관계</td><td colspan="2">기타</td></tr>
<tr><td></td><td></td><td></td><td></td><td colspan="2"></td></tr>
<tr><td></td><td></td><td></td><td></td><td colspan="2"></td></tr>
<tr><td></td><td></td><td></td><td></td><td colspan="2"></td></tr>
<tr><td></td><td></td><td></td><td></td><td colspan="2"></td></tr>
<tr><td colspan="3">주양육자</td><td colspan="4"></td></tr>
<tr><td colspan="3">입학 전 교육 경험</td><td colspan="4">기관명: 기간:</td></tr>
</table>

2. 치료지원현황

치료명	기관명	치료 시간(주 몇 회/시간)	치료 형태(개별/집단/통합)

3. 장애등록현황(사본제출)

발급일		발급기관		장애유형		장애등급	

4. 의학적 내력 및 건강상태

입원 또는 수술한 경우	있다( ), 없다( ) 언제: 무엇 때문에: 기간:
현재 복용하는 약	있다( ), 없다( ) 약 종류:
시 · 청각문제	있다( ), 없다( ) 있을 경우 자세히 기록:

자주 걸리는 질병	
식습관	편식여부: 좋아하는 음식: 싫어하는 음식: 알레르기 음식: 식사모습(스스로 먹는지, 도움을 주는 정도 등 기록): ※ 급식지도에 대한 부모님 의견을 적어 주시기 바랍니다.
전체적인 발육상태 및 유의사항	

5. 가정활동

부모님의 양육 참여정도 및 태도	부: 모:
유아와 형제와의 관계	
가정에서 부모님, 형제와 함께하는 활동	부모님: 형제: 가장 많은 시간을 보내는 가족 구성원:

6. 유아의 흥미 영역(놀이, 놀잇감 모두 포함)

유아가 좋아하는 것	유아가 싫어하는 것

7.통합교육

통합교육 경험	유( ), 무( ) 있을 경우 작성해 주시기 바랍니다. 기관명: 특수교사: 유( ), 무( ) 기간(연령): 통합형태: 완전통합( ), 부분통합( ) / 통합교육 환경에서 유아 모습:
통합교육에 대해 바라는 점	

8. 유아 현행수준

영역	내 용
대근육	
소근육	
의사소통	
사회성	
인지	
문제행동	
유아의 강점 및 약점	강점: 약점:

9. 개별화교육 프로그램 수립 시 요구사항

10. 초등학교 취학 계획

취학 희망 형태	초등학교 일반학급(　　), 특수학급(　　) / 특수학교(　　)

※ 기타 유치원에 바라는 점이나 참고해야 할 사항이 있으면 작성해 주시기 바랍니다.

〈서식4〉 개별화교육 프로그램(일반학급 배치 특수교육대상 유아)

201○년 1학기 개별화교육 프로그램

● 시작일: . . .　　● 종료일: . . .

대상학생 인적사항	
학교명	
연령/반	
성명	
생년월일	
장애유형	
연 락 처	
주소	
교육배치	

개별화교육지원팀			
201○학년도 개별화교육 프로그램을 다음과 같이 승인합니다.			
위원	직위	성명	서명
위원장	원장		
부위원장	원감		
위원	담임교사		
위원	방과 후 과정교사		
위원	학부모		

학생 특성 및 현행수준	강점	
	약점	

	영역	교육지원 계획	담당자	일시 및 장소
개별교육 활동계획	교육과정 (목표, 내용, 방법, 평가)	• 지원영역: • 교수목표: • 교수방법: • 평가방법:	담임교사 방과 후 과정반 교사	유치원 일과 중 실내외 공간
	방과 후 활동	• 일반학급 종일제 방과 후 교육과정에 따름	방과 후 과정 담당교사	유치원
	기 타	• 특수교육지원센터를 이용한 방과 후 프로그램 참여		

특수교육 관련 서비스 지원 계획	치료지원	
	순회교육	
	보조인력 지원	

개별화교육 프로그램 1학기 평가	

〈서식5〉 주간 교육계획

○월 ○주 주간 교육계획안

반		○○반(※ 만 3세–●, 만 4세–■ 상징기호를 사용함)
생활주제		
주제		
날짜 \ 내용		활동내용
○/○○ (월)	언어	
	동화	
	음악	
○/○○ (화)	신체	
	수 · 조작	
	음악	

〈특수학급 소식〉
-
-

※ 특수학급에서 이루어지는 활동 안내

〈서식6〉 일일 교육계획

일일 교육계획안

201○. . .( )요일

생활주제		소주제	
목표			

일과 시간표			
시간/활동명	구분	내용	자료 및 활동평가
09:00~09:20 [등원]		* 등원 및 인사 나누기	
09:20~10:00 [출석확인 및 이야기나누기] ○○반 통합활동지원	활동명		
	활동목표	유아1 유아2	
	활동방법		
10:00~10:20 [우유 간식]		유아1 유아2	
10:20~10:40 [자유선택활동] 통합활동지원 △△반 통합활동지원	활동명		
	활동목표	유아3 유아4	
	활동방법		
	활동명		
	활동목표	유아1 유아2	
	활동방법		
10:40~11:10 [자유선택활동] 특수학급 소그룹활동	활동명		
	활동목표	유아1 유아2 유아3 유아4	
	활동방법		
총평			

〈서식7〉 학급활동 지원 계획

학급활동 지원 계획

201○. . . ~ 201○. . .

지원유아		
통합학급 교사		
특수교사		
특수학급 종일반 교사		
특수교육실무사		
활동명/시간/장소	지원내용(IEP연계 포함) □ 대상 유아별 지원내용	평가
등원 및 인사나누기 (09:00~09:30) 현관 · 복도 · 교실	유아1 유아2 유아3 유아4	
화장실가기/손 씻기 화장실		
간식/식사하기 (간식 및 점심시간) 교실		
이동 (바깥놀이가기 전) 복도 · 현관		
정리 정돈하기 (자유선택활동 후) 교실		
이 닦기 (점심식사 전) 교실 · 화장실		
하원 및 인사나누기 교실 · 복도 · 현관		

〈서식8〉 활동기술 도표

활동기술 도표

대상 유아: 날짜: 201○. . .

시간 (활동)	장소 담당자	교육목표			
		이름 듣고 가리키기	친구에게 인사하기	숟가락 사용하기	줄서기
: ~ : (등원)					
: ~ : (이야기나누기)					
: ~ : (자유선택활동)					
: ~ : (소그룹활동)					
: ~ : (바깥놀이)					
: ~ : (새노래배우기)					
: ~ : (화장실지도)					
: ~ : (점심시간)					
: ~ : (동화듣기)					
: ~ : (귀가지도)					

〈서식9〉 통합교육 회의록

통합교육 회의록

○○유치원

<table>
<tr><td colspan="2">일시</td><td></td><td>장소</td><td></td></tr>
<tr><td colspan="2">참석자</td><td colspan="3"></td></tr>
<tr><td rowspan="4">통합
교육
지원
방안</td><td>김○○</td><td colspan="3"></td></tr>
<tr><td>이○○</td><td colspan="3"></td></tr>
<tr><td>박○○</td><td colspan="3"></td></tr>
<tr><td>최○○</td><td colspan="3"></td></tr>
<tr><td colspan="5">1. 5월 현장학습 관련 협의
• 이동 시 어려움이 있어 유아 모두 일대일 지원이 필요
• 김○○은 통합학급 교사가 제일 앞에서 손을 잡고 이동
• 이○○은 특수교사 손을 잡고 제일 뒤에서 이동
• 방과 후 과정 교사 1명 추가 지원 요청
• 특수교육실무사는 만 5세반 지원

2. 만 5세 소그룹활동 변경
• 현장학습 관계로 인해 빨강팀은 다음 날로 변경

3. 기타</td></tr>
</table>

〈서식10〉 특수교육실무사 활동일지

특수교육실무사 활동일지

결재	작성자	담당교사		
			*필요시 추가	*필요시 추가

201○년 월 일 요일

일과별 활동 기록	지원내용		유아행동 관찰기록
교육과정반 지원내용	등원		
	이야기 나누기		
	자유선택 활동		
	화장실 지도		
특수학급 종일반 지원내용			
기타	협의사항		
	교수자료 제작		
	기타( )		

〈서식11〉 특수교육 운영평가 관련 설문지(교사용)

평가 양식 1

1. 개별화교육 프로그램 평가

	평가내용	평가
1	IEP의 목표와 일과/주간 교육활동의 목표는 연계성을 가지고 구체화되어 있는가?	
2	IEP의 목표진술은 구체적이고 긍정적인 표현으로 기술되어 있는가?	
3	목표는 평가에 대한 기준을 포함하고 있는가?	
4	IEP은 관련자 모두에게 공유되어 있으며 동의하는 과정을 가지고 있는가? (학부모 동의를 받고 있는지 포함, 통합학급 교사와의 협의 정도)	
5	교육진단은 객관적인 기준에 의해 진행되고 있는가? (일정한 기간의 정확한 평가 기간을 가지는가?)	
6	평가기간은 일관된 간격을 두고 진행되고 있는가?	
7	IEP 작성의 구성요소는 모두 포함하고 있는가?	
8	개별화교육지원팀은 매 학기마다 학기 시작 30일 이내에 IEP를 작성하는가?	
9	IEP는 잘 실행되었는가?	
전체 평가		

(평가척도: ① 매우 그렇지 않다, ② 그렇지 않다, ③ 보통이다, ④ 그렇다, ⑤ 매우 그렇다)

2. 통합교육 평가

	평가내용	평가
1	다양한 형태의 의미 있는 통합활동이 이루어지고 있는가?	
2	통합활동 시 또래와의 상호작용이 일어날 수 있도록 다양한 지원을 제시하고 있는가? (또래시범, 또래교수 전략사용)	
3	통합활동을 위해 통합학급 교사와 활발한 의사소통이 이루어지고 있는가?	
4	통합활동에 의해 통합학급 교사와 활발한 의사소통을 위한 정기적인 모임이 있는가?	
5	행사 시 유아들을 위한 특별한 배려 및 계획이 포함되어 있는가?	

6	장애이해교육을 통해 일반유아 및 교사, 학부모의 인식이 개선되고 있는가?	
전체 평가		

(평가척도: ① 매우 그렇지 않다, ② 그렇지 않다, ③ 보통이다, ④ 그렇다, ⑤ 매우 그렇다)

3. 소집단 및 개별 활동 평가

	평가내용	평가
1	소집단 및 개별 활동이 다양한 활동 형태로 이루어지는가?	
2	제시되는 자료의 크기가 소집단 및 개별 활동에 적합한가?	
3	소집단 및 개별 활동은 유아의 흥미와 발달수준에 적절하게 진행되는가?	
4	소집단 개별 활동 시 일반유아들과의 상호작용이 활발히 일어날 수 있도록 계획하고 있는가?	
5	소집단 개별 활동 유아 개인의 IEP 목표 달성과 연관성 있게 진행되고 있는가?	
6	소집단 개별 활동의 결과를 통합학급 교사 및 일반유아 학부모와도 함께 공유하는가?	
전체 평가		

(평가척도: ① 매우 그렇지 않다, ② 그렇지 않다, ③ 보통이다, ④ 그렇다, ⑤ 매우 그렇다)

4. 가정과의 연계 평가

	평가내용	평가
1	부모/가정과의 의사소통이 항시 개방적이며 다양한 형식을 가지고 진행되고 있는가? (교환일기, 정기상담, 전화상담 등)	
2	부모의 역할기능을 강화하기 위한 전략을 가지고 있는가?	
전체 평가		

(평가척도: ① 매우 그렇지 않다, ② 그렇지 않다, ③ 보통이다, ④ 그렇다, ⑤ 매우 그렇다)

5. 교육계획 및 평가

	평가내용	평가
1	연간 교육계획안이 있는가?	
2	유아 개인의 IEP가 있는가?	
3	월간 및 주간 계획안이 있는가?	
4	일일 교육계획안이 있는가?	
5	교육활동을 위한 하루의 일과가 균형있게(실내/실외놀이, 정적 활동/동적 활동, 개별활동/대・소집단 활동, 유아선택활동/교사주도활동, 휴식/활동) 이루어지는가?	
6	유아의 흥미 및 발달수준에 맞는 활동을 계획하는가?	
7	다음날의 교육을 위한 학습 자료를 전날에 미리 준비하는가?	
8	방과 후 일일계획안에 따른 평가를 하는가?	
9	개별 유아의 활동 진행 및 수준에 대하여 기록하는가?	
10	교사는 유아의 출석을 매일 점검하는가?	
11	전체 교사 회의를 정기적으로 하는가?	
전체 평가		

평가 양식 2

201○년 특수학급 평가 자료

201○. . . ( )요일 평가자: (인)

평가영역		평가관점	평점					비 고
특수 학급 교육 계획	교육 목표	1. 교육목표가 서울교육청과 지역교육청의 특수교육 추진방향 및 중점과제가 반영되어 설정되었는가?	1	2	3	4	5	
		2. 학급의 목표와 철학이 관련 교직원에게 잘 전달되었는가?	1	2	3	4	5	
		3. 관련 교직원은 학급의 교육목표와 교육 철학을 잘 인지하고 있는가?	1	2	3	4	5	
		4. 교육목표와 교직원의 의견, 유아와 학부모 · 지역 사회의 요구, 전년도 학급 경영 실태 분석 결과를 바탕으로 수립되었는가?	1	2	3	4	5	
	교육 계획	1. 교육계획이 실현 가능하고, 추진 상황에 따라 수정 · 보완할 수 있으며, 관련 교직원이 항상 활용할 수 있도록 되어 있는가?	1	2	3	4	5	
		2. 교육계획이 유치원 교육 활동을 잘 포함, 표현하고 있는가?	1	2	3	4	5	
		3. 교직원의 의견 수렴 과정이 합리적이고 교육 활동에 대한 참여도가 높은가?	1	2	3	4	5	
		4. 각 부서별 업무 계획의 균형성 및 협의가 잘 이루어지는가?	1	2	3	4	5	
교육 활동	교육 과정 운영	1. 교육과정 시간 배당 기준 이수 시간을 충분히 확보하고 있는가?	1	2	3	4	5	
		2. 개별화교육에 의한 연간, 학기별, 주간 교육계획을 적절하게 설정하고 운영되는가?	1	2	3	4	5	
		3. 일과 운영은 효율적으로 운영되고 있는가?	1	2	3	4	5	
		4. 영역별 수업 운영이 효율적으로 운영되고 있는가?	1	2	3	4	5	
		5. 통합교육 활동 계획이 수립되어 활동하면서 목표한 효과를 거두고 있는가?	1	2	3	4	5	
		6. 가정 연계 교육에 대한 계획이 수립되어 실시되고 있고 목표한 효과를 거두고 있는가?	1	2	3	4	5	
	교육 과정 운영 평가	1. 연간, 주간, 일일 교육계획의 기록과 분석이 객관적이고, 그 결과의 활용이 잘 이루어지고 있는가?	1	2	3	4	5	
		2. 개별 상담과 개별 유아용 활동기술 도표를 활용하여 학급과 가정과의 연계가 잘 이루어지는가?	1	2	3	4	5	
		3. 개별화교육계획서 파일에 활동기술 도표가 잘 보관되어 있는가?	1	2	3	4	5	

평가영역		평가관점	평점					비고
교육활동	진단·진학·상담	1. 진단검사로 실시된 검사도구가 객관적이고 신뢰성이 있으며, 진단 및 평가 자료로써 효율적으로 사용되는가?	1	2	3	4	5	
		2. 학부모와 교육 상담이 원활하며, 가정과의 연계성을 높이는데 효과적으로 활용되는가?	1	2	3	4	5	
		3. 학부모 상담은 가족 지원 계획에 의하여 이루어지고 있는가?	1	2	3	4	5	
		4. 추후 진학 계획과 지도가 잘 이루어지는가?	1	2	3	4	5	
	교수학습지도	1. 교육계획안은 특수교사가 직접 작성하여 수업에 활용하며, 원장·원감의 지도가 되고 있는가?	1	2	3	4	5	
		2. 교재·교구의 제작이 활발하고 교육적 활용도가 높은가?	1	2	3	4	5	
		3. 교육활동에 적합한 교구를 정비하고, 환경을 조성하며 시설물들을 잘 관리하는가?	1	2	3	4	5	
		4. 현장체험학습이 계획적으로 실시되고 계획만큼의 효과를 거두고 있는가?	1	2	3	4	5	
	생활지도	1. 기본생활지도 계획이 구체적이고 체계적으로 수립되고, 생활지도훈련이 효과적으로 이루어지고 있는가?	1	2	3	4	5	
		2. 각종 안전사고에 대한 예방 지도와 점검이 철저히 이루어지고 있는가?	1	2	3	4	5	
		3. 등·하원 시 예절 교육과 안전지도가 잘 이루어지고 있는가?	1	2	3	4	5	
		4. 부적응행동 교정을 위한 지도가 효과적으로 이루어지는가?	1	2	3	4	5	
장학	자율장학	1. 새로운(수업) 방식을 적용해 볼 수 있도록 유치원 분위기가 개방적이고 적극적인가?	1	2	3	4	5	
		2. 수준 높은 교육을 위한 자체적 연수를 실시하는가?	1	2	3	4	5	
		3. 수업 장학, 동료 장학, 자기 장학 등 다양한 방법으로 운영하고 있는가?	1	2	3	4	5	
		4. 장학을 통해 실질적인 수업 개선이 효과를 거두고 있으며 교육 활동에 반영하고 있는가?	1	2	3	4	5	

(평가척도: ① 매우 그렇지 않다, ② 그렇지 않다, ③ 보통이다, ④ 그렇다, ⑤ 매우 그렇다)

〈서식12〉 **특수교육실무사 평가 양식**

특수교육실무사 평가지(특수교사 및 자기평가용)

영역	지원 내용	세부 지원사항	평정척도				
			5	4	3	2	1
교수·학습 활동 지원	특수학급 보조	특수교육대상 유아가 착석하도록 지원하는가?					
		특수교육대상 유아의 수업을 적절하게 보조하는가?					
		교수자료 제작 및 활용에 참여하는가?					
	현장학습지원	통합학급 및 특수학급의 현장학습을 지원하는가?					
	행사지원	운동회, 소풍 등 기타 유치원 행사를 지원하는가?					
생활 지도 지원	문제행동지도	문제행동에 적절히 대처, 관리하여 바람직한 행동 형성을 돕는가?					
	기본생활지도	기본생활(신변처리등) 습관형성을 위해 적절한 지원을 하는가?					
	급식지도	식판 이용 지도, 편식지도 등의 바람직한 식사예절을 익히도록 보조하는가?					
	안전지도	안전사고 예방을 위한 지도를 하는가?					
특별 지원	통학지원	안전하게 통학지원(등하교 이동 지원)을 하는가?					
	방과후 활동	방과후 활동의 이동을 지원하는가?					
	보조장비사용지원	대상 유아가 필요로 하는 보조장비를 사용하도록 지원하는가?					
자질·태도	자질	특수교육대상 유아를 이해하기 위한 기초적인 지식을 가지고 있는가?					
		컴퓨터 및 학습 보조 기자재를 적절하게 다루는가?					
	태도	긍정적이고 허용적인 태도로 지도하는가?					
		일과표대로 근무에 성실히 임하는가?					
	자기개발	자기개발을 위하여 연수 및 관련 지식 습득을 위한 노력을 꾸준히 하는가?					
	복무관련	근무시간을 정확히 지키는가?					
		특수교육대상 유아의 개인 정보를 유출하지 않는가?					
학생 주변인과 관계	학부모와의 관계	학부모와 원만한 관계를 유지하는가?					
	교사와의 관계	유아의 문제나 통합학급 상황에 대해 특수교사에게 보고하는가?					
		특수교사의 지도방침에 따르는가?					
종합의견		총점					

(평정척도: ⑤ 매우 그렇다, ④ 그렇다, ③ 보통이다, ② 그렇지 않다, ① 매우 그렇지 않다 총점: $\frac{x}{110(22\times5)}\times100$)

〈서식13〉 특수교육 운영 만족도 조사(학부모용)

특수교육 운영 만족도 조사(학부모용)

안녕하십니까? 그동안 학부모님의 적극적인 협조로 201○학년도 교육활동을 원활히 마칠 수 있었습니다. 내년에도 학부모님들의 건설적인 의견을 더 많이 반영하여 201○학년도 특수학급/종일반 교육과정 운영에 반영하고자 합니다. 내 자녀를 위하는 마음으로 답해 주신 학부모님들의 진솔한 의견은 본 유치원의 특수학급/종일반 교육계획 수립에 중요한 자료로 활용되어 특수교육 및 통합교육 발전을 다지는 데 기초가 될 것입니다. 한 문항도 빠짐없이 기록하여 ○월 ○일(○요일)까지 보내 주시기 부탁드립니다.

201○. . .

서울○○초등학교병설유치원장

201○학년도 유치원 특수학급 및 특수 종일반의 전반적 교육활동에 대해 어떻게 생각하십니까? 다음 번호에 ∨표시한 후 우수한 점, 미흡한 점, 보완할 사항, 그 밖에 좋은 의견을 적어 주시기 바랍니다.

구분	내용	점수
교육 과정 운영 (통합교육)	일반교육과정(새싹반, 산새반)과의 통합교육이 적절한 방법으로 이루어졌다고 생각하십니까?	1 전혀 그렇지 않다 / 2 아니다 / 3 보통이다 / 4 그렇다 / 5 매우 그렇다
	특수학급 및 특수 종일반과의 연계교육이 잘 이루어졌다고 생각하십니까?	1 전혀 그렇지 않다 / 2 아니다 / 3 보통이다 / 4 그렇다 / 5 매우 그렇다
개별화 교육	개별화교육 프로그램이 유아의 발달에 적절하게 수립, 실행되었다고 생각하십니까?	1 전혀 그렇지 않다 / 2 아니다 / 3 보통이다 / 4 그렇다 / 5 매우 그렇다
기본생활 습관지도	착탈의, 착석, 식사습관, 차례 지키기 등 기본생활 습관에 대한 지도가 적절히 이루어졌다고 생각하십니까?	1 전혀 그렇지 않다 / 2 아니다 / 3 보통이다 / 4 그렇다 / 5 매우 그렇다

<table>
<tr>
<td rowspan="2">특수학급
특색활동</td>
<td>특수학급에서 이루어진 ‘감각을 깨우는 신체활동: 감각통합’ 특색활동이 유아에게 긍정적인 영향을 미쳤습니까?
(예, 유니바, 매트 등의 신체활동 및 밀가루, 통밀놀이 등의 감각자극놀이)</td>
<td>1 전혀 그렇지 않다 / 2 아니다 / 3 보통이다 / 4 그렇다 / 5 매우 그렇다</td>
</tr>
<tr>
<td colspan="2">201○년도에 특수학급에서 중점적으로 실시되었으면 하는 활동이 있나요?
(자유롭게 의견을 적어주세요)</td>
</tr>
<tr>
<td rowspan="2">현장
체험
학습</td>
<td>올해 처음으로 이루어진 유 · 초 특수학급 연합 현장체험학습이 유아에게 도움이 되었다고 생각하십니까?</td>
<td>1 전혀 그렇지 않다 / 2 아니다 / 3 보통이다 / 4 그렇다 / 5 매우 그렇다</td>
</tr>
<tr>
<td colspan="2">유 · 초 특수학급이 함께하는 현장체험학습은 연 몇 회가 적당하다고 생각하십니까?</td>
</tr>
<tr>
<td rowspan="2">학부모
상담</td>
<td>유아의 유치원 생활 및 발달에 대한 상담이 원활히 이루어졌습니까?</td>
<td>1 전혀 그렇지 않다 / 2 아니다 / 3 보통이다 / 4 그렇다 / 5 매우 그렇다</td>
</tr>
<tr>
<td colspan="2">201○년도에 정보를 얻고자 하는 특수교육 및 유아발달에 대한 내용이 있나요?
(자유롭게 의견을 적어주세요)</td>
</tr>
<tr>
<td>특수교육
실무사
운영</td>
<td>유아의 활동참여를 돕기 위한 특수교육실무사 운영이 원활히 이루어졌습니까?</td>
<td>1 전혀 그렇지 않다 / 2 아니다 / 3 보통이다 / 4 그렇다 / 5 매우 그렇다</td>
</tr>
<tr>
<td>장애유아
무상교육
지원</td>
<td>장애유아 무상교육 지원이 적절히 이루어졌다고 생각하십니까?
(예, 급 · 간식비 지원, 현장체험학습비 지원)</td>
<td>1 전혀 그렇지 않다 / 2 아니다 / 3 보통이다 / 4 그렇다 / 5 매우 그렇다</td>
</tr>
</table>

치료지원 (굳센카드)	유아에게 적절한 치료지원(치료영역과 지원방법)이 이루어졌다고 생각하십니까?	1 전혀 그렇지 않다 / 2 아니다 / 3 보통이다 / 4 그렇다 / 5 매우 그렇다
학급 시설	특수학급에 개별 유아의 발달과 안전에 적합한 시설 및 교구를 갖추고 있습니까?	1 전혀 그렇지 않다 / 2 아니다 / 3 보통이다 / 4 그렇다 / 5 매우 그렇다
종합 의견	☞ 특수학급 및 종일반 운영에 관한 부모님의 의견(우수한 점, 개선 · 보완할 점 등)을 적어 주시면 감사하겠습니다.	

장애관련 그림책 출판자료 목록

책 제목	주요 문제	출판사	저자
넌 왜 보청기를 하니	윤지는 준호가 보청기를 보여 달라고 계속 조르자 처음에는 부끄러워 눈물을 흘렸지만, 호기심 때문에 그럴 수 있을 것이라 생각하고 편지글을 보내 자세하게 보청기에 대해 알려 줌.	아이코리아	김혜리(글), 윤지회(그림)
내게는 소리를 듣지 못하는 여동생이 있습니다	들리지 않기 때문에 뒤에서 하는 말을 들을 수 없지만 진동으로 음악이나 소리를 느끼며, 표정과 몸동작으로 더 많은 말을 할 수도 있다.	중앙출판사	J. W. 피터슨(글), D. K. 레이(그림)
흰지팡이 여행	발레리의 시야가 점차 좁아져 가는 과정을 스스로도 받아들이기 어려워하고 두려워하지만 특수교사의 도움으로 지팡이를 짚고 장애물을 피해 가는 것에 즐거움과 성취감을 느끼게 됨.	사계절	에이다 바셋 리치필드(글), 김용연(그림)
엄마 내가 자전거를 탔어요	미유키는 어려서부터 뭐든지 경험하게 하는 엄마의 노력으로 자신은 불쌍한 아이가 아니라는 생각을 가지며 성장함. 자전거를 타고 싶다고 하자 엄마는 운동장으로 데려가서 미유키 스스로 자전거를 타게 함. 넘어져도 도와주지 않아 화가 났지만 마침내 스스로 자전거를 타게 되었음.	베틀북	이노우에 미유키(글), 카리노 후키코(그림)
어떤 느낌일까?	장애로 인해 불편한 점보다는 다른 사람이 볼 수 없거나 듣지 못하는 것을 더 많이 경험하며, 자신은 더 많은 것을 생각한다는 장점을 말함.	보림출판사	나카야마 치나츠(글), 와다 마코토(그림)
외뿔이 사슴 울라프	한쪽 뿔로도 많은 것을 할 수 있다고 생각하게 됨.	문학동네 어린이	폴커 크리겔(글, 그림)
민수야 힘내	민수는 혼자서 걷거나 서지 못하며 언어표현도 못하지만 친구들이 이야기를 하면 집중해서 "응, 응"하며 들어주기 때문에 아이들이 좋아함.	한림출판사	아오이 미치오(글), 하마다 케이코(그림)
내 동생과 할 수 있는 백만 가지 일	이제 갓 태어난 다운증후군 동생을 대해야 하는 방법에 대해 엄마가 생각하게 되는 것으로 다운증후군의 문제와 대처에 대해 이야기함.	한울림어린이	스테파니 스투브-보딘(글), 팸 드비토(그림)

눈을 감고 느끼는 색깔여행	보이지 않지만 소리와 냄새와 맛과 촉감으로 모든 색을 느낄 수 있음을 표현.	고래이야기	메네나 코틴(글), 로사나 파리아(그림)
마법의 조막손	자신은 뭐든지 할 수 있을 거라 생각했지만 다른 친구들이 전혀 인정해 주지 않음. 실의에 빠져 외출도 안하고 있었으나 친구들의 사과를 받으며 다시 자신감을 회복하게 됨.	우리교육	다바타 세이이치(글, 그림)
깃털 없는 기러기 보르카	다른 기러기와 달리 깃털이 없어 날기 연습을 할 수 없어 날지 못하는 보르카가 자신만의 방식으로 적응하게 되는 과정을 다룸.	비룡소	존 버닝햄(글, 그림)
과잉행동 거북이 설리	머리 속에 여러 생각이 떠올라 설리를 가만히 내버려 두지 않아 말썽을 부리게 됨. 치료가 필요하다는 것을 알려 줌.	한울림어린이	데보라 M. 모스(글), 캐롤 스워츠 그림
나의 꿈꾸는 눈동자	각 눈동자는 서로 다른 일을 한다고 생각하며 그 과정을 스스로 즐김. 교정할 때 힘들어 처음으로 눈물을 흘림. 안대에 여러 그림을 그리면서 새로운 즐거움을 발견함.	보림출판사	제니 수 코스테키-쇼(글, 그림)
왜, 내가 이상하니?	걸을 수 없기 때문에 목발을 짚고 걸어야 하지만 불쌍하게 보지 말고 도움을 요청할 때만 도와주면 된다는 것을 말함.	파란하늘	쉴러 디르(글, 그림)
둥근 해가 떴습니다	스스로 움직일 수 없기 때문에 일어나기, 밥먹기, 씻기 등 모든 일을 엄마의 도움을 받아야 함.	문학동네	장경혜(글, 그림)
날개 잃은 천사	발달장애가 있는 내 동생을 친구들이 놀리거나 괴롭혀도 동생은 아무 말도 못하고 당하며 지냄.	고래이야기	마야(글, 그림)
내 친구 루이	루이는 인형극 도중 구씨 인형을 보더니 큰 소리로 계속해서 인사를 하여 인형극을 방해함. 인형이 조용히해 달라고 말하자 자리에 앉아서 인형극을 봄. 인형의 존재를 현실적인 존재로 생각하는 면을 보임. 뇌성마비로 인한 신체조절 문제 돗자리를 이용하여 밀고 다니며 이동함.	비룡소	에즈라 잭 키츠(글, 그림)
하얀 소니아	친구들보다 체격이 작아서 속상할 때 혼자 공중제비를 돌거나 미끄럼을 타고 수영을 함.	어린이 작가 정신	후치가미 사토리노(글), 사와타리 시게오 (그림)
에디에게 잘해 주렴	사람들에게 웃음을 주며 각종 묘기를 부리는 자신만의 기술을 보유함.	느림보	버지니아 플레밍(글), 플로이드 쿠퍼(그림)

키 작은 펭귄 피프	놀림 당하는 것이 싫어서 다른 사람이 보는 앞에서는 걷지 않으려 하였으며, 사람들과도 만나지 않음. 강아지들을 만난 후 자신감을 회복해 감.	삼성출판사	패트릭 밴슨(글, 그림)
절름발이 개구리	듣지도 말도 못하지만 샘과 친구가 됨. 샘이 보호를 받으며 유치원에 적응하며, 진동으로 음악을 느끼며 무용을 하게 되어 두각을 나타냄.	한국글레도만	에드가 앨런 포(원작), 이영준(글)
얘야, 이제 아프지 않니?	친구들과 같아지려고 다른 물건을 귀에 대서 세워 보려 노력하다가 마침내 다르게 생긴 것이 나쁜 것은 아니라는 생각을 함.	한국헤밍웨이	장선하(글), 강은경(그림)
나도 할 수 있어요	스스로 하고 싶은 말이 없다고 생각하여 아무 말도 하지 않았으며 전혀 불편함을 느끼지 않았음. 자신을 이해하는 마샤를 만나면서 소리를 내며 이야기를 하기 시작함.	눈맞춤교육	백승자(글), 최준식(그림)
내 귀는 짝짝이	처음에는 숨고 싶었지만 다른 사람들도 조금은 다르게 생겼고, 굳이 다른 사람과 같게 만들 필요가 없다고 생각하게 됨.	웅진주니어	히도 반 헤네흐텐(글, 그림)
잘 가, 나의 비밀친구	손으로 하는 것은 신체적인 문제 때문에 뭐든지 수행력이 떨어짐. 하지만 포기하지 않고 끝까지 하려는 모습을 보임.	웅진주니어	그웬 스트라우스(글), 앤서니 브라운(그림)
커피잔 아저씨	수업시간에 책상에 올라가거나 시험 때 문제를 이해 못해 잘 풀지 못하고, 밥 먹을 때 모기를 잡으려다 그릇을 깨는 등의 행동을 함. 병원에서 약과 치료를 하며 점차 행동이 개선됨.	정인출판사	마리아 솔레 마키아(글, 그림)
꼴찌 초록이	보이지 않지만 자신만의 방식으로 경험한 세상을 색으로 표현함.	한얼교육	김윤영(글), 미겸(그림)

찾아보기

인명

내용

저자 소개

조영숙(Cho Youngsuk)

성균관대학교 아동학과 학사

성균관대학교 아동학과 대학원(아동임상전공) 석사

성균관대학교 아동학과 대학원(아동상담 및 임상전공) 박사

미국 University of Wisconsin-Madison, Waisman Center Visiting Scholar

전 성균관대학교 아동청소년학과 겸임교수

송파인성장애인복지관 상담부장

풍납 해오름 아동청소년상담센터 소장

구립 양재2동 어린이집 원장

현 신한대학교 유아교육과 교수

한국인권학회 부회장

한국법학회 이사

장애유아 통합교육

Inclusion in Early Childhood Education

2018년 9월 20일 1판 1쇄 발행
2020년 9월 25일 1판 2쇄 발행

지은이 • 조영숙

펴낸이 • 김진환
펴낸곳 • ㈜학지사
04031 서울특별시 마포구 양화로 15길 20 마인드월드빌딩
대표전화 • 02-330-5114 팩스 • 02-324-2345
등록번호 • 제313-2006-000265호

홈페이지 • http://www.hakjisa.co.kr
페이스북 • https://www.facebook.com/hakjisa

ISBN 978-89-997-1526-6 93370

정가 17,000원

이 도서의 국립중앙도서관 출판시도서목록(CIP)은 서지정보유통지원시스템 홈페이지(http://seoji.nl.go.kr)와 국가자료공동목록시스템(http://www.nl.go.kr/kolisnet)에서 이용하실 수 있습니다.
(CIP 제어번호: CIP2018028766)